Herderbücherei

Band 955

Über das Buch

Dies sind keine Erinnerungen. Es ist eine Auswahl von Briefen und Notizen, wie sie in den Kriegsjahren spontan niedergeschrieben wurden von einer jungen Frau, die zeitweilig auch das offizielle „Kriegstagebuch der Wehrmachtführung" zu schreiben hatte, also von Anfang an mit „Herrschaftswissen" belastet war. Zunächst in der Operationsabteilung tätig, später Sekretärin des „Beauftragten des Führers für die militärische Geschichtsschreibung", gehörten geheimste Pläne und Protokolle zu ihrem täglichen Arbeitsmaterial. Dienstreisen in das erste Führerhauptquartier „Felsennest" und 1943/44 nach Berchtesgaden kamen hinzu – bestätigten das immer stärkere Auseinanderklaffen zwischen Kriegsalltag in Berlin und der Vorstellungswelt der militärischen Führung bis hin zum Oberbefehlshaber Adolf Hitler, dessen „Feldherrntum" zu dokumentieren ihr Chef berufen war. Aber nicht nur ihre Eindrücke und Stimmungen hielt Marianne Feuersenger fest, sondern auch die der als Historiker verpflichteten Beobachter ihrer Dienststelle. Einblicke in die politisierte kulturelle Szene, speziell der Musik, vervollständigen dieses ungeschminkte, durch seine Frische fesselnde Zeitdokument.

Über die Autorin

Marianne Feuersenger, 1919 in Potsdam geboren, begann in München 1946 ihre journalistische Karriere. Von 1948 bis 1962 war sie im Bayerischen Rundfunk Redakteurin für Sozialpolitik und seit 1960 auch Fernsehautorin. 1962 fiel sie als Herausgeberin des Buches „Gibt es noch ein Proletariat?" auf. Im gleichen Jahr holte sie das neugegründete ZDF. Zwölf Jahre war sie dort der einzige weibliche Redaktionsleiter im politischen Programmbereich und seit 1971 dazu stellvertretender Hauptabteilungsleiter „Gesellschaftspolitik". 1979 schrieb sie für die Herderbücherei den Band „Die garantierte Gleichberechtigung – Ein umstrittener Sieg der Frauen" (Band 777).

Marianne Feuersenger

Mein Kriegstagebuch

Zwischen Führerhauptquartier und Berliner Wirklichkeit

Vorwort von Kurt Sontheimer

Herderbücherei

Originalausgabe
erstmals veröffentlicht als Herder-Taschenbuch
Umschlagbild: Marianne Feuersenger im Jahr 1946

Herder Freiburg · Basel · Wien
Herstellung: Freiburger Graphische Betriebe 1982
ISBN 3-451-07955-0

INHALT

1943

1944

1945

Nach dem Ende

ABKÜRZUNGEN

A. K.	Armeekorps
AOK (A. O. K.)	Armeeoberkommando
Btl.	Bataillon
d. G.	des Generalstabs (für Generalstabsoffiziere, die außerhalb dieses Stabes tätig sind)
d. R.	der Reserve
Div.	Division
FHQu	Führerhauptquartier
Fl. K.	Fliegerkorps
Gen.	General (allgemein, ohne Rangdifferenzierung)
Gen. Kdo.	Generalkommando
Gfm	Generalfeldmarschall
GenSt	Generalstab
H. Gr. (Hgr.)	Heeresgruppe
Hptm.	Hauptmann
Gen. Major	Generalmajor (i. d. Wehrmacht der niederste Generalsrang, ohne Stern)
Gen. Oberst	Generaloberst („Vier-Sterne"-General)
i. G.	im Generalstab (für Generalstabsoffiziere in dessen Dienststellen)
KTB	Kriegstagebuch
k. v. (kv)	kriegsverwendungsfähig
L (Abt. L)	Abteilung Landesverteidigung im OKW / Wehrmachtführungsstab mit L I H Gruppe Heer, L I M Gruppe Kriegsmarine, L I L Gruppe Luftwaffe
Maj.	Major
OB (Obfh)	Oberbefehlshaber
Ob. d. H.	Oberbefehlshaber des Heeres
Oblt.	Oberleutnant
OKH	Oberkommando des Heeres
OKW	Oberkommando der Wehrmacht
O. U.	Ortsunterkunft
Pz.	Panzer
Res.	Reserve
Rgt.	Regiment
RM	Reichsmark, mitunter auch Reichsmarschall
SD	Sicherheitsdienst (Reichssicherheitsdienst)
Stellv.	Stellvertretender (Chef WFSt usw.
u. k. (uk)	unabkömmlich
V-Waffen	Vergeltungswaffen (Raketen)
WFSt	Wehrmachtführungsstab

VORWORT

Von Professor Dr. Kurt Sontheimer

Die Geschichte des Dritten Reiches ist mehr als eine Geschichte seines Führers, mehr als die Abfolge von sich überschlagenden Ereignissen vom Zeitpunkt der Machtergreifung über die Errichtung einer totalitären Diktatur bis zur bedingungslosen Kapitulation der Deutschen Wehrmacht am Ende des von Hitler entfesselten zweiten Weltkrieges. Sie ist auch die Geschichte vieler einzelner Menschen, die ohne ihren Willen in das Räderwerk des historischen Geschehens dieser zwölf Jahre geraten sind und versucht haben, inmitten der kollektiven Zwänge des Daseins im totalitären Staat ihr Leben verantwortlich und individuell zu gestalten.

Der dokumentarische Bericht von Marianne Feuersenger über ihre Zeit als junge Angestellte im Dienst der „Kriegsgeschichtlichen Abteilung des Oberkommandos der Wehrmacht" ist einerseits ein bemerkenswerter Beitrag zu einer Geschichte des „Alltags im Dritten Reich", für die sich die Zeitgeschichte jetzt immer stärker zu interessieren beginnt, andererseits übersteigt er den begrenzten Rahmen einer rein individuellen Erfahrung des Kriegsalltags, weil die Verfasserin ihre Beobachtungen und Reflexionen in einem Milieu gemacht hat, das gerade nicht alltäglich war, nämlich unter führenden Offizieren der Deutschen Wehrmacht, und für eine Zeitlang sogar im Führerhauptquartier.

Die Aufzeichnungen, die Frau Feuersenger aus den Jahren 1940 bis zum Kriegsende 1945 in diesem Buch zusammengetragen hat, sind für die Geschichte der Lebenswirklichkeit in Deutschland während des zweiten Weltkriegs vor allem deshalb von Interesse, weil sie authentisch sind. Sie sind hier so abgedruckt, wie die Verfasserin sie seinerzeit zu Papier gebracht hat, und gerade diese Unmittelbarkeit und Echtheit des Materials machen die Lektüre dieser Tagebuchnotizen und Briefe so erhellend und aufschlußreich. Gewiß sind es die Aufzeichnungen einer, wenn man so will, namenlosen Sekretärin der Wehrmachtsleitung, aber in ihnen spiegelt sich, über die an und für sich schon interessanten Information aus dem unmittelbaren Umkreis ihres herausgehobenen Dienstbereichs hinaus, auch ein Stück bürgerlicher Bewältigung des Nationalsozialismus in den mit dem Fortschreiten des Krieges ständig zunehmenden Belastungen des persönlichen Lebens. Bemerkenswert erscheint mir vor allem die enorme Kompensationsfunktion, die damals der Kunst in allen ihren Formen zukam. Sie erscheint mir ebenso typisch für die Auseinandersetzung mit dem NS-Alltag wie die beständige, durch immer neue gefahrvolle Entwicklungen wachgehaltene Sorge um die engere Familie und die nahen Freunde. Aufschlußreich nicht zuletzt, wie hier eine verhaltene Gegnerin des NS-Systems sich darum bemüht, trotz des großen Anpassungsdrucks ihren eigenen Weg zu gehen.

Ich finde es gut, daß Marianne Feuersenger sich entschlossen hat, ihre damaligen Aufzeichnungen jetzt der Öffentlichkeit zugänglich zu machen. Die Unmittelbarkeit und Ehrlichkeit, die aus ihnen spricht, machen sie zu einem *document humain,* das auch jenseits des rein historischen Interesses an einem authentischen Stück individueller Lebenswirklichkeit im Dritten Reich seinen Wert behält.

EINFÜHRUNG

Dieses Tagebuch beginnt erst 1940, weil ich von diesem Zeitpunkt an als Sekretärin mit dem offiziellen „Kriegstagebuch der Wehrmachtführung" zu tun, es zeitweilig zu schreiben hatte. Aus meinen umfangreichen Aufzeichnungen (Briefe, Tagebücher, Kalendernotizen) habe ich vorwiegend die Stellen ausgewählt, die mit der „befohlenen" Kriegsgeschichtsschreibung zusammenhängen. Denn bisher ist wenig über die 1941 neugebildete „Kriegsgeschichtliche Abteilung des Oberkommandos der Wehrmacht" bekanntgeworden, dieser Oase für Historiker und Psychologen. Ihr Chef, Generalmajor Walter Scherff, wurde 1942 „Der Beauftragte des Führers für die militärische Geschichtsschreibung". Als seine Sekretärin konnte ich das immer stärkere Auseinanderklaffen zwischen Kriegsalltag in Berlin und der militärischen Führungsspitze „draußen" beobachten.

Diesen Vergleich ermöglichten die mir zugänglichen Dokumente wie Protokolle der täglichen Führer-Lagebesprechungen, Aufzeichnungen des Chefs und seines Adjutanten. Praktische Anschauung kam hinzu, wenn ich 1943/44 zur Vertretung meines Schreibkollegen, eines Feldwebels, nach Berchtesgaden beordert wurde, wohin sich der gesamte Führungsapparat immer wieder zurückzog.

An diese Stelle, wie in die oberste militärische Hierarchie überhaupt, nämlich zunächst in den „Wehrmachtführungsstab des OKW" und damit sogar in das erste Führerhauptquartier „Felsennest", war ich gekommen, weil es keine freie Arbeitsplatzwahl gab. Einmal in diesem Riesenapparat tätig, konnte nur Versetzung oder Anforderung von höherer Stelle eine Veränderung bringen. Ein Schritt, der für Nicht-Siegesgläubige im Blick auf die Zukunft gewagt war. Ich war als Tochter eines von dem NS-Regime Anfang 1934 als politisch untragbar entlassenen Beamten voller kritischer Distanz.

Doch nicht nur dieses einschneidende Erlebnis der Entlassung meines Vaters als Erziehungsleiter des Großen Waisenhauses in Potsdam, durch die unsere gesamte Lebensführung verändert wurde (Auszug aus der Dienstwohnung, finanzielle Einschränkung, Vorurteile im bisherigen Freundeskreis der Eltern) hatte mich bereits als 15jährige skeptisch gemacht. Da war Onkel Erich Blauert, Oberstudienrat in Brandenburg/Havel, 1933 freiwillig aus dem Leben geschieden, um seiner Familie die Pension zu erhalten. Nach der Verhaftung seines Freundes Friedrich Ebert, Sohn des ehemaligen Reichspräsidenten, der Mitglied des Reichstages und Stadtverordneter in Brandenburg war, mußte er mit dem gleichen Schicksal rechnen. Da war im Juli 1934 der „Röhm-Putsch", dessen Hintergründe und menschliche Tragödie mir durch das vergebliche Bemühen meines Vaters klar wurden, einen früheren Regimentskameraden auf Bitten von dessen Frau zu retten. Dieser Oberleutnant a. D. Gerth war Träger der höchsten Weltkriegsauszeichnung Pour le Mérite – es half nichts. Mein Vater drang bis zu dem greisen Feldmarschall Mackensen vor, Göring als Vorsitzender dieser Ordensträger blieb unerreichbar! Gerth wurde erschossen, der Frau die Urne übersandt. Da wurde Ende 1935 auch noch meine Schwester arbeitslos! Sie gehörte als Bibliothekarin des „Verbandes der Weiblichen Angestellten" zu jenen Beschäftigten, die im „Zuge der Überführung in die Deutsche Arbeitsfront", wie es so schön hieß, überflüssig wurden. Arbeitslosenunterstützung bekam sie nicht, weil der Vater ja Beamter war, wenn auch im vorzeitigen Ruhestand. Nach ein paar Aushilfsstellungen mußte sie, die gelernte Buchhändlerin, sogar den Beruf wechseln. Die vom Arbeitsamt vermittelte Stelle als Sekretärin durfte nicht abgelehnt werden! Da war 1937 der Lieblingsonkel meiner Mutter Heinrich Federmann, Superintendent von Insterburg, von der Kanzel weg verhaftet und ins Gefängnis gebracht worden.

In unserer Familie gab es keine Illusionen über die neue Regierung! Ich blieb deshalb auch trotzig dabei, nicht in den BDM (die Mädchenorganisation der Hitler-Jugend) einzutreten. Meine Bewerbungen für die Ausbildung als Bibliothekarin und später bei der Reichspost wurden deshalb abgewiesen. Bei der Wehrmacht wurde nicht einmal danach gefragt!

In den „Wehrmachtführungsstab" kam ich ausgerechnet dadurch, daß mein Vater nach der Zwangspensionierung Zeit hatte, die Geschichte seines Regiments (vom 1. Weltkrieg) zu schreiben und deshalb viel im Potsdamer Heeresarchiv war. Dort lernte er den Oberregierungsrat Helmuth Greiner kennen und schätzen – auch in politischer Hinsicht. Greiner aber war mit Kriegsbeginn 1939 zum Kriegstagebuchführer des Wehrmachtführungsstabes berufen worden. Seine Empfehlung genügte, um mich durch eine Anforderung dieses höchsten Führungsstabes vom Heereswaffenamt loszueisen. Ich wollte, da der Krieg alle privaten Pläne zerstörte, nicht dort bis zum vermuteten schrecklichen Ende Rüstungsproduktion verwalten helfen, sondern meinen Arbeitsalltag an einem interessanteren Platz verbringen. Das gelang mit dieser Versetzung 1940. Wie schwer die Last des Wissens wiegt, merkte ich erst später. Ohne gleichgesinnte Menschen in unserer „Staffel Berlin", einer Art Kurierumschlagplatz von und zum Führerhauptquartier, hätte ich diese Last wohl kaum bis zum Ende ertragen. Hilfreich war, das muß gesagt werden, auch die stets Ablenkung bringende Freundschaft eines berühmten Sängers. Einige Berichte von meinem Blick hinter die „Musik-Szene" gebe ich wieder, weil sie einfach dazu gehörte.

Bemerken muß ich noch, daß meine Aufzeichnungen (es sind vor allem Briefe an meine Schwester, die seit 1937 in München lebte) fast ausschließlich in größter Eile geschrieben wurden. Im Dienst unterbrochen von Telefongesprächen und Besuchern oder zu Hause handschriftlich, ebenfalls hastig, weil die Zeit knapp war. Die Notizen im Tagebuch und Taschenkalender, hier als *TB* gekennzeichnet, stenographierte ich. Ich benutzte Abkürzungen und besonders in den Briefen Umschreibungen. Es war damals unmöglich „Klartext" niederzuschreiben! Ich mußte vorsichtig sein und mich darauf verlassen, daß meine Schwester wußte, wie positiv Formuliertes gemeint war und Andeutungen verstand. Die habe ich für den Leser entschlüsselt und diese Erläuterungen ebenso wie Anmerkungen über Personen oder nachträglich eingefügte Erklärungen in *eckige Klammern* gesetzt. Worte, die im Original durch Unterstreichung hervorgehoben sind, erscheinen in *Kursivdruck.* Die Briefempfänger habe ich nur genannt, wenn es sich dabei nicht um meine Schwester handelte.

Abgesehen davon, daß durch die notwendigen Kürzungen ein gewisser Extrakt entstanden ist, wurde inhaltlich nichts geändert. So, wie es dasteht, habe ich die Jahre 1940–45 erlebt. Genauso habe ich die Menschen damals, als ihr Schicksal noch offen war, gesehen. Rückblicke lassen sich interessanter gestalten, aber sie verändern jedes Bild! Das wollte ich vermeiden.

1940

Meine Dienststelle: Wehrmachtführungsstab

4. April 1940: Ich bin jetzt in der wohl interessantesten Abteilung und Gruppe des OKW gelandet. „Wehrmachtführungsstab / Abt. Landesverteidigung". Chef ist Oberst d. G. *Walter Warlimont.* Ich gehöre zur Gruppe Luftwaffe (IL). Sie wird von Freiherr Speck von Sternburg geleitet, er ist Hauptmann i. G. Das sind auch die beiden anderen Herren von Berchem und Queissner. Unser vierter Mann, der junge Hauptmann Lüschen muß ohne die schönen breiten Generalstabsstreifen an den Hosen auskommen. Die sind hier üblich! Denn auch die beiden anderen Gruppen „Heer" und „Marine" werden von Generalstabsoffizieren beherrscht. Jeder Wehrmachtteil ist vertreten. Chef dieses „Wehrmachtführungsstabes" (WFSt) ist Generalmajor *Jodl.* Er hat aber sein Büro in der Reichskanzlei. Wir sind im Neubau des OKW in der Bendlerstraße 11–13.

Der Dienst ist sehr dehnbar! Morgens brauchen wir erst um 9 Uhr da zu sein, abends können wir gehen, wenn wir nicht mehr gebraucht werden. Einmal in der Woche hat jede von uns Gruppen-Sekretärinnen Nachtdienst. Für den gibt es 3,– RM. Betten sind auch da, so daß man sich, wenn nichts los ist, sogar hinlegen kann.

Ich wurde gleich der Sekretärin von General Keitel vorgestellt. Fräulein Schimmig hat ein wunderschönes großes Zimmer im Altbau Tirpitzufer. So wie ein Direktor beim Rechnungshof, mit tiefen Sesseln, weichen Teppichen, Gemälden. Der Schreibmaschinentisch, der bescheiden am Fenster hinter ihrem großen Diplomatenschreibtisch steht, paßt gar nicht in diese feine Umgebung.

9. April 40, TB: Hochbetrieb. „Weserübung" angelaufen. [Norwegen-Besetzung] Größte Spannung.

10. April 40, TB: Landung in Narvik geglückt, aber Einfahrt in den Fjord blockiert. Kritisch!

14. April 40: Durch die neue Phase des Krieges ist bei uns schlagartig alles anders geworden. Es gibt noch mehr Dienst. Sonn- und Feiertage fallen aus, sind gewöhnliche Arbeitstage. Und das alles erst seit diesem Dienstag! Ich kann doch machen, was ich will, wo ich hinkomme, beginnen Überstunden.

Heute, Sonntag, muß ich auch wieder um 14 Uhr ins Büro, wie lange ist unbestimmt. In der kommenden Woche habe ich einmal Nachtdienst. Man hat mir nur versprochen, den Mittwoch frei zu lassen, weil ich da Theaterkarten habe. Es gibt die Neueinstudierung „Fiesco" mit Gründgens, Werner Krauss, Marianne Hoppe, Gustav Knuth, der Koppenhöfer usw. Da möchte ich wirklich brennend gerne hin. Letzten Endes kann ich mir aber solche Abendausflüge gar nicht mehr leisten. Bin doch hinsichtlich günstiger Dienstzeiten ein rechter Pechvogel, träumte bereits wieder von Klavierstunden usw. Was wird nun? Wir haben eben Krieg und da darf man überhaupt nicht träumen. Es wird alles zerstört. Hoffentlich muß ich nicht auch noch „verreisen". Für meinen Winterurlaub sehe ich sehr schwarz bei der ganzen Entwicklung!

Übrigens der Reiter Major *Harald Momm* ist auch in unserer Abteilung. Ich habe ihn schon kennengelernt. Er ist nicht groß, sieht recht gut aus, weiß es aber!

TB, nachts: Befürchtung eingetroffen. Sind gelandet! [Britische Brigaden nördlich Narviks] Dietl von Verbindung nach rückwärts abgeschnitten. Große Sorge. Verstärkter Angriff der britischen Seestreitkräfte wird befürchtet. [Dietl, General, befehligte die 3. Gebirgsjäger-Division als „Landegruppe Narvik".]

15. April 40, TB: Als ich gestern mittags meinen Dienst antrat große Aufregung. Führer hatte befohlen, Narvik aufzugeben, *den* Erzhafen! Rückzug Dietls? Da Warlimont krank, Oberstleutnant i. G. von Loßberg bei Jodl und Keitel. Ich hatte bis 21 Uhr viel zu tun. Die telefonischen Meldungen häuften sich.

18. April 40, TB: Sternburg hat Sonderauftrag. Fliegt nach Narvik. Wird selbst steuern. Soll hervorragender Flieger sein. Gefährliche Mission. – Mit dem „Fiesco" hat es geklappt. War hervorragend.

20. April 40: Was ich zu tun habe bei dem vielen Dienst? Ich nehme Meldungen auf, bekomme Zusammenfassungen diktiert, Vorschläge, Stellungnahmen. Alles aus dem Bereich der Luftwaffe, im Nachtdienst auch von den anderen Wehrmachtteilen. Morgens muß nämlich alles für die „Lage" (Besprechung der Herren beim Chef) zusammengestellt sein. Wenn die so ist wie derzeit, gibt es gerade nachts kaum noch Pausen. Man ist dann froh über die Ablösung und da geht es in den ersten Stunden auch noch hoch her. [Der Chef, in diesem Fall Oberst Warlimonts Lage-Besprechung. Diese fand täglich am Vormittag statt. Die Leiter der Operationsgruppen Heer, Marine, Luftwaffe berichteten über die neueste Lage auf den verschiedenen Kriegsschauplätzen, anschließend wurden die sich daraus ergebenden erforderlichen Entscheidungen erörtert. Mit diesen Informationen ging der Chef der Abt. L zu General Jodl, dem Chef des Wehrmachtführungsstabes, der mit Generaloberst Keitel zu Hitlers engsten militärischen Beratern gehörte. Die „Abt. L" war Jodls operativer Arbeitsstab und Koordinator für alle drei Wehrmachtsteile. Sie hatte nach seinen mit Hitler abgestimmten Weisungen die entsprechenden Pläne auszuarbeiten.]

21. April 40, TB: Sternburg heil zurück. Ist aber ganz schön unter Beschuß genommen worden.

30. April 40, TB: Große Erleichterung. Landverbindung Oslo – Drontheim gelungen. Situation scheint gerettet. [Dietl nicht mehr abgeschnitten. Das wird in Radio und Presse groß herausgestellt.]

5. Mai 40, TB: Unruhe wegen bevorstehender Abreise. [6. oder 7. 5. für Beginn „Fall Gelb" = Westoffensive vorgesehen und Abfahrt ins FHQu.]

9. Mai 40, TB: Falls sich nichts ändert, wird mich Herr *Greiner* morgen früh mit dem Dienstwagen abholen. Koffer zum 5. Mal gepackt, auf letzten Stand gebracht. Dumm, daß nicht klar ist, wohin es wirklich geht. Ziemlich aufgeregt, weil soviel auf dem Spiel steht – allgemein!

10. Mai 40, TB: Mit Greiner früh zum Standort vom Zug unserer Abteilung. Auch er innerlich erregt. Straßen in Potsdam menschenleer, alles so ruhig. Noch weiß keiner, was bald durch Radio bekanntgegeben wird: Die Westoffensive hat begonnen.

„Atlas" [Name des Zuges der „Feldstaffel" der Abt. L] hält in Münstereifel. Von dort mit Dienstautos kurvenreiche Straße.

Keine Soldatentransporte mehr, am Wegrand 2 tote Pferde – sonst alles friedlich. Erleichtert! Durch ein kleines Dorf [Rodert], dann nimmt uns ein großer Bauernhof auf. Gleich vorne das erste Haus unser Wohnhaus. Wir hatten noch nicht richtig ausgepackt und alles besichtigt, als schon allerhöchster Besuch mit Gefolge erschien. Sehe Führer nur vom Fenster aus. Was ist das eigentlich für eine Uniform?

Führerhauptquartier „Felsennest"

12. Mai 40 [an meine Mutter]: Die Fahrt ist gut verlaufen. Jeder hatte sein Schlafwagenabteil für sich und es somit ganz bequem. Von Berlin sind wir übrigens noch Freitagvormittag abgefahren. Ich wohne nun doch nicht im Zug, sondern mit den anderen Damen zusammen in einem kleinen Haus.

Mit der Arbeit ist es nicht schlimm. Wir sind hier freier als in Berlin, weil wir ja immer greifbar sind. So können wir zwischendurch oft etwas spazierengehen. Die Landschaft ist ganz entzükkend, es wirkt alles so friedlich. Bloß sehr kalt ist es noch, der Wind ist frisch, pustet überall durch.

Meine Lebensmittelkarten brauche ich nicht, gib sie bitte zurück und melde mich vorläufig ab. Wir bekommen alles, auch Seife. Eine Frau wird unsere Sachen waschen. Es wurde an alles gedacht. Die Verpflegung ist ganz ausgezeichnet und sehr, sehr reichlich. Du brauchst Dir in keiner Weise Sorgen zu machen.

Meine Anschrift: *„Feldpost"*

An M. Feuersenger
Oberkommando der Wehrmacht
Abt. Landesverteidigung
z. Hd. d. Herrn Ass. Rilling
Berlin W. 35, Bendlerstr. 11/13, Zimmer 115.

„Feldpost" nicht vergessen! Porto ist also nicht nötig. Auf keinen Fall den Vornamen schreiben, auch nicht Frl.!!

Übrigens Herr Greiner ist furchtbar nett und aufmerksam zu

mir. Er fühlt sich Papa gegenüber für mich verantwortlich und verpflichtet.

[Zur „Feldstaffel“ der Abt. L gehörten auch eine Quartiermeister- und eine Nachrichtengruppe, der Kriegstagebuchführer, Registratur- und Verwaltungsdienst. Die Verbindungsoffiziere der Abt. Wehrmacht-Propaganda, der Abt. Ausland des Amtes Ausland/Abwehr und des Wirtschafts- und Rüstungsamtes, die aber nicht alle im Standquartier untergebracht waren, sondern z. T. im Zug. Außerdem noch Mannschaften, Kartographen, Fernschreiber, Telefonisten, Kraftfahrer und eben wir 9 Sekretärinnen.]

15. Mai 40: Es ist alles so unwirklich, so friedlich, wenn wir auf unserer Butterblumenwiese sind und dann doch immer wieder der Gedanke: Irgendwo weiter westlich fallen Menschen, werden verwundet, sterben!

TB: Ein großer Bauernhof mit vielen Gebäuden. Nur innen sind sie für unsere Zwecke umgebaut. Hinter den Haupthäusern unsere Arbeitsbaracke. Auch viel „Gefolge“ hier. Leibwache, aber auch Prominenz wie die Professoren Morell, Brandt (die Leibärzte) und Hoffmann, der Hof-Fotograf. Der dicke Morell und der elegante Brandt saßen auf der Bank vor dem Haupthaus. Beide in Uniform. Auch der kleine Heinrich Hoffmann läuft in Uniform herum, sieht ganz ulkig aus, paßt nicht und dazu noch das Krätzchen auf dem Kopf. Die anderen mit Mütze. An unserem „Mädel-Haus“ sausen die großen Wagen vorbei, wenn die hohen Herren von den anderen Quartieren zur oder von der „Lage“ kommen. Sie ist im „inneren Kreis“, von dem uns ein hoher Drahtzaun trennt. Jodl und Keitel wohnen dort oben.

16. Mai 40: Ich sitze in unserer Arbeitsbaracke und zwar unbeschäftigt, warte, daß es Zeit wird, zum Abendessen zu gehen. Wir führen wirklich kein schlechtes Leben. Nur der Nachtdienst ist hier anstrengend, es gibt dauernd zu tun. Von 8 Uhr abends bis zum nächsten Tag 7 Uhr früh saß ich vor meiner Schreibmaschine. Es gibt hier während des Nachtdienstes nichts zu essen oder zu trinken. Durch die pausenlose Arbeit denkt man auch kaum daran. Ich bin ganz froh, daß ich die Fahrt hierher mitmachen konnte. Es ist doch sehr interessant und ich lerne eine ganze Menge kennen. Mit meinen Kolleginnen komme ich gut aus. Es haben sich zwei Gruppen gebildet. Die eine ist gerne für sich allein, die andere hat so ihre Freunde und ist nicht gerne ohne männliche Begleitung.

In unserem „Mädelhaus“ ist es recht nett. Wir schlafen zu zweit. In meinem Zimmer sind die Betten übereinander gebaut, damit etwas mehr Platz ist. Wir haben fließendes Wasser, aber nur kalt. Ich bin im Obergeschoß, neben uns wohnen die beiden wichtigsten Damen. Wir haben keinen Kontakt, weil deren Dienst ganz anders verläuft, sehr unregelmäßig. Wenn eine der beiden nachts noch geholt wird, entsteht natürlich Unruhe, wache ich jedes Mal auf, höre sie die Treppe hinunterlaufen, dann fährt der Wagen los. [Es waren die beiden Sekretärinnen Hitlers, die ihren Arbeitsplatz im inneren Sperrgebiet hatten.]

In unserem Speiseraum haben wir Radio. Zeitungen bekommen wir auch. Heute habe ich sogar die „Münchner Neuesten“ studiert. Die Postverbindung ist fabelhaft schnell, da von Berlin aus die Post mit Flugzeug kommt, zuletzt per Hubschrauber, und zwar zweimal täglich. Hoffentlich bleibt weiter alles so wie bisher!

18./19. Mai 40, TB: Seit einiger Zeit dürfen unsere Generalstabsoffiziere an der Abendtafel des Führers teilnehmen. Immer nur einer, der Reihe nach. Bin richtig neugierig. Möchte doch zu gerne wissen, wie Hitler wirkt. Bisher hörte ich nur „beeindruckt“ und höchstens noch „erstaunliche Detailkenntnisse auf vielen Gebieten“. Vielleicht kann ich von meinem Gönner [Greiner], der auch geladen wird, doch etwas mehr erfahren.

Greiner, der Skeptiker und kühle Beobachter, fing an: „Doch beeindruckt, erstaunliches Gedächtnis“. Dann: Genaue Kenntnis von Einzelheiten (auch Zahlen) besonders auf dem Gebiet der modernen Technik hat ihn überrascht. Natürlich hat der Führer das Gespräch bestimmt und beherrscht, von den anderen höchstens kurze Einwürfe. Scheint sein Wissen auf den verschiedensten Gebieten gerne auszubreiten. Dauer der Tafelrunde (keiner darf rauchen) etwa 2 Stunden. Hat auch besonders auf die Augen geachtet. Nicht strahlend, eher matt, unruhiger Blick – darüber verwundert.

20. Mai 40, abends: Du fragst, ob ich in einer Stadt bin. Nein, ich bin auf dem Lande, in einem Dorf. Gestern hatte ich Nachtdienst. Ein Teil unserer Damen und Herren feierte den Sonntag und Sternburgs Abschied. Er wird Geschwaderkommandeur. Anstandshalber bekam ich auch je 1 Glas roten und weißen Champagner. Sternburg kam damit in mein Nachtdienstzimmer und staunte, daß ich in solch ein dickes Buch vertieft neben der Schreibmaschine saß („Geliebte Freundin", Briefwechsel Peter Tschaikowsky – Frau von Meck). Mein Nachtdienstoffizier war nach längerem Zögern doch zu den Feiernden 2 Zimmer weiter gezogen. Zuvor hatte er mich noch mit Fotos von seinem schönen Haus bei Kochel unterhalten. Hauptmann Dr. Borner kommt aus der Wirtschaft, steht da recht weit oben, hier als Reserveoffizier ziemlich weit unten. Ich mußte die Stellung am Telefon halten, war mit meinem Buch so alleine auch sehr zufrieden, nur störte mich der Krach der Feiernden. Mit großer Begeisterung spielten sie den ganzen Abend bis nachts 2 Uhr die einzigen 3 Schallplatten, die sie besitzen: „Ich brauche keine Millionen", „Auf dem Dach der Welt, da steht ein Storchennest", „So eine Nacht wie heute" und noch 2 solche Dinger. Ich gab mir Mühe, meine „Geliebte Freundin" zu lesen, denn zu schreiben gab es erst ab 2 Uhr tüchtig.

23. Mai 40 [an meine Mutter]: Ganz wichtig: Wir haben jetzt die Feldpostnummer 27 866. Du mußt also nur noch die auf den Umschlag schreiben. – Heute ist der Nachfolger von Sternburg, der Geschwaderkommandeur wird, angetreten: Major d. G. *Sigismund Frhr. von Falkenstein.* Habe ihn noch nicht gesehen. Nachher will ich Dir ein schönes Päckchen zurecht machen. Unser großer Zahlmeister war auf Einkaufsreise im eroberten Gebiet. Lerne hier erst die Bedeutung der Zahlmeister kennen, was so alles von deren Organisationstalent abhängt, auch die Beschaffung aller möglichen Sachen. Wenigstens hat er nicht nur Einzelwünsche erfüllt, sondern für alle etwas mitgebracht und Momm hat es so eingeteilt, daß jeder etwas bekommt, doch fein! Ich freue mich so mächtig über die schönen Sachen und möchte gerne sehen, wie Du den Kaffee mit Genuß trinkst. Eva bekommt den Tee. Für alles zusammen, also die 2 Pfund holländischen Bohnenkaffee, Tee, 20 Zigaretten, 2 Tafeln Schokolade, 1 Stück Feinseife, 2 Riegel Kernseife, habe ich nur 6,– RM bezahlt.

26. Mai 40, TB: Es ging alles so glatt, fast zu rasch bisher. Deshalb richtige Hochstimmung. Seit einigen Tagen aber wohl Probleme. Kann Rückzug [der Engländer] abgeschnitten werden? Unsere Luftwaffenverbände können wegen des Wetters nicht voll eingesetzt werden. Meine Herren haben Sorgenfalten. Auch bei der Gruppe Heer sieht es nicht besser aus.

[Lt. KTB/Greiner gab Hitler am 26. Mai, verspätet für die allgemeine Situation nun doch den Befehl, die schnellen Verbände zum Angriff in der Richtung auf Ypern und vor allem zum Vorstoß auf *Dünkirchen* freizugeben, um weitere Abtransporte des Gegners zu verhindern. Jetzt aber gelang es nicht mehr, den Kessel an der See zu schließen, und so konnten die Engländer den größten Teil ihrer Kräfte, freilich unter Zurücklassung des gesamten Geräts, und auch eine beträchtliche Zahl französischer Truppen nach England überführen, wobei ihnen das unsichtige Wetter zugute kam, so daß Görings Versprechen, daß die Luftwaffe mit den eingeschlossenen Resten des Gegners allein fertig werden könne, nicht gehalten werden konnte ... Vom Heer war ein Vorstoß über Dünkirchen zur Schließung der Seefront und Abschneidung des Gegners von den noch freien Einschiffungshäfen gleich vorgeschlagen worden, und zwar drängten Generaloberst von Brauchitsch und General Halder darauf. Aber Hitler beharrte auf seinem Standpunkt, wobei er sich auf seine ureigenste im 1. Weltkrieg als einfacher Soldat gewonnene Kenntnis der flandrischen Tiefebene berief, in der keine Panzer verwendet werden könnten. Keitel und Jodl bestärkten ihn in dieser Meinung. Hitler verließ sich außerdem auf Göring, wollte die Infanterie- sowie die zu ergänzenden Panzer- und motorisierten Verbände schonen, ihnen eine Atempause geben, ehe sie in dem nunmehr bevorstehenden zweiten Abschnitt des Feldzuges zum Durchbruch durch die inzwischen errichtete neue französische Verteidigungsfront an der Aisne und Somme antraten. Und so gelang den Briten das „rettende Rückzugsmanöver".]

26. Mai 40: Frl. Guhl hat sich vorgestern im Städtchen [Münstereifel] von Ernst Wiechert „Jedermann" gekauft. Bekannte von ihr sind mit Wiechert eng befreundet. Es stimmt, er darf nicht mehr auf Reisen gehen, hat Hausarrest. Übrigens soll er gar nicht menschenscheu sein, sondern äußerst gesellig und Menschen direkt brauchen. – Mit dem Geld ist es so: Ich bekomme in Berlin mein volles Gehalt minus 30 RM (es kann auch etwas mehr sein) Abzug für Verpflegung und hier monatlich rund 60 RM (Kleidergeld 50 Pfg. pro Tag und Gefahrenzulage). Am 1. Tag der

Reise bekam ich außerdem 50 RM für Sonderausgaben für die Reise. So stehe ich also zur Zeit recht gut da und Du kannst mir ruhig die schönsten Bücher kaufen. – Mein Nachtdienst vorgestern (24./25.) war insofern etwas ungemütlich, als ein Flugzeug uns dauernd überflog und sogar 2 Bomben warf – allerdings noch ziemlich weit entfernt, aber der Boden unter uns bebte. Ich habe weitergetippt. In die Bunker wird erst gegangen, wenn der erste Tote im Hause ist, glaube ich. Na ja, man muß Fatalist sein. Die Flak schoß wie toll. Ob das nicht auffällt?

27. Mai 40, TB: Wir kamen gerade aus dem Dorf, waren noch vor unserem Wohnhaus, als die Wachen am Eingang zum Gelände Haltung annahmen für eine Gruppe, die den Fahrweg herunterkam. Der Führer mit Gefolge. Wir blieben stehen, ein paar Soldaten auch, grüßten. Kurzer Blick streifte uns, die Hand dankend leicht erhoben. Die große Schirmmütze verdeckte die Augen. Gerade Haltung, mittelgroß, in hohen Stiefeln, einfacher Uniformrock mit Koppel. Wieder keine besondere Wirkung auf mich. Ich hatte mich auf diesen Mann, der soviel Macht vereinigt, der dieses ganze Geschehen ausgelöst hat, so konzentriert, daß ich gar nicht weiß, wer neben und hinter ihm ging. So nah habe ich ihn ja bisher noch nie gesehen. Aber – außer der Verkörperung der Macht nichts Besonderes, und das reicht ja wohl auch.

2. Juni 40: Ich bin noch in Deutschland. Wir Mädels werden jetzt aber bald nach Hause geschickt. Nicht allein wegen der Gefahr durch die Verlegung nach Frankreich. Es soll dort auch zu primitiv sein. Soldaten werden nun voll unsere Arbeit übernehmen. Es wird uns komisch vorkommen, wieder in ein gleichmäßig verlaufendes Büroleben einzutreten und dann so fernab von allem Planen und Handeln zu sitzen. Für mich war es hier in jeder Beziehung interessant.

4. Juni 40 [an meine Eltern]: Aller Voraussicht nach werde ich Sonntag oder Montag zu Hause eintreffen. Wie lange wir beurlaubt werden, ist noch etwas unklar. Ist Eure Waschküche jetzt etwas besser als Luftschutzkeller eingerichtet? Es könnte nichts schaden! Was sagt Papa zu Italien? [10. 6. Kriegseintritt als Verbündete.]

7. Juni 40, TB: Führer gestern in das neue Quartier abgereist. [Bezog am 6. 6. 40 Quartier an der belgisch-französischen Grenze].

Heute durften wir das verlassene „Felsennest" sehen. Wurden hingefahren. Der Drahtzaun nun offen. Ging noch etwas bergan. Im dichten Grün versteckt die verschiedenen Bunker in Tarnfarbe. Uns wurde der Wohn- und Arbeitsbunker des Führers gezeigt. Zweckmäßig, fast spartanisch, 1 Raum über der Erde mit Tageslicht. Der Speisesaal, in dem die „Abendtafel" stattfand, in einem Bunker. Die Lage-Besprechungen wurden in einer Holzbaracke abgehalten, die den besten Platz auf dieser Höhe hat mit besonders schönem weiten Blick auf die bewaldeten Höhen.

Potsdam, 8. Juni 40: Ich bin gestern um 20 Uhr gut zu Hause angekommen. Doch fein, im Hauptquartier haben wir noch Kaffee getrunken, dann ging es eine ¾ Stunde mit dem Auto zum Flugplatz [Euskirchen]. Unsere Maschine von der OKW-Kurierstaffel war eine Ju 52, aber gottlob nicht die Transporter, sondern eine richtige Lufthansamaschine „Hans Hackmack". 10 Personen haben Platz, sowie das ganze Gepäck und die Kurierpost. In Bonn hatten wir eine Zwischenlandung. Pünktlich um 19 Uhr waren wir in Staaken. Dort wurden wir je zu zweit in ein Auto gesteckt und nach Hause gefahren. Bin von dem Flug ganz begeistert, denn es war klare Sicht. An Luftlöchern fehlte es allerdings nicht. Einige mußten zur Tüte greifen. Ich glücklicherweise nicht, konnte mich ganz dem Schauen widmen. Am Dienstag müssen wir um 10 Uhr im OKW antreten und uns die näheren Anweisungen holen. Wahrscheinlich bekommen wir erst einmal Sonderurlaub. Dann komme ich zu Dir und wir fahren in die Berge, ja? Euch Münchner haben die Engländer ja tüchtig vor. Gehe nur immer gleich in den Keller, sobald Du die Flak oder Flieger hörst. Wenn die Häuser einstürzen, bleibt der Kamin immer stehen! Aber hoffen wir, daß nichts passiert.

14. Juni 40, TB: Deutsche Truppen rücken in Paris ein.

[Es gab den Sonderurlaub. Ich fuhr am 15. 6. nach München, kehrte erst Mitte Juli nach Berlin zurück. Am 17. 6. bot Frankreich den Waffenstillstand an. Am 22. 6. war in Compiègne der deutsch-französische Waffenstillstand unterzeichnet worden. Es herrschte vorsichtige Friedenshoffnung. Lt. KTB-Aufzeichnung hoffte Hitler auf einen Friedensschluß mit Groß-Britannien.]

16. Juli 40, TB: Wir können wieder bei unserer Feldstaffel arbeiten. Sie sind hier, bleiben im Zug. Meine Kollegin und ich verschaffen unseren Nachfolgern, einem Gefreiten und einem Kanonier, ein paar freie Tage. [Der Zug „Atlas“ stand in Berlin-Grunewald auf einem Nebengleis.]

19. Juli 40, TB: Die große „Friedensrede“ [Hitler vor dem Reichstag in Berlin] ist mager ausgefallen. Nur Appell an die Vernunft Englands, den Krieg nicht fortzusetzen. Viele Beförderungen. Nun haben wir in Göring einen Reichsmarschall, Keitel und Brauchitsch sind Generalfeldmarschälle und Jodl einen Rang überspringend General der Artillerie. Es geht sicher weiter. Papa hält Dünkirchen für den Anfang vom Ende. Durch den Rücktransport hätten die Briten die Kraft zur Fortführung – und Amerika in Reserve. Schlimm, bei uns werden auch immer neue Pläne gewälzt, neue Karten hervorgeholt. [Weiterführung des Krieges mit geplanter Landung in England „Unternehmen Seelöwe“, Vorbereitung „Felix“, d. h. Einnahme Gibraltars.]

21. Juli 40, TB: Große Besprechung in der Reichskanzlei über Lage. Führer wieder nach Berchtesgaden. „Atlas“ bleibt.

22. Juli 40: Ja, ich bin noch bei meinen Herren. Der Arbeitsplatz ist manchmal sehr heiß, wenn die Sonne so darauf glüht. Klima sonst angenehm. Natürlich immer Stoßbetrieb, lange Pausen, dann hektische Arbeit. Habe, wie früher, immer Lektüre dabei. Falkenstein ist als Chef sehr angenehm, ruhig, überaus höflich. Sagt weiterhin: „Gnädiges Fräulein, bitte zum Diktat“. Inzwischen habe ich mich schon daran gewöhnt, kam mir ja, wie Du weißt, zunächst übertrieben vor. Aber besser so.

Im Speisewagen kannst Du sehen, wie Turnierreiter ihr Gewicht halten. Momm bevorzugt alte Brötchen (preist sie sehr) und mageres Fleisch ohne Sauce. Falkenstein hat auch eine Reiterfigur, ist aber größer und ißt normal.

26. Juli 40: Als ich gestern um 15.30 in Grunewald erschien, herrschte unter den Männern große Unruhe. Fahren wir heute oder fahren wir noch nicht? Diese Frage beschäftigte alle. Schließlich wurde bekannt, daß die Abfahrt des Zuges um 19.55 so gut wie sicher sei, aber noch nicht hundertprozentig. Um 18 Uhr startete der Oberst [Warlimont] nach München-Riem. Es wurde vereinbart, daß wir ihm funkten, ob der Zug abfährt, ob er trotz Nichtabfahrt nach München soll oder ob er gleich umkehren muß. 18.45 konnten wir ihm funken „Atl. d. 19.55". Ich mußte noch schnell unsere Abendmeldung aufnehmen, dann wurde die Telefonleitung gesperrt, denn der Zug mußte jetzt Bremsprobe machen. Ich konnte nach Hause fahren. Da unsere Leute noch nicht ins Standquartier ziehen, sondern für kurze Zeit ganz woanders sind, wurden wir Damen nicht mitgenommen. Wir werden erst ins Standquartier nachgeholt. Bis dahin geben wir in der Bendlerstraße wieder eine Gastrolle. Greiner will mich gerne fürs Kriegstagebuchschreiben haben, wenn Kraatzchen ihm wegen ihres Freundes doch einen Korb geben und hierbleiben muß. Falkenstein will mich aber behalten. Warten wir ab, vielleicht kommt alles ganz anders. Vielleicht brauchen sie uns nachher gar nicht.

[31. Juli 40 Führerbesprechung auf dem Berghof wegen Unternehmen „Seelöwe", aber auch „Felix". Am 3./4. August Hitler in Berlin wegen der geplanten „Luftoffensive". Der Beginn verzögert sich durch die ungünstige Witterung. Er geht am 8. 8. allein nach Berchtesgaden zurück.]

2. August-Woche 40, TB: Warlimont ist mit Wirkung vom 1. 8. Generalmajor geworden. Neulich konnte ich ihn im Schmuck der neuen Würde vom Zug aus ungestört beobachten. Er stand direkt vor unserem Abteilfenster. Falkenstein war draußen, setzt sich manchmal mit kleinem Klapptisch und Stuhl auf den Bahnsteig, wo es durch die Bäume etwas schattig und luftiger ist. Warlimont ist verhältnismäßig klein, wird von unseren anderen Offizieren überragt (außer Momm keiner unter 1,80). Dennoch sieht es immer so aus, als blicke er nicht zu ihnen auf, sondern herunter. Das imponiert mir. Er wirkt ruhig, beherrscht, nachdenklich, ernst. Seine Erscheinung ist sehr gepflegt von den genau gescheitelten, dichten dunklen Haaren über die gut manikürten Finger bis zu den glänzenden Stiefelspitzen. Eines habe ich mit ihm gemeinsam: Den Frisör am Wittenbergplatz.

Loßberg, Gruppenleiter I H (Heer) hat sein Arbeitsabteil neben uns. Er fällt schon durch seine Größe auf, überragt alle, wirkt ausgesprochen elegant. Ich sehe ihn fast immer liebenswürdig lächelnd. Ihm zur Seite die jungen Hauptleute von Trotha und der neu hinzugekommene, sehr nette, energiegeladene Fett.

Bei uns ist Queissner der lebhafteste. Unser ruhiger von Berchem wird demnächst versetzt. Nachfolger unseres jungen Hauptmann Lüschen ist ein älterer Hauptmann d. R., der wie Borner bei „IH", aus der Wirtschaft kommt. Dr. Riesterer ist Schwabe, privat Bankdirektor und in vielen Aufsichtsräten. Er kann sehr nett, sogar richtig lustig sein, mußte sich aber erst an den Ton hier gewöhnen. Vor allem daran, daß wir „kleinen Stenotypistinnen" genau wie er nach Spätdienst mit dem Wagen heimgefahren und als Damen behandelt werden. Na, und Falkenstein noch immer: „Gnädiges Fräulein, bitte zum Diktat" oder „Darf ich zum Diktat bitten, gnädiges Fräulein"!!

17. August 40, Potsdam: Ich möchte jetzt nicht in London stekken, die meiste Zeit bringen die Menschen im Luftschutzkeller zu, in ganz England ist es eigentlich so. Und dabei könnte es noch viel schlimmer sein, wenn --- [Seit 14. 8. war der Luftkrieg gegen England verschärft worden, aber noch nicht als Vorbereitung zum Landungsunternehmen „Seelöwe".] Ich schrieb Dir, daß ich nachmittags von 15–22 Uhr Dienst hätte, das war einmal! Gestern saß ich von 15 bis 1.30 Uhr da, dann wurde ich nach Hause gefahren. Und heute mußte ich bereits um 8 Uhr anfangen. Morgen, Sonntag, wieder Spätdienst! Zum Schlafen kaum noch Zeit, selbst wenn Alarme ausbleiben. Es wird wohl mit meinem Dienst längere Zeit so weitergehen. Erst in der Bendlerstraße könnte es wieder ruhige Tage geben, wenn nicht alles ganz anders kommt. Ich befürchte so einiges. Jedenfalls sieht es überhaupt nicht nach friedlicher Entwicklung aus.

19. August 40: Bin von meinem Sonntagsdienst heute, Montagfrüh, 1.30 zu Hause angelangt und habe gleich wieder von 15 Uhr bis Mitternacht Dienst. Es geht hoch her. Die Meldungen häufen sich. Du hast ja gelesen, daß wir den Luftkrieg gegen England verschärft haben. So etwas schlägt sich an meinem Arbeitsplatz nieder.

23. August 40, TB: Meine Herren sind abgereist, sie mußten dem Führer folgen [nach Berchtesgaden]. Ich muß mich beim OKW, Bendlerstraße melden. Wieder für eine Gastrolle.

29. August 40: Eben ist mir mitgeteilt worden, daß ich morgen um 9 Uhr bereits wieder bei meinen Herren sein muß (IL). Sie kommen heute abend. Großartig! Mein Übergangschef v. V., der mich mit allen Tricks behalten wollte, hat resigniert kapituliert!!! Berlin hatte, wie Du inzwischen wissen wirst, nachts Besuch von den Engländern. Sie sind doch durchgekommen, haben sogar Bomben mitgebracht. Was unser Reichsmarschall wohl dazu sagt? [Göring hatte erklärt, daß so etwas gar nicht vorkommen könne. Dieser Luftangriff veranlaßte Hitler zur sofortigen Rückkehr in die Reichshauptstadt. Die Feldstaffel der Abt. Landesverteidigung im Zug „Atlas“ mußte ihm folgen.]

31. August 40: Mit großem Hallo wurde ich am Freitag, also gestern, von meinen Herren begrüßt. Um 8.45 Uhr sollte ich doch da sein, aber kein Zug war zu sehen. Ich setzte mich in einen unserer Kraftwagen und wartete. Queissner kam bald, er war vorausgeflogen. Er sagte mir, daß v. V. wirklich versucht hat, mich ihnen wegzuschnappen, und zwar über das Personalamt. Heute wurde ich schon um 22 Uhr nach Hause geschickt, um zum Alarm dort zu sein. Auf den müssen wir uns nun wohl einrichten. Das Vordringen der fliegenden Engländer nach Berlin hat doch für einigen Wirbel gesorgt. Als ich mit Major von Falkenstein beim Abendbrot saß, sagte er angesichts des schlechten Wetters noch „eigentlich ist kein Fliegerwetter, wenn die Burschen heute kommen, können sie nichts sehen, denn die Wolken sind so tief, daß sie da nicht durchstoßen können, also können sie die Bomben nur aus den Wolken werfen auf gut Glück“. Ich kam um 23.15 per Eisenbahn zu Hause an. Es war stockfinstere Nacht. Kam nicht mehr zum einschlafen, denn gleich nach Mitternacht heulten die Sirenen. Es geht also mit den Angriffen und Gegenangriffen los.

9. September 40: Am Mittwoch rief mein Kammersänger *[Gerhard Hüsch]* an und sagte mir das Ergebnis seiner Musterung. Er ist k. v. für schwere Artillerie. Nicht schlecht, besonders für das feine Musikergehör!! Doch vorläufig haben ihn die Berliner Staatsoper und für seine Konzerte das Propagandaministerium „unabkömmlich“ gestellt. – Wenn nachts die Sirenen ertönen, gehe bitte in den Keller und hoffe, daß die Bomben Dich verschonen. Denke daran, daß die Engländer viel länger und viel häufiger, sogar am Tage in dem Keller sitzen, und daß, wenn die Entwarnung ertönt, die Zerstörung dort viel größer ist als bei uns. Es hilft doch nun alles nichts, der Krieg ist da und wir können nur hoffen, daß weiterhin alles gut geht. Solange wir wirklich nichts weiter zu erleiden haben, als nachts ein paar Stunden in den Keller zu gehen, dürfen wir angesichts des vielen, wahren und großen Unglücks nicht stöhnen. Es gibt so unendlich schweres Leid in diesem Krieg.

17. September 40: Stell Dir vor, wir hatten 3 Nächte hintereinander keinen Fliegeralarm. Die Leute wurden wieder ganz groß und behaupteten, nun sei es damit vorbei. Am Sonntag hatte ich ab 15 Uhr Dienst. Es gab diesmal sehr viel zu tun, ich mußte ab 19 Uhr ununterbrochen schreiben. Da verschiedene Herren bei uns anfragten, ob die Engländer diese Nacht womöglich Berlin einen Besuch abstatten würden, erkundigte sich Riesterer. Wir erfuhren, daß sie um 21.30 die Reichsgrenze überflogen hätten und jetzt in Oldenburg seien. Wir beeilten uns nun sehr, denn Riesterer legt auch Wert darauf zum Alarm schon zu Hause in Zehlendorf zu sein. Ich hatte daheim meinen Mantel noch nicht ausgezogen, da heulten die Sirenen.

TB: Das Unternehmen vertagt! [„Seelöwe" = Landung in England. Hitler hatte schon am 14. 9. den Oberbefehlshabern und Generalstabschefs in der Reichskanzlei gesagt, daß er dieses Unternehmen nicht für dringlich halte. Es wurde aber noch nicht endgültig abgesetzt.]

22. September 40: Für die versprochene Höhergruppierung bin ich weiter zu jung!! Aber Überstunden soll ich nun aufschreiben, und zwar ab August. Mal sehen, was dabei herauskommt. Eine Neuigkeit gab es heute. Meine Kollegin, die bereits die letzte Woche nicht mehr bei uns erschien, so daß ich jeden Tag „draußen" sein mußte, tritt morgen ihren Dienst in Den Haag an. Sie hat diese Kommandierung selber veranlaßt und uns nichts davon gesagt. Nun müssen Kanonier Jacksch und ich weiter alles bewältigen. Du fragst, was mein Schreibkollege privat ist: Dr. jur., angehender Rechtsanwalt, 28 Jahre alt. Ja, ja, meine Kollegen sind alles „bessere Leute".

6. Oktober 40: Gestern hat uns Warlimonts frühere Sekretärin Fräulein Krüger einen Besuch abgestattet. Lebhaft wie immer, sehr fesch, neu ausgestattet, erschien sie. Hat 8 Tage Urlaub und fliegt am Sonntag wieder nach Oslo zurück. Es gefällt ihr noch recht gut im hohen Norden, vor allem wohl auch, weil sie von ihren Herren recht verwöhnt wird und sie ist ja wirklich tüchtig. Für Drontheim wird eine Dame gesucht, sie fragte mich. Aber jetzt zum Winter da hinauf, lieber nicht. Und Dietl sitzt ganz hoch im Norden! Außerdem mag ich, wie Du weißt, nicht gerne in besetzte Gebiete, so interessant es sein könnte. Aber ich finde, die Zeit jetzt stimmt immer nachdenklicher. Man kann sich von den ernsten, erschütternden, widersinnigen, ja von all den verschiedenen guten und bösen Gesichtern des menschlichen Lebens doch nicht einfach abwenden und darüber hinwegtäuschen. Ich kann mich nicht richtig ausdrücken, bin schon wieder müde (Mitternacht) und Gigli singt im Radio mit bezaubernder Weichheit „Holde Aida".

10. Oktober 40: Demnächst werden wir aus unserem Zug ausziehen und ein festes Quartier beziehen. Für mich liegt das neue gar nicht so ungünstig. Ich kann weiter zu Hause wohnen.

15. Oktober 40, TB: Das Untier ist untergetaucht, aber noch nicht für immer [„Seelöwe" auf Frühjahr 41 verschoben.]

16. Oktober 40: Ich habe jetzt von Falkenstein eine Bescheinigung bekommen, daß ich nach Spätdienst berechtigt bin, einen Militärdienstkraftwagen zur Heimfahrt nach Potsdam zu benützen. Frauen dürfen doch nicht im Dienstwagen fahren und Falkenstein will mich nicht der Gefahr aussetzen, womöglich mehrere Stunden auf der Polizeiwache zubringen zu müssen, trotz meines OKW-Ausweises. In der Nacht vom Sonnabend/Sonntag bin ich ja noch trotz des Alarms durchgekommen. Er überraschte uns auf der Glienicker Brücke. Mein Fahrer setzte sich den Stahlhelm auf, weil dann die Polizisten gleich beruhigt wären. Er hatte recht. Am Luisenplatz hielt uns ein Polizist an und sagte, daß Fliegeralarm sei. Mein Kraftfahrer erklärte, daß er das wüßte, aber eine Dienstfahrt hätte und darauf hin ließ uns der Schupo weiterfahren.

23. Oktober 40: Bei uns passieren wirklich die tollsten Sachen. Ich sitze doch bei Falkenstein, dem auch unsere Kurierstaffel unterstellt ist. Täglich höre ich, wohin unsere Maschinen fliegen und ich habe oftmals bei mir gedacht, daß es doch zu schade ist, daß ich da nicht mal mitdarf. Heute wundere ich mich, daß meine Kollegin von „Heer" fehlt und erfahre, daß ihr Chef sie nach Brüssel und Paris mitgenommen hat. Sie darf sogar länger als er in Paris bleiben und zwar 10 Tage. Der General muß ja seine Genehmigung erteilt haben. Wer es versteht, kann bei uns doch allerhand erreichen. Sie war doch vom „Felsennest" aus schon mit in Amsterdam – daraufhin gab es für uns Flugverbot! Ich bin doch zu dumm und unbegabt, verstehe noch immer nicht, alle Möglichkeiten auszunutzen.

Eine traurige Nachricht: Mein früherer Chef, der Vorgänger von Falkenstein, Major *Frhr. Speck von Sternburg* ist gestern früh tödlich verunglückt. Falkenstein, der gerade in Brüssel war, erfuhr es dort und rief uns gleich an. Besonders tragisch sind die ganzen Umstände bei Sternburgs Tod. Er hatte nämlich bereits seine Kommandierung nach Berlin zur Akademie in der Tasche. Es war seine letzte Woche an der Front. Auf der Heimkehr von einem Nachtflug gegen England ist er frühmorgens bei der Landung auf seinem Heimatflughafen Rennes abgestürzt. 3 Mann der Besatzung, darunter er, sind tot, einer ist verletzt. Die Maschine hat Flaktreffer gehabt. Sternburg saß selbst am Steuer. Er war jetzt Gruppenkommandeur, 37 Jahre alt und ein Generalstabsoffizier, dem man allgemein eine glänzende Laufbahn voraussagte. Er galt auch als erstklassiger Flieger, hat große Sachen gemacht: Asien- und Afrikaflug, ist in Spanien gewesen und jetzt im Frühjahr in besonderer Mission in Narvik bei Dietl. Mir tut es um Sternburg sehr leid. Er war als Chef nicht gerade bequem, aber gerecht. Seine Art war kurz, mitunter schroff. Er sagte kein Wort zuviel. Wenn er wollte und die Situation gegeben war, konnte er charmant sein. Sternburg war erst anderthalb Jahre verheiratet, im April wurde ein Töchterchen geboren. Seine Frau erwartete ihn zum Wochenende in Berlin zurück.

25. Oktober 40: Morgen wird Sternburg in Rennes beigesetzt. Eine Überführung hat Göring vorläufig abgelehnt, aber nach Kriegsende besteht die Möglichkeit.

Gestern abend habe ich mit Falkenstein zusammen Abendbrot gegessen (es gab Kartoffelsalat und fabelhaft lange Würstchen), er fragte mich plötzlich, ob ich mir auch Stoffe aus Brüssel habe besorgen lassen. Warum nicht. Ihm sei es leider zu spät eingefallen, daran zu denken. Ich sollte ihm das nächste Mal einen Wunschzettel mitgeben. Nun, mal sehen. Ich will mir nicht viel bestellen, man soll so etwas nicht übertreiben, aber einen Kostümstoff möchte ich schon gerne. Was ich mir von Dir wünsche? Ein schönes Buch. Als Tip gebe ich Dir „Lebensweg durch eine Zeitenwende" von Gertrud Bäumer und Marc Aurel „Selbstbetrachtungen".

28. Oktober 40: Bei meinem Sonntagsdienst erlebte ich eine Überraschung. Es war nicht viel los, Falkenstein legte Patiencen und ich war in mein Buch vertieft, als um ½6 das Telefon ging und nicht wie erwartet ein Gespräch aus Bukarest, sondern aus Berlin kam. Ich war so überrascht, daß ich noch nicht mal richtig begriffen hatte, als auf mein „IL" eine Männerstimme sagte „Marianne?" und mich nochmal mit „IL – ja!" meldete. Hüsch hatte ich wirklich nicht vermutet, da ab 16.30 Oper war. Er rief in der Pause zwischen dem 1. und 2. Akt an, um mich zu den Schallplattenaufnahmen am Montag mit *Tiana Lemnitz* und Staatsopernorchester einzuladen. Am Montag konnte ich mittags etwas eher aufhören und fuhr zum Beethovensaal. Der sah ganz scheußlich aus innen, weil man große graue Tücher gehängt hatte, um die Akustik einigermaßen auszugleichen. Die Aufnahmen hatten schon begonnen. Bruno Seidler-Winkler probierte mit dem Orchester und Tiana. Sie besang die erste Wachsplatte. Die wurde vorgespielt und dann wurden noch 2 richtige Aufnahmen gemacht. Tiana sang sehr schön weich, mit halber Stimme den Monolog der Arabella. Sie sieht hübsch und sehr gepflegt aus. Ganz besonders gefiel mir ihr herrliches Silberfuchscape. Mit Gerhard sang Tiana zusammen das Duett „Und Du wirst mein Gebieter sein" aus „Arabella". Auch dies mußte mehrfach durchgenommen werden, weil Gerhard mal zu stark kam, zurücktreten mußte und so weiter. Als diese Aufnahmen fertig waren, machte das Orchester nur eine Viertelstunde Pause, dann gingen die Aufnahmen mit Gerhard allein weiter. Jetzt dirigierte aber *Hanns Udo Müller,* der inzwischen erschienen war. Ihre Aufnahme: „Hat Dein heimatliches Land" (Traviata) und „Für Dein Glück und für Dein Leben" (Maskenball). Das Tempo mußten sie etwas sehr dehnen, was ihnen gar nicht behagte, aber wegen des Plattenumfangs mußte das sein. Udo und Gerhard sind nicht gerade begeistert von diesen beiden

Aufnahmen, aber das sind jetzt gangbare Platten und darauf muß leider Rücksicht genommen werden.

Ich versetzte meine beiden Künstler dann noch mit der Nachricht des italienischen Einmarsches in Griechenland in Erstaunen. Abends gab das Radio ja das Ultimatum bekannt und am nächsten Tag erst das weitere. So wird ein Land nach dem anderen in diesen Krieg hineingezogen und es wird letzten Endes überall Trümmer geben!

30. Oktober 40: Ende der nächsten Woche wollen wir unseren Zug verlassen und das Winterquartier beziehen. Am Sonntag sagte mir Major *Queissner* noch, daß ich mich nach der Verbindung Potsdam – neues Quartier erkundigen sollte, da ich bestimmt mitkäme. Gestern mußte er mir eröffnen, daß über uns Damen die Entscheidung später fallen wird und es durchaus möglich ist, daß wir in die Bendlerstraße zurückmüssen. Unser General [Warlimont] sieht uns doch sowieso nicht gerne und nun ist Momm als für das Quartier zuständiger Kommandant auch gegen unser Mitkommen. Der allmächtige Oberstabszahlmeister brummt schon lange, daß wir *vier Damen* ihn schädigen – Mittagessen! Unsere Arbeit zählt eben weniger als die Umstände, die so ein paar weibliche Wesen machen, und so werden unsere Chefs sich nicht durchsetzen können. Mich beruhigt nur, daß Queissner mir gleich sagen konnte, daß im OKW für meine Verwendung schon gesorgt ist, und zwar hätte sich Leutnant *Dr. Scheidt,* Greiners neuer Mitarbeiter, gemeldet. Er sitzt im OKW und muß Greiners Kriegstagebuch-Aufzeichnungen überarbeiten. Immerhin ist das *Kriegstagebuch* (KTB) die interessanteste Arbeit, die es in der Bendlerstraße gibt.

3. November 40: Ich schrieb Dir doch schon, daß ich womöglich nicht in das Winterquartier unserer Abteilung mitgehe, sondern zu Dr. Scheidt ins OKW muß. Entschieden ist der Fall noch nicht. Herr Greiner sprach letztens mit mir. Er hat das eingefädelt, damit ich gleich meinen festen Platz habe, wenn wir hier fortmüssen. Den Dr. Scheidt lobte er in den höchsten Tönen, auch die Arbeit. Da wir Kriegstagebuch schreiben, bekommen wir in die ganze Entwicklung des Krieges einen vollständigen Einblick. So weiß ich ja hauptsächlich nur im Luftwaffen-Bereich Bescheid. Natürlich ist das, was wir dann bearbeiten, inzwischen schon wieder Geschichte geworden. Die allerneuesten Sachen weiß ich nicht so schnell wie jetzt, aber ich muß ja doch alles für mich behalten und mich nur ärgern, wenn mir andere Leute die neuesten Nachrichten und Pläne erzählen und dabei den größten Unsinn zusammenreden. Nun, wir werden ja sehen, wie sich alles entwickelt.

15. November 40: Uns haben die „Nachtpiraten", wie Falkenstein sie nennt, wieder 2 unruhige Nächte bereitet. Am Mittwochabend wollten sie wohl Herrn Molotow einen Besuch abstatten und einige Ehrenrunden über Schloß Bellevue fliegen, sind aber nicht über die Vororte (speziell Osten) hinausgekommen. [Der sowjetische Außenminister war vom 12.–14. 11. in Berlin, reiste am 15. 11. ab.]

Am Donnerstagvormittag habe ich nun von meinen Fliegern Abschied genommen. Falkenstein hat allerdings so über die Schreiber, die nicht schreiben können, fluchen müssen, daß er ernsthaft daran denkt, mich recht bald zurückzuholen. Am liebsten hätte er mich sogar auf Abruf zu Hause sitzen lassen. Aber nun darf ich doch mit Papa am Montag nach Dargelütz auf die fetten Mecklenburger Weiden fahren.

Weißt Du schon, daß Weihnachten dieses Jahr ausfällt? Du kommst aber trotzdem, nicht wahr? Also: Josef ist eingezogen, Maria im Hilfsdienst, das Kind aufs Land geschickt und bloß wegen dem Esel lohnt das Fest nicht!

Schön, daß Du die Briefe jetzt einordnest. Ich werde sie dann später durchsehen und die interessantesten Sachen herausziehen und abtippen für mein Tagebuch.

21. Nobember 40, Dargelütz/Mecklenburg: In Parchim hat uns diesmal Herbert selbst abgeholt. Der Kutscher Nüsch ist beim Militär. Herberts Bruder Hans ist aber nun gänzlich vom Militär freigegeben worden. Die Reklamation des alten Herrn Ehlers hatte Erfolg. Er ist jetzt 84 Jahre alt, bewundernswert rüstig. Aber allmählich wurde die Bewirtschaftung der beiden großen Güter (Schlieven und Bergrade) für ihn doch zuviel. Wir haben am Mittwoch bei den alten Herrschaften in Schlieven Besuch gemacht.

Herbert fuhr mit uns über Severin (Besitzer Günther Quandt). Severin grenzt an das Rittergut Schlieven und Gut Bergrade. Es wird dort eine Stärkefabrik betrieben. Herr Quandt (der geschiedene Mann von Magda Goebbels) ist kaum da, er läßt sich nur die

Gänse und so weiter schicken. Auf dem kleinen Severiner Friedhof ist Ernas Grab gleich an der Kirche: Joseph Goebbels' Hochzeitskirche! Du erinnerst Dich sicher noch an die Bilder, die damals von der Trauung durch alle Zeitungen gingen. Herbert erinnert sich lebhaft daran, wie sie alle gestaunt haben, daß der Hauslehrer der Familie Quandt die „Gnädige Frau" sozusagen im Sturm eroberte und in der Guts-Kirche dafür den Segen entgegennehmen konnte.

In Schlieven war es sehr nett. Mich macht nur das schwere, fette Essen hier überall ganz kaputt, während Papa gar nicht mehr darüber redet, wie gesundheitsschädigend das ist, sondern tüchtig zugreift. Das Gespräch kam natürlich auch auf Gauleiter Hildebrandt, der sich nun von den Großgrundbesitzern hofieren läßt, die er doch ursprünglich alle enteignen wollte und über diese vornehmen Herrschaften, die sich mit diesem Mann nun tatsächlich zu Tische setzten. „Wir brauchen das ja nicht zu befürchten, denn wir sind ihm nicht fein genug, sind bloß Bauern, die sich ihre Güter erarbeitet haben" schloß Herbert. [Herbert Ehlers, Pächter der Staatsdomäne Dargelütz, Witwer unserer langjährigen „Stütze", also Hausgehilfin.]

Am 25. 11., Montag, werde ich bei Dr. Scheidt antreten. Mal sehen, wie sich alles gestaltet. Falkenstein hat sich sicherlich schon an seinen Schreiber gewöhnt und auch an's langsamere Diktieren.

„Wunschkonzert" – Beobachtungen im Künstlerzimmer

25. Nobember 40: Gestern, Sonntag, rief Gerhard mittags an und sagte, daß er mich mit ins Wunschkonzert hineinnehmen könnte. Ich mußte gleich losfahren und war pünktlich am Haupteingang des Funkhauses. Eine Menge Soldaten mit ihren Angehörigen strömten hinein und viele Menschen standen vor dem Eingang, um die Ankunft der Mitwirkenden zu sehen. Nach einer Weile fuhr ein Auto vor, aus dem *Werner Krauß* vorne ausstieg, während Udo und Gerhard hinten hervorkrochen. Gerhard hatte für mich einen Mitwirkenden-Ausweis. Wir zogen hinter Werner Krauß her, der einen sehr unnahbaren Eindruck machte. Das Künstlerzimmer war schon gut besetzt. Eine sehr lebhafte, zu stark geschminkte alte Dame stellte sich als *Sigrid Onégin* heraus. Die Onégin! Von deren „Carmen" und „Dalila" nicht nur Mama, sondern alle begeistert waren. Wie gerne hätte ich sie noch auf der Bühne erlebt. [Die Sängerin gab nur noch Konzerte, war 50 Jahre alt.]

Die Onégin stürzte sich mit einem Wortschwall auf Werner Krauß und ließ ihn kaum los. Krauß hat ja wirklich einen ausdrucksvollen, imponierenden Kopf. Sein Wesen ist aber nicht frei von Pose. Er ist klein, gibt sich aber so, als wenn er auf die Menschen heruntersehen kann. Sigrid Onégin redete lebhaft auf ihn ein „Sie haben sich doch jetzt verheiratet, warum darf man das nicht wissen? Wer ist es denn? Kenne ich sie? – So, dann kenne ich sie also doch nicht. Ich kenne so viele Menschen, daß ich dachte ... So, 3 Tage. Ach wie mich das für sie freut, wirklich, wie mich das freut!" Als nachher noch einer von den Rundfunkleuten zu Krauß kam, posaunte sie auch gleich aus, daß Werner Krauß gerade 3 Tage verheiratet ist. „Ja," sagte der Rundfunkmann, „wir sind Ihnen ja so dankbar, daß sie überhaupt gekommen sind". „Warum denn nicht?" fragte Krauß. Daraufhin die Onégin „Wenn man 3 Tage verheiratet ist, kann man es schon machen". Werner Krauß wirkte nun doch etwas verlegen. Er hatte einen ganz roten Kopf und saß etwas hilflos lachend auf seinem Stuhl. Inzwischen waren ein Herr und eine Dame gekommen, die sich als *Maxi Herber und Ernst Baier* herausstellten. Maxi hatte einen grauen Pelzmantel an. Sie sieht recht nett aus, aber auf dem Eis wirkt sie halt doch ganz anders. Maxi trug einen rotkarierten Glockenrock, einen beigefarbenen ganz einfachen Pullover, ein ins orange gehendes Dreiecktuch um den Hals. Die Haare mit einem schwarzen Bändchen hinten zusammengefaßt. Ernst Baier kennst Du ja vom Sportpalast her und weißt, daß er alles andere, bloß keine Schönheit und klein ist.

Maxi und Ernst Baier hatten den Eröffnungsauftritt. Nur eine Minute standen sie vor dem Mikro im Großen Sendesaal. Dann konnten sie sich auf den Weg zum Sportpalast machen. Ehe sie gingen, mußten sie sich aber noch in ein schön in Leder gebundenes Buch eintragen. Erst schrieb Maxi und dann der Gatte. Der Trauring zierte Maxis Hand.

Nach dem Eislaufweltmeisterpaar war Gerhard mit dem

„Traum durch die Dämmerung" und der „Freundlichen Vision" an der Reihe. Udo begleitete natürlich. Ich konnte nicht viel von Gerhards Gesang hören, weil es in dem kleinen Raum zu unruhig war.

Nach Gerhard sprach Werner Krauß ein Gedicht „Mein Sohn". Die Onégin konnte sich nicht genug tun mit ihren Beifallsäußerungen. Sie macht ein zu großes Gewese. Werner Krauß ging danach. Nun sang Sigrid Onégin begleitet von Waldemar von Vultee ein Ungarisches Volkslied. Man lauschte im Künstlerzimmer recht aufmerksam auf ihren Vortrag. Natürlich spendete man der Sängerin, die sehr selbstbewußt und beifallsgewohnt, wie in Erwartung selbstverständlicher Huldigungen, in das Künstlerzimmer hereinrauschte, Lob, und küßte ihr artig die Hand. Gerhard sagte mir nachher noch, als wir über die Onégin sprachen, daß ihre Stimme doch noch immer sehr schön sei. So genau kann ich das nach dem hier Gehörten nicht beurteilen. Die Stimme ist zumindest noch erstaunlich groß und umfangreich. Nachher sang Sigrid Onégin noch 2 Volkslieder, die ein „armer Weltkriegssoldat" komponiert hat, der noch nicht verlegt worden ist. „Ich setze ihn erst durch!" sagte sie. Sie hatte die handgeschriebenen Noten dieses Walter Baensch da.

Ja, und dann war Patzack da, Euer *Julius Patzack.* Ich hätte ihn nicht erkannt, denn so groß habe ich ihn mir nicht vorgestellt, da geht es mir wie *Leo Petroni,* dem Geiger, der über den „großen Tenor", körperlich großen, staunte. Patzack ist eine stattliche Erscheinung. Seine üppigen Haare sind graudurchzogen, das Gesicht wirkt frisch, er ist 3 Jahre älter als Gerhard, also 40! Patzack ist ein Gemütsmensch, er macht gerne Witze. „Alles was aus München kommt, ist guat" sagte er zur Onégin und zu Werner Krauß, indem er Gerhard, den Bariton, anpackte. „Baritonisten haben wir unheimlich viele, allein schon 5 gute und dann noch mehrere kleine." Er zählte die guten auf: Nissen, Kronenberg, Rehkemper. „Tenöre haben wir jetzt auch Schweine zu mästen, aber keine guten – ist ja ganz angenehm. Der Anders [Peter Anders], der Depp (zu Gerhard gesprochen), ging ja dann gleich nach Berlin. In München hatte er nur mich, hier hat er den Roswaenge, Wittrisch und Völker. Er hat nur Glück, daß der Wittrisch zur Zeit nicht so kann, aber der kann auch bald wieder auftauchen. Wir haben ja alle mal eine Zeit, wo wir singen, daß es wirklich nichts wert ist. Ich habe die Zeit unberufen schon hinter mir." Patzack weiter: „Für Carmen haben wir einen neuen Text!" „Was? Gut, daß ich da nicht singen muß!" die Onégin und „Wer singt die Carmen?". „Randczack", sie „Ach, Sopran! Das ist nichts. Mezzo ist schon nichts, geht gerade noch so, aber Sopran! Sopranistinnen haben auch nicht das Aussehen dazu" Onégins Meinung. Darauf ging keiner weiter ein, nur waren Patzack und Gerhard sich darin einig, daß die Carmen-Partie für eine Sopranistin bei häufigem Singen der Stimme schadet. Heldentenöre fehlen in München, erfuhr ich noch.

Dann kamen sie auf die *neuen Operntexte* zu sprechen, weil Kapellmeister *Johannes Schüler* zu Gerhard sagte, daß er neulich in „Bohème", trotzdem er versichert habe, daß er den neuen Text in der Staatsoper singen werde, ahnungslos seinen alten gesungen habe. Gerhard bildete sich ein, daß er's richtig gemacht hätte. Da kommt ein Sänger schon zu leicht durcheinander. Und Schüler sagte auch zu Patzack (Schüler wirkt übrigens ruhig, ist schlank, interessanter Kopf, graue Locken, schwarze buschige Brauen), daß durch den neuen Münchner Carmen-Text dann ein Gastspiel von Patzack hier an der Oper eine Wonne wäre! Patzack ist froh, daß Ostertag singen muß. Aber wenn der nun den Schnupfen bekommt und er schnell gerufen wird, ist es auch so, daß er für den Abend nicht den neuen Text, der ja dann auch noch gar nicht säße, lernen würde, sondern seinen alten sänge. Na und wenn dann noch mal ein anderer Bariton dazu kommt, so singen zum Schluß halt wieder alle den alten ihnen vertrauten Text. „Das ganze Umschreiben ist nur, damit ein paar Leutchen Geld verdienen. Da macht mir doch nichts vor" meinte Patzack. Er war extra zu diesem „Wunschkonzert" angereist. 18.30 Uhr ging sein Schlafwagen nach München, die Fahrt bekam er natürlich bezahlt. Er sang „Und es blitzten die Sterne" (Tosca) und „Lasset sie glauben" (Manon). „Viel zu billig, viel zu billig hier als Tenor" murmelte er und grinste mich vergnügt an. Als man ihm alles Gute wünschte, als er das erstemal zum Mikro stiebelte, um seine Tosca-Arie zu singen, zuckte er nur die Achseln und sagte „Was kann schon groß passieren!" Er scheint ein urfideles Haus zu sein.

Goedecke, den wir, wenn die Tür zum Saal aufgemacht wurde,

an seinem Rednerpult stehen sahen, kam zwischendurch immer schnell einmal ins Zimmer, um einen Schluck Kaffee zu trinken. Er macht sich mit seinem Bärtchen und so auf den „schönen Mann".

Dann war noch der schwedische Bariton Sven-Olof Sandberg da, den Udo begleitete. Weiter der italienische Geiger Leo Petroni und sein Landsmann der Guitarrenvirtuose Giulo Giulietti.

Gerhard mußte noch – ausgerechnet nach einem Posaunensolo! – „Tom der Reimer" singen. Papa hat die Übertragung gehört und feuchte Augen bekommen bei der schönen Ballade!

Inzwischen waren noch andere Künstler erschienen. *Elly Ney* kam in Begleitung einer jüngeren Dame. Nachdem sie ihren grauen Pelzmantel abgelegt hatte, stand sie in einem langen schwarzen, fließenden Samtkleid mit langen weiten Ärmeln recht schlank, ruhig und vornehm im Zimmer. Sie sollte etwas aus dem wunderschönen Es-Dur-Klavierkonzert von Beethoven spielen (8 Minuten, davon für sie 4 Minuten Spieldauer) und klagte, daß es schlimm sei, sonst fängt bei ihr die Sache doch erst richtig nach einer halben Stunde an! Ich habe sie nicht mehr gehört, denn Gerhard konnte nun verschwinden.

„Kriegstagebuch der Wehrmachtführung"

28. November 40: Bei *Scheidt* habe ich nun leider eine Kollegin verdrängt und sie wird statt meiner hin- und hergeschubst. Aber nicht nur Greiners Protektion, sondern die Erzählungen von meinem Schreibtempo haben den vorsichtigen Scheidt „zugreifen" lassen, wie er mir sagte. Er hat sich natürlich auch noch bei anderen erkundigt. Ich sitze wie in meinen ersten Wochen bei „L" mit Frau Gutschke zusammen, die für Oberstleutnant d. G. *Scherff* (einem Freund von Oberst Schmundt, dem Chefadjutanten der Wehrmacht beim Führer) arbeitet. Scherff schreibt auch Kriegsgeschichte. Er wirkt sehr freundlich und ich hoffe, daß wir beide mit unseren Männern schon fertig werden. Scheidt ist noch sehr jung, fast etwas schüchtern, was eigentlich gar nicht zu seiner großen, stattlichen Erscheinung paßt. Er hat den Polen-Feldzug mitgemacht, wurde bald danach aber freigestellt als Dozent für Kriegsgeschichte in Prag. Allerhand für einen jungen Mann von 28 Jahren.

4. Dezember 40: Da Scheidt und ich allein sind, muß ich mich nur nach ihm richten, auch zur selben Zeit in Urlaub gehen, denn allein kann und darf ich nicht arbeiten. Wir haben viel Arbeit, aber weil es keine Termine gibt, geht alles ohne große Hetze ab.

Durch den gesamten Schriftwechsel über alle Angriffsvorbereitungen und so weiter, den wir als Unterlage und Anlage zum Kriegstagebuch bekommen, auswerten und sichten müssen, gibt es unaufhörlich zu tun. Herrn Greiner ist deshalb auch das ganze Tagebuch über den Kopf gewachsen. Dr. Scheidt muß nun vervollständigen und ergänzen.

Damit du genau weißt, mit welcher Arbeit ich jetzt beschäftigt bin, also ich schreibe das *Kriegstagebuch des Führers und des Wehrmachtführungsstabes.* Insofern ist die Arbeit interessant, weil ich jetzt einen Einblick in die Gesamtvorbereitungen, -planungen und -entscheidungen bekomme, während ich vorher doch hauptsächlich nur über die Angelegenheiten der Luftwaffe unterrichtet war. Nur ist das jetzt alles schon sozusagen „historisch", während wir bei IL viele „Zukunftssachen" vorhatten. Mein Falkenstein ist übrigens Oberstleutnant d. G. geworden.

Ich schrieb Dir schon kurz auf der Karte, daß nun mein so häufiger Abend- und Nachtdienstpartner, der nette, lustige Hauptmann Dr. ing. *Lüschen* im November beim Einsatz gegen England gefallen ist. Es tut mir schrecklich leid um diesen so liebenswerten, frischen Menschen. Bei allen war er beliebt. Er hielt sich auch im „Felsennest" aus den Weibergeschichten raus. Wenn es irgend ging, fuhr er nach Köln zu seiner Frau. Als es feststand, daß er als Staffelkapitän rauskommt, kam seine Frau (23 Jahre) doch nach Berlin und leistete ihm beim Spätdienst im Zug Gesellschaft. Ich habe sie dadurch auch kennengelernt. Lüschen freute sich so auf seine schöne Staffel und war über jeden Tag, den er länger bei uns bleiben mußte, da Riesterers Ankunft sich verzögerte, unglücklich. Im September kam noch ein Brief von ihm aus Frankreich, daß er noch immer nicht zum Einsatz gekommen sei, also noch immer weiter üben könnte. Da er aktiver Flieger war und nicht Generalstäbler, kann ich verstehen, daß er durchaus vom Schreibtisch wegwollte. Er war als Staffelkapitän in seinem Verband selbst

Flugzeugführer und flog eine Ju 88, also Stuka und Horizontalbomber! So geht einer nach dem anderen schon aus unserem so kleinen Kreis dahin. Von unseren Fliegern ist neben Queissner nur noch Major von Berchem „draußen", d.h. hier, aber nicht mehr lange. Unser Kapitänleutnant Löwe ist auch fortgekommen, zur Zeit noch in Schulung als U-Bootskommandant.

Am 15. 12. bekomme ich nun auch endlich die Nachzahlung der Ministerialzulage. Mein Überstundengeld soll ich dann auch bekommen, aber stell Dir vor, *alle* Überstunden können mir nicht mal bezahlt werden, da ich über die für Frauen erlaubte Zeit hinaus gearbeitet habe und mir nur die Summe für die erlaubte Mehrarbeitszeit ausgezahlt werden darf! Das ist eine Logik!! Der Bearbeiter von der Gebührnisstelle rief mich an und versprach mir, sein Möglichstes zu tun, damit mir nicht zuviel von den Stunden gestrichen wird.

10. Dezember 40: Es ist leider doch so, daß mich der Dienst und die Beschäftigung jetzt nicht recht befriedigt. Ich habe zwar eine ganz interessante Tätigkeit, aber jetzt bin ich ein Jahr zurück. In solchen Zeiten, wie sie jetzt nun einmal sind, bedeutet ein Jahr schon unheimlich viel – es ist ja schon sooo lange her! Es ist bestimmt nicht sehr von Nutzen für die Menschheit, daß die Zeit so schnellebig ist. Wirklich wichtige Ereignisse von großer Tragweite für die Zukunft gehen dadurch zu rasch, man kann ruhig sagen „bedeutungslos", an einem vorüber, es verwischt sich alles so! Als mich Scheidt am Montag fragte, wann der *russisch-finnische Krieg* begonnen habe, konnte ich ihm nur sagen, daß es ungefähr vor einem Jahr gewesen sei. Soviel wußte er natürlich auch, aber selbst Herr Greiner (das Kriegstagebuch!), bei dem er sich erkundigte, wußte es nicht. Und wie hat mich gerade dieser Krieg beschäftigt und jetzt will man es kaum glauben, daß die Finnen erst ein halbes Jahr Frieden haben!

Die Sorgen eines Reichsmusikkammerpräsidenten

Am Sonnabend, 7. Dezember rief Gerhard Hüsch mich mittags an und sagte, daß er mich mit *Yrjö Kilpinen* [finnischer Komponist, 1892–1959. Schrieb über 500 Lieder nach skandinavischen, aber auch deutschen Gedichten u. a. Rilke, H. Löns.] in einer halben Stunde abholen möchte und wir doch zusammen essen gehen könnten. Beide kamen wirklich nur 5 Minuten später. Um 14 Uhr mußten wir im Kameradschaftshaus der Künstler (Viktoriastraße) sein, wo sich Hüsch mit Professor *Paul Graener* [Komponist von Opern, – „Friedemann Bach" – und Liedern u. a. nach Texten von Morgenstern, geb. 1872 in Berlin, gest. 1944 in Salzburg] zum Mittagessen verabredet hatte. In dieses Künstlerhaus kommen nur Mitglieder oder eingeführte Gäste hinein.

Als wir gerade die Garderobe ablegten, erschien Graener. Er sagte nur „Kinder gebt mir einen Stuhl!", denn er war auf Kilpinens Besuch nicht vorbereitet. Die ganze Reise ist ja auch plötzlich gekommen und nur wegen des 75. Geburtstages des Grafen von der Goltz in Szene gesetzt worden. Graener ist sehr zusammengerutscht und alt geworden. Zu mir war er sehr liebenswürdig und seine große Freude über Yrjös Besuch war geradezu rührend.

Es waren nicht viele Leute im Künstlerhaus, das übrigens sehr hübsch und geschmackvoll eingerichtet ist. Die Wände sind im gelben Ton gehalten, ein Raum im 1. Stock mit roten Polstermöbeln, der andere, in dem wir saßen, mit grünen Polstermöbeln ausgestattet. Die runden Tische, die bequemen Sessel, das warme Licht – alles wirkt kultiviert und angenehm. Graener ist oft da und sitzt dann meistens mit seinem Freund Hinkel, dem Reichskulturwalter, zusammen. Das Essen war gut und nicht teuer (1,50 RM). Die Unterhaltung, bei der ich natürlich fast ausschließlich Zuhörer war, sehr interessant.

Graener hat als Vizepräsident der Reichsmusikkammer sehr viel Unannehmlichkeiten und ist nun vollkommen verbittert, verärgert, resigniert. Es ist ja auch empörend, wenn man bedenkt, daß der ernsten Musik die ganzen Gelder entzogen und vollkommen der heiteren Muse zugeführt werden sollen. Dr. Goebbels wünscht es so! Graener will noch einen letzen Versuch machen, dagegen einzuschreiten und zwar will er deswegen in der nächsten Zeit nach München fahren, um mit Richard Strauss, Pfitzner, Hausegger und Trunk zu sprechen, denn das sind ja die bedeutenden Musiker der Gegenwart. Bei Pfitzner hat er natürlich die meiste Aussicht auf unbedingte Unterstützung.

Erstaunt war ich, als Graener mit einem Mal sagte „Ich möchte nach München ziehen, weiß bloß nicht, wo man da am besten wohnen kann". Er wohnt hier in Saarow und braucht jetzt immer 2 Stunden bis er in Berlin ist, und die Dunkelheit macht ihm auch zu schaffen. Aber das ist nicht der Grund für seine Umzugsgedanken. Als Hüsch ihm sagte, daß dies sehr vernünftig sei, denn die schöne Umgebung wirke in München schon so erfrischend und stärkend, erklärte Graener, daß Berge für ihn nur Verkehrshindernisse darstellten, aber wegen der Höhenluft möchte er das und vor allem, weil er gehört habe, daß München, die Stadt der Bewegung, die Stadt der Gegenbewegung geworden sei! Graeners großer Pessimismus entspringt ganz natürlich den vielen Reibereien und Unannehmlichkeiten, die er hier in Berlin bei seiner Arbeit erlebt und auch seinem Alter. Kilpinen und Hüsch sehen alles viel optimistischer an und danken ihrem Herrgott, daß sie ihre Kunst haben, die sie aus all dem kleinlichen Gezänk heraushebt.

Nett war übrigens die Bemerkung von Graener, der noch immer recht witzig ist, wie er, als sie ihm vorschlugen den *Ermanno Wolf-Ferrari* [Komponist, geboren 1876 in Venedig, dort gestorben 1948, Vater Deutscher, Mutter Italienerin] doch auch für seine Sache zu interessieren (es geht aber nicht, da der wohl doch Italiener ist), sagte: „Gott, der arme Wolf-Ferrari hat ja jetzt so schwere Sorgen, denn er muß die neue albanische Nationalhymne schreiben und weiß nicht, ob er sie Griechenland oder Italien widmen soll!"

Kilpinen ist in dem letzten Jahr auch nicht viel zu seiner wirklichen Arbeit gekommen, da man ihn in die Politik eingespannt hat. Er hat nur mehrere nationale Chöre und Werke geschrieben und sehnt sich jetzt nach Ruhe für sein lyrisches Schaffen.

In Finnland ist man – trotz unserer Haltung während des Krieges – wieder sehr deutschfreundlich, und die finnisch-deutsche Gesellschaft hat großen Zuzug. Kilpinen erzählte anschaulich von der Stimmung im Lande. Empört sind die Finnen, daß sie gerade ihr fruchtbarstes Gebiet „Karelien" den Russen abtreten mußten. Ein Gebiet, das sie so verteidigt hatten, daß die Russen es kaum betreten haben. Die finnischen Truppen haben hunderte von Kilometern zurückgehen und es dann den Russen überlassen müssen. Die Bewohner Kareliens sind nun alle ins Land gekommen, trotzdem sie bleiben durften, aber bei den Russen wollte keiner bleiben. Dadurch hat der finnische Staat es jetzt sehr schwer, denn die Menschen wollen alle untergebracht werden.

In Finnland sind alle Waren rationiert, ja es gibt sogar weniger Fett als bei uns! Yrjö ist auch recht elend geworden, aber im Wesen ganz der alte geblieben. Er hat immer schrecklich viel Zeit und kommt zu allen Verabredungen dadurch um Stunden zu spät, ist überhaupt nicht beunruhigt, daß Menschen auf ihn warten – eben stundenlang. Er erzählte weiter, daß in Stockholm nur einige Sachen zwangsbewirtschaftet sind. In den Läden dort herrsche noch eine Pracht, wie wir sie jetzt gar nicht mehr kennen. Die Finnen würden in Schweden jetzt allgemein bewundert. Sie hätten nur ganz wenige „Freiwillige" (aus anderen Ländern) zur Unterstützung in ihrem Kampf gehabt und auch gar keine gebrauchen können, da ihre Landschaft so eigen sei. Jeder Mann müsse da genau Bescheid wissen. Nur eins hätten sie dringend gebraucht: Waffen. Denn zu Beginn des Krieges hätten sie so gut wie nichts gehabt. Die besten Waffen hätten ihnen die Russen geliefert. Der harte Winter ist für sie im Kampf keine Unterstützung gewesen, weil es ja auch für sie selbst dadurch viel schwerer wurde und weil nun sogar Tanks über die Sümpfe und Seen herüberkommen konnten. 53 Grad Kälte sind mitunter gewesen. Die Russen hätten übrigens tapfer gekämpft! Es ist also mit dem einzelnen russischen Soldaten noch so, wie Papa es aus dem Weltkrieg erzählt: Er ist geduldig und wo er steht, steht er eben bis er tot ist. Wenn schon Berge von russischen Toten die Erde bedeckt hätten, seien immer wieder neue Soldaten herangerückt, die ihre eigenen Toten als Deckung ausnutzten.

1941

Aktuelle Kriegsgeschichte

9. Januar 41: Kaum bist Du fort, muß ich schon wieder schreiben. Ich habe aber bereits Neues zu erzählen. Scheidt überraschte mich gestern, nachdem er vom Mittagessen zurückkam und ich zum Diktat bei ihm Platz genommen hatte, mit der Frage, wie ich mir einen Historiker vorstelle: Als weltabgewandten Gelehrten, der in seiner Studierstube sitzt, oder als einen aktiv am Schauplatz des Geschehens weilenden Beobachter? Ich antwortete, daß es beide gäbe – schon seit Thukydides. Welchen ich für den Besseren hielte, wollte er weiter wissen. Ich fand das schwierig und sagte, daß letzterer (also der „beteiligte Gelehrte"), wenn er die nötige kritische Distanz behält, wahrscheinlich die Zusammenhänge besser erkennen könne. Das ist auch Scheidts Meinung. „Der Historiker braucht ein Sachverständnis von den Dingen, die er beschreibt und die Kraft der Objektivierung". Dann erklärte er mir, wie er 1940 zu Greiner gekommen ist.

Als Assistent von Professor Walter Elze hätte er die Universitätslaufbahn im Auge gehabt. Elze hätte übrigens gehofft und hoffe das vielleicht noch, daß er einmal die große geschichtsphilosophische Überlieferung fortsetzt. (Scheidt muß sein Lieblingsschüler gewesen sein, habe ich den Eindruck.) Aber alle Bemühungen Elzes, ihm die Dozentenlaufbahn zu öffnen, scheiterten am Widerstand des Vertreters der philosophischen Fakultät. Deshalb hätte er zugegriffen, als sich ihm 1938 die Möglichkeit bot, als Historiker beim OKW eingestellt zu werden. Durch den Krieg war sein Büroleben beendet, er war ja Leutnant d. R. und hat den Polen-Feldzug vom ersten Tag an mitgemacht. Dann hat er im Westen mit seiner Panzeraufklärungs-Abteilung (Heimatgarnison Potsdam!) herumgesessen bis er im März 1940 die Chance erhielt, in Prag als Dozent für Kriegsgeschichte tätig zu sein. Von dort wurde er wieder ins OKW geholt, weil sich hier inzwischen der Wunsch herauskristallisiert hatte, eine „sofortige Geschichtsschreibung" dieses Krieges zu beginnen. So wurde er Herrn Greiner zugeteilt, um das KTB (Kriegstagebuch) zu ergänzen. Die eigentliche Aufgabe sei es aber, ein darüber hinausgehendes, umfassenderes Bild dieses „größten Feldzuges der Geschichte" zu geben, und zwar unter dem gegenwärtigen Eindruck. „Und deshalb sitzt jetzt auch Herr Scherff hier" warf ich ein. „Ja!" Der arme Herr Greiner, dachte ich. Scheidt erzählte weiter: Zunächst hätte es 2 Richtungen gegeben, wie man diesen Auftrag am besten erfüllen könnte: ob mit einer hauptsächlich aus Professoren bestehenden Historischen Kommission oder durch einen Mann, der an der Front alles miterlebt?" Ich: „Einer? – bei den vielen Kriegsschauplätzen?" Scheidt: „Stimmt, das sehen Sie richtig."

Er findet beide Auffassungen falsch. Die Beschreibung des Erlebnisses im Schützengraben sei nicht Sache des Historikers, sondern des Dichters – zum Beispiel Remarque mit „Im Westen nichts Neues". Doch Geschichtsschreibung sei mehr als eine chronologische Zusammenreihung von Tatsachen. Sie sollte die letzten Ursachen des Geschehens erforschen, weil nur aus dieser genauen Erkenntnis die Möglichkeit gegeben sei, es in Zukunft besser zu machen! Diese Schlußfolgerung finde ich reichlich optimistisch und sagte das auch. Daraufhin schaute Scheidt, der in seinem schmalen Zimmer auf und ab gegangen war, etwas überrascht und sagte: „Ach, lassen Sie uns für heute Schluß machen und bei Kranzler noch eine Tasse Kaffee trinken. Sie wollen doch in die Oper, ich bringe Sie dann hin, liegt ja auf meinem Nachhauseweg" (Oberwallstraße). Und so zogen wir kurz vor 3 Uhr zum Erstaunen meiner Kollegin, die unsere Telefone hüten mußte, gemeinsam los. Wir haben uns bei Kaffee und Himbeergeist weiter recht gut unterhalten. Ich habe den Eindruck, daß Scheidt von Greiner (KTB = nüchterne Tatsachen-Aufzeichnung) zu Scherff (Geschichtsschreibung = kommentierende Art) wechseln wird.

1. Februar 41, TB: Heute ist die „Kriegsgeschichtliche Abteilung des Oberkommandos der Wehrmacht" gegründet worden. Der Leiter: Oberstleutnant d. G. *Walter Scherff!!*

3. Februar 41: Mein Geburtstag, 22 Jahre! Habe etwas über mich selber nachgedacht, aber nicht zu lange, denn ich mußte meinen Dienst im Winterquartier des „Atlas" antreten. Ich habe es näher, spare Fahrgeld, erhalte Wehrzulage, gehöre zur Front!! Herr Greiner ist für 3 Wochen (bis 23. 2.) in Urlaub gegangen und Fräulein Kraatz auch. Leutnant Scheidt und ich vertreten! Es ist für mich sehr interessant und sehr günstig! Nach den 3 Wochen hoffe ich auf Befehl von General Jodl zur „Kriegsgeschichtlichen Abteilung des OKW" versetzt zu werden, denn bei der Abteilung Landesverteidigung werden alle Damen im Frühjahr endgültig abgehängt, wenigstens von der „Front"!

TB: S [Unternehmen „Seelöwe", Landung in England] z. d. A. [zu den Akten.] Schlechte Lage in NA [Nordafrika], unsere Bundesgenossen bald am Ende. Neue Pläne! Marita [Griechenland], Sonnenblume [deutsche Truppen zur Unterstützung der Italiener nach Nordafrika], Barbarossa [Offensive gegen Rußland]. Mir ist ganz elend.

7. Februar 41: Am Montag war Fräulein Kraatz noch „draußen" und hat mir alles gezeigt. Als wichtigstes für uns zwei Damen die Benutzung eines gewissen Ortes, den es in solchen Männergebäuden natürlich nicht für uns separat gibt!

Jetzt habe ich mich schon an die Verhältnisse gewöhnt. Es hat sich alles recht verändert. Nun, da die Leutchen aus dem engen Zug ausgezogen sind und so viele große Räume zur Verfügung haben, ist alles schrecklich groß aufgezogen worden und die gewisse Gemütlichkeit verschwunden. Ich fürchte, wenn die Herrschaften wieder mal in die Welt hinauswollen, werden sie mit 2 Zügen losbrausen müssen.

Ich bin also wieder „draußen" und werde für die 3 Wochen sogar „Wehrsold" erhalten. Als wir im Zug saßen, wurde uns dieser nicht zugebilligt. Eine komische Welt! [Der Zug „Atlas" stand in Berlin-Grunewald auf einem Nebengleis, das Winterquartier war in der Kaserne der Kavallerieschule in Krampnitz.]

Dienstlich geht es mir insofern ausgezeichnet, als ich morgens eine dreiviertel Stunde länger schlafen kann, um 10.30 Uhr draußen antrete, um 15.30 Uhr wieder abfahre und um 16 Uhr pünktlich zu Hause eintreffe. Das Mittagessen ist großartig (wir sind nicht im Offizerskasino, sondern bei den Mannschaften) und

Abendbrot bekomme ich mit. Die Verpflegung gehört einfach dazu! Scheidt hat nicht allzuviel zu diktieren und so sitze ich dann in meinem großen, sonnigen Zimmer und lese Märchen!

Auf Reisen werden Sekretärinnen in Zukunft nicht mehr mitgenommen. Herr Greiner, inzwischen Ministerialrat, bekommt einen Pressestenographen.

Wenn man mich wenigstens zur Kriegsgeschichtlichen Abteilung ließe, aber das will man nicht. Doch Scherff will die Sache höheren Ortes regeln lassen und das wird ihm sicher gelingen. In der Kriegsgeschichtlichen Abteilung muß es eigentlich recht interessant werden, wenn auch nicht so, wie ich es zur Zeit wieder habe, das Neueste vom Neuen. Aber auch dort bleibt die Verbindung mit der höchsten Führung, denn Scherff wird zu allen wichtigen Führer-Besprechungen zugezogen. Langweilig dürfte es auf keinen Fall werden.

16. Februar 41: Über meine Stellung ist inzwischen entschieden worden. Major Queissner, den ich „draußen" traf und der mich danach fragte, sagte mir noch, daß die Luftwaffe auf mich nicht verzichten könne. Man brauche mich zwar in der nächsten Zeit nicht, aber „wenn wir im *Frieden* wieder ins OKW einziehen und die Soldaten-Schreiber alle entlassen werden, dann müssen Sie wieder für uns da sein!" Ich mußte über den „Frieden" lachen, so daß Queissner sagte „Wir hoffen doch schließlich alle, daß er mal kommt".

Als ich Scheidt die Aussprache erzählte, zuckte er über den in's Auge gefaßten Frieden nur die Achseln und sagte „dann sind wir längst alle tot", was der Lage und unserer Auffassung auch mehr entspricht. Aber Scheidt hat inzwischen zusammen mit Oberstleutnant Scherff mit General Warlimont meinetwegen gesprochen und der hat mich freigegeben. Ich gehöre also nicht mehr zur Operationsabteilung „Landesverteidigung" sondern bin zur Geschichtsschreibung hinübergewechselt.

Die „Forschungsgruppe" von WKrGesch – welch schöne Abkürzung für „Kriegsgeschichtliche Abteilung des OKW" – wird Professor *Walter Elze* übernehmen. Er soll der zur Zeit bedeutendste Mann auf dem Gebiet der Kriegsgeschichte sein. Scheidt hat bei ihm promoviert, sein Thema: „Von der Weisheit Goethes für die Geschichte". Nun hat er seinen Lehrer und Duzfreund hergeholt.

Elze trägt die Uniform eines Majors der Luftwaffe. Er gehörte vorher dort zur Kriegswissenschaftlichen Abteilung. Er ist Jahrgang 1890, wirkt weder professorenhaft noch soldatisch – eben zivil. Er wohnt in Potsdam im Neuen Garten im Roten Haus. Am Donnerstag fuhr Scheidt zu ihm und nahm mich im Auto mit. Ich stieg am Neuen Garten aus und benutzte die Gelegenheit zum Marmorpalais zu gehen und einen Blick auf den vereisten Heiligen See zu werfen.

Vorher im Dienst hatte ich mit Scheidt eine sehr interessante außerdienstliche Lagebesprechung. Wir sprachen uns über die geplanten Vorhaben und eventuellen Möglichkeiten aus. [Es handelte sich um das Unternehmen „Barbarossa", den Angriff auf Rußland, der erst am 22. 6. 41 erfolgte.] Unsere rein persönlichen Auffassungen stimmen völlig überein! Mit Scheidt konnte ich mich über diese militärpolitischen Dinge wenigstens offen aussprechen, da wir ja beide darüber gleichermaßen informiert sind. Zu anderen kann und darf man ja nichts, aber auch gar nichts sagen! Übrigens schien Scheidt genauso erleichtert zu sein. Er sah zum Schluß dieses Gesprächs von seiner Größe (1,86) auf mich herunter, rieb sich die Hände und sagte: „Habe ich ein Glück, daß Sie so vernünftig sind".

TB: Scheidt fragte plötzlich: „Wie denken Sie darüber, wird es gut gehen?" „Nein, es kann nicht". „Warum?" „Ich finde, daß ein Blick auf die Landkarte genügt, eine immer breiter werdende Front und die zusätzlich zu den bereits vorhandenen."

Das Protokoll einer Lagebesprechung

[Als Beispiel, was mir von Dr. Scheidt in Vertretung von Ministerialrat Helmuth Greiner in dieser Zeit täglich diktiert wurde, das vollständige Zitat eines Lageberichtes aus dem „Kriegstagebuch des Oberkommandos der Wehrmacht (Wehrmachtführungsstab)", veröffentlicht in Band I: 1. August 1940 – 31. Dezember 1941, Bernard & Graefe Verlag für Wehrwesen, Frankfurt am Main 1965.]

17. Februar 1941

Aus der Lagebesprechung ergibt sich im wesentlichen folgendes:

Aus den Funkbildern des Feindes wird auf gute Erfolge des deutschen Mineneinsatzes geschlossen. Der Hafen von Liverpool ist ab 16. 2. gesperrt.

Entgegen anders lautenden Meldungen haben die russischen Seestreitkräfte im Schwarzen Meer offenbar keine Operationen unternommen. Ebenfalls sind im Bosporus weder englische noch russische Transporte beobachtet worden.

Die Luftwaffe hat nach einer Meldung von L IV Einspruch dagegen erhoben, daß der Sonderbevollmächtigte für die Transporte im Osten aus dem Stabe der Heeresgruppe B entnommen worden ist. Durch Unterstellung des Transportbevollmächtigten unter das OKW könnte dieser Beschwerde Abhilfe geschaffen werden.

Die Verhandlungen des Führers mit dem jugoslawischen Ministerpräsidenten und Außenminister sollen nicht voll befriedigend verlaufen sein. Es werden jedoch neue Verhandlungen mit dem jugoslawischen Prinzregenten erwartet.

Nach der Unterredung Mussolinis mit Franco in Bordighera soll sich der Duce dahingehend geäußert haben, daß Spanien eben nicht in der Lage ist, auf Seiten der Achse in den Krieg einzugreifen.

Finnland bemüht sich in einem Konflikt mit der Sowjetunion wegen der Erzgruben bei Petsamo um eine Rückenstärkung durch Deutschland.

In Rumänien ist neuerdings jede politische Betätigung verboten.

Chef WFSt teilt Chef L folgendes mit:

1. Der Führer wünsche die studienmäßige Bearbeitung eines Aufmarsches in Afghanistan gegen Indien im Anschluß an die Operation „Barbarossa".

2. Die Richtlinien der Kriegsmarine für die Behandlung der japanischen Wünsche (vgl. 12. 2.) begäben sich, ohne die Absichten des Führers zu berücksichtigen, auf politisches Gebiet. Sie gingen von der falschen Auffassung aus, einer verbündeten Macht nichts zu geben und um so mehr von ihr zu fordern. Ein solches Verfahren entspreche nicht der Auffassung des Führers. Es solle daher von der Abt. L eine Weisung bearbeitet werden, der folgende am 15. 2. geäußerten Gedanken des Führers zu Grunde zu legen seien (Anl.):

Es müsse Deutschlands Ziel sein, Japan sobald wie möglich zum aktiven Handeln im Fernen Osten zu veranlassen. Je früher Japan eingreife, um so leichtere militärische Verhältnisse werde es vorfinden. Es müsse sich in den Besitz von Singapore und aller Rohstoffgebiete setzen, die es für die Fortsetzung des Krieges, besonders wenn Amerika eingreife, brauche. Je länger Japan zögere, um so stärker werde Amerika, um so schwerer die japanische Aufgabe werden. Deutschland habe im Fernen Osten weder politische noch militärische noch wirtschaftliche Interessen, die es zu einem Vorbehalt gegen Japanische Unternehmungen veranlassen könnten.

Alle diejenigen militärischen Unternehmungen, die Deutschland im Interesse seines Kampfes gegen England und vielleicht gegen Amerika wünsche, seien festzulegen. Als Gegenleistung müsse den Japanern in umfassender und weitherziger Weise Einblick in die Kriegs- und Kampferfahrungen Deutschlands gewährt und die Erlaubnis zum Nachbau neuzeitlicher Waffen und Geräte gegeben werden.

Daß die japanische Regierung noch umschwenken könnte, halte der Führer für ausgeschlossen. Die Geheimhaltung sei bei Japan mehr als bei jedem anderen Volke gesichert.

Vom Chef des Sonderstabes HWK [Heereswirtschaftskommission], Admiral Gross, geht ein Bericht über die Unterhaltungen ein, die er seit seinem Bericht vom 23. 1. (vgl. 29. 1./4) mit dem Führer der japanischen Marinemission, Vizeadmiral Nomura, gehabt hat. Dieser ist inzwischen auch zum Mitglied der militärischen Kommission des Dreimächtepaktes ernannt worden.

Admiral Gross faßt die Gedanken, die die japanische Kriegsmarine im Rahmen der japanischen Marinemission wie auch der militärischen Kommission des Dreimächtepaktes vorzubringen beabsichtigt, folgendermaßen zusammen:

Seit Abschluß des Dreimächtepaktes habe sich die Lage im Fernen Osten allmählich verschärft; die USA hielten ihre Seestreitkräfte im Stillen Ozean in Kriegsbereitschaft, verstärkten ihre dortigen Stützpunkte, steigerten den wirtschaftlichen Druck auf Japan und unterstützten gemeinsam mit England die Tschungking-Regierung. Auch in Französisch-Indochina mache sich englisch-amerikanischer Einfluß bemerkbar, und in Niederländisch-Indien wirkten englisch-amerikanische Umtriebe den Bestrebungen Japans entgegen, sich durch Verhandlungen mit der dortigen Regierung das für die Landesverteidigung unentbehrliche Öl auf friedlichem Wege zu sichern.

Japan wolle an sich gegen die USA nicht Krieg führen, es sei aber fest entschlossen, die USA nicht im Zweifel darüber zu lassen, daß es sich gegenüber jeder amerikanischen Herausforderung in Kriegsbereitschaft halte und daß es sich gegenüber dem von England und den USA ausgeübten wirtschaftlichen Druck allmählich vollständig umstellen werde.

Aus dieser Einstellung ergebe sich ohne weiteres die Notwendigkeit gemeinsamen Vorgehens der drei Achsenmächte. Die japanische Marine sei daher der Ansicht, daß die im Dreimächtepakt vorgesehenen Kommissionen möglichst bald zusammentreten sollten. Sie habe seit dem Zustandekommen des Paktes die Forderung nach Unterstützung in erster Linie durch Lieferung von Werkzeugmaschinen und Waffen und durch technische Beratung erhoben. Entsprechende Wünsche seien auf diplomatischem Wege übermittelt worden. Weiterhin sei die japanische Marine außerordentlich interessiert daran, sich in Deutschland ein Bild über die weitere Entwicklung der Kriegslage, den deutschen Luft- und U-Boot-Krieg, die Möglichkeit einer Landung in England, die Operationen Italiens im Mittelmeer und den Umfang der deutschen Unterstützung für Italien zu verschaffen. Sie sei sich zwar klar darüber, daß deutscherseits der Zeitpunkt für die Durchführung einer Landung in England kaum angegeben werden könne, möchte aber doch wenigstens wissen, ob Deutschland hoffe, daß Japan im Zusammenhang mit einer solchen Landungsoperation irgendeine Operation im Stillen Ozean unternehmen werde.

Chef L nimmt hierzu folgendermaßen Stellung: Nach dem Bericht des

Sonderstabes HWK scheine festzustehen, daß Japan den Krieg mit den USA nicht wünsche, gegen England nur dann antreten wolle, wenn Deutschland zum entscheidenden Schlage gegen letzteres aushole, und inzwischen alles tun werde, um seine Kriegsbereitschaft mit deutscher Hilfe zu erhöhen. Es müsse geprüft werden, welche wehrwirtschaftlichen Möglichkeiten zur Befriedigung der japanischen Wünsche bestünden. [KTB-Bericht Ende.]

Scherffs Aufstieg beginnt

23. Februar 41: Morgen, Montag, trete ich im OKW bei der Kriegsgeschichtlichen Abteilung an, d. h. ich kehre auf meinen alten Platz zurück, nur daß ich zur Zeit herrenlos bin, weil der arme Scheidt seit 4 Tagen im Hindenburg-Lazarett liegt und darauf wartet, von seinem entzündeten Blinddarm befreit zu werden. Die letzten Tage war ich hauptsächlich damit beschäftigt, Auskünfte über sein Befinden einzuholen für Scherff, Warlimont und sogar Jodl. Die Operations-Termine wurden genannt, widerrufen – es war verrückt. Man traute sich an die Operation nicht heran, weil Scheidt eine Bronchitis hatte und so zieht sich diese Geschichte in die Länge. Mal sehen, welche Lage ich morgen vorfinde.

An die engeren OKW-Verhältnisse werde ich mich erst wieder gewöhnen müssen, besonders an den Dienst von ½9 bis 17 Uhr und die Bahnfahrt nach Hause. Von „Atlas" war's bequemer und das gute Mittagessen war auch sehr angenehm. Abendbrot bekam ich doch auch stets mit. Glück hatte ich, daß ich gerade noch eine Extrasendung am Donnerstag in Empfang nehmen konnte: ein Huhn! 50,– RM haben die 3 Wochen auch eingebracht, ein schöner Nebenverdienst.

Wie findest Du die neue Schlafwagenbestimmung? Die Leute haben wohl vergessen, daß eine Frau heute auch im Beruf steht und sehr viele Frauen Dienstreisen machen müssen. Und ebenso fährt die Hälfte der Männer, die den Münchner Schlafwagenzug benutzen, nicht dienstlich sondern zum Skilaufen. Liegewagen ist für Frauen noch gestattet. Schlafwagen nicht! Eine Frau darf ruhig stundenlang vorher schon auf dem Bahnhof erscheinen, um noch einen Sitzplatz zu ergattern, die Herren der Schöpfung springen in letzter Minute erschöpft in ihr Bett. Warum verbietet man den Frauen nicht überhaupt das Reisen? So eine verkehrte Bestimmung habe ich nicht für möglich gehalten, besonders jetzt, wo in der Presse doch ganz groß vom Fraueneinsatz geredet wird. Die Bestimmung müßte lauten „nur wer dienstlich verreist, hat Anspruch auf Schlafwagen, Urlaubsreisende nicht." Dies will die Verordnung nämlich ausdrücken, aber sie trennt die Geschlechter in das tätige männliche und das untätige weibliche Geschlecht!

28. Februar 41: Seit Montag bin ich wieder in Berlin und sitze mit Frau Gutschke zusammen im Vorzimmer von Oberstleutnant d. G. Scherff, der Chef der Kriegsgeschichtlichen Abteilung des OKW (W Kr Gesch) ist. Meine Versetzung ist rückwirkend ab 1. 2. 41 erfolgt. Noch ist alles in der Entwicklung und im Aufbau, aber es wird hoffentlich ordentlich bleiben. In dieser Hinsicht bin ich also vorsichtig optimistisch, sonst nicht! Für meinen Sommerurlaub wage ich keine Pläne. Wenn nur nicht soviele schwarze Wolken uns umdrohen würden. Alle Pläne werden zerflattern, es sei denn, es gäbe Wunder! [Ich dachte an das Unternehmen „Barbarossa", Angriff auf Rußland.]

3. März 41: Wir haben heute herrliches Frühlingswetter! Über Mittag war ich im Elektrola-Laden in der Leipziger Straße, immerhin ein hübscher Weg von der Bendlerstraße aus. Die Blumenfrauen auf dem Leipziger und Potsdamer Platz sind jetzt ganz groß, es sieht herrlich aus: Tulpen, Flieder, Maiglöckchen, Veilchen, Schneeglöckchen, Mimosen. Ich mußte heute noch einmal zu Elektrola wandern, da ich am Sonnabend doch zwei große Schallplatten gekauft habe und nur eine große und eine kleine Platte zum Eintauschen dabei hatte. Nun mußte ich heute noch eine kleine abliefern. Viele Platten kann ich mir nicht mehr kaufen, da ich leider nicht genügend alte habe, ich bekomme höchstens nur noch vier neue große – schade!

10. März 41, TB: Scheidt wieder da. Zusammen gegessen. Er erzählt mir, welche wissenschaftlichen Mitarbeiter zu uns kommen sollen. Nennt Dr. Petzet vom Historischen Seminar der Universität hier, den ich ja schon telefonisch kenne. Dr. Hartlaub, den Sohn des Direktors der Mannheimer Kunsthalle und „Erfinders" des Begriffs „Neue Sachlichkeit", den er ebenso wie Dr. Ottokar Menzel erst aus Rumänien freibekommen muß. Dann noch einen jüngeren Studienkollegen Dr. Fischer. Bis auf Menzel alles Elze-

Schüler. Menzel war bei Professor Robert Holtzmann, ist selbst ein Professorensohn. Außerdem bekommen wir noch Archivräte und alle möglichen Hilfskräfte. Es wird eine ausgewachsene Abteilung.

23. März 41: Ich hatte diesmal Glück, daß ich nicht am „Tag der Wehrmacht" sammeln mußte, denn das Wetter war wieder gar nicht schön: kalt, stürmisch, Regen-, Schnee- und Hagelschauer. Die Abteilung Landesverteidigung hat noch nie sammeln müssen, da sie so „kriegswichtig" ist. Diesmal mußte aber die Standortstaffel der Abt. L dran glauben und die Mädels mußten zu ihrem Entsetzen die Sammelbüchsen schwingen. Frau Gutschke und ich wurden nicht zum Sammeln herangezogen, weil wir nicht mehr zur „L" gehören und bei unserer Abteilung glücklicherweise (!) noch nicht alles in Ordnung ist. So fehlt noch ein DAF-Obmann. [DAF = Deutsche Arbeitsfront, die Pflichtgewerkschaft.]

Zu meinem Trost und meiner Genugtuung habe ich gestern durch Oberstleutnant Scherff erfahren, daß das Hauptquartier des Oberkommandos des Heeres zum 1. Mai seine Damen abgibt. Das OKH hatte seine Damen seit Kriegsfanfang 1939 mit im Hauptquartier und während des Westfeldzuges auch mit auf Reisen, danach sogar noch monatelang in Fontainebleau bei Paris. Göring reiste schon immer ohne weibliches Personal. Der Führer hält an seinen Sekretärinnen fest. Wir bekommen in unsere Abteilung nun auch ein OKH-Mädchen und haben schon allen Respekt davor, es ist nämlich die Vorzimmerdame des Chefs der Organisations-Abteilung des Generalstabs des Heeres, General Buhle, Fräulein von dem Borne. Unser Chef nennt sie „Börnchen", da er von ihr vor 14 Jahren in die „Geheimnisse des Ministeriumsbetriebes eingewiesen wurde". Hoffentlich müssen wir nicht das Vorzimmer räumen.

Echte Sorgen machen mir unsere Urlaubspläne, denn jetzt hört der Winterschlaf auf, die Frühlingsstürme beginnen und sie werden manches fortfegen und zerstören. Die Menschen, die bis zuletzt nichts ahnen und auch nicht herumrätseln, sind vielleicht am besten dran, denn Wissen belastet!

27. März 41, TB: Militärputsch in Jugoslawien. Auch das noch!

29. März 41: Am Mittwoch hatten wir ab 14 Uhr dienstfrei, um Herrn Matsuoka [japanischer Außenminister] jubelnd begrüßen zu können. Natürlich begaben wir uns auf dem kürzesten Weg nach Hause. Als ich um 14.30 Uhr am Skagerrakplatz ankam, fuhr der Führer – allerdings im geschlossenen Wagen – gerade vorüber. Die Autos fuhren die Bellevue-Allee hinauf, vielleicht wollte Hitler sich noch schnell das Schloß Bellevue ansehen. Ich hatte es also wirklich nicht nötig, aufzumarschieren!

Ja, jetzt werden glücklicherweise die Nächte kürzer, doch nachher wird es wieder lustig werden! Den Ostpreußen ist schon nicht mehr ganz wohl, da sie dauernd Verdunkelungsübungen haben. Ihr seliges Sicherheitsgefühl gerät dadurch ins Schwanken. Frau Emmy ist von Rominten nach Obersalzberg gezogen und Frau Goebbels, die solange in deren Haus wohnte, sucht eine andere Unterkunft.

Unser Auszug aus dem OKW-Gebäude soll in der kommenden Woche erfolgen, und dann beginnt meine Fahrerei zum Lehrter Bahnhof.

1. April 41: Heute sind schon unsere Umzugskisten eingetroffen. Es wird ernst. Scheidt ist gestern in der Nationalgalerie gewesen und hat 10 Ölgemälde für uns ausgesucht, zur würdigen Ausstattung unserer Räume – ganz groß! Oberstleutnant Scherff hat den ganzen Sonntag in der Reichskanzlei bei Besprechungen zugebracht! Die Staatsoper Rom kommt her. Gigli ist mit dabei. Doch es hat ja gar keinen Zweck, sich um Karten zu bemühen, schade!

TB: Gestern alle OB [Oberbefehlshaber] dabei. Befürchte „Marita". [Hitler hatte die Oberbefehlshaber mit ihren Generalstabschefs, die für „Barbarossa" vorgesehen waren, versammelt, weil der Termin dafür wegen des Balkanfeldzuges „Marita" verschoben werden mußte.]

6. April 41: Der Krieg ist mit dem heutigen Tag wieder in ein neues Stadium getreten. [Beginn des Angriffs auf Griechenland und Jugoslawien.] Dieser Krieg ist doch recht eigenartig, er gliedert sich immer in einzelne Feldzüge, die zu verschiedenen Zeiten, nacheinander stattfinden. Ich muß jetzt viel an das vergangene Jahr denken, wo ich am 1. April bei der Abt. L anfing, am 9. 4. das Unternehmen Norwegen startete und am 10. Mai – unvergeßlich! – unsere Fahrt 'gen Westen! Diesmal muß ich nun in Berlin bleiben. Scherff fährt mit der „L" mit. Er ist sehr glücklich darüber und hatte die ganzen letzten Tage schon Reisefieber!

Heute war ich vormittags zum Cembalo-Konzert von Günther Ramin im Potsdamer Schauspielhaus. Ich fahre jetzt gleich nach Berlin zum Beethoven-Abend von Wilhelm Kempff. Um 16 Uhr ist Beginn. Diese beiden Konzerte sind mein Sonntags-Vergnügen.

Abends: Das Konzert von Kempff war wunderbar. Ich bin zutiefst berührt. Der Beethovensaal war ausverkauft, sogar das Podium dicht besetzt. Durch den herrlichen Musikgenuß bin ich heute in einer ganz anderen Welt, so daß mich das Ertönen der Kriegsfanfare noch gar nicht so anrührt. Es mag ja auch mit daran liegen, daß ich von diesem Schritt nicht überrascht wurde. Ihr seid dem neuen Kriegsschauplatz zwar näher als wir, aber so ängstlich ist es noch nicht. Süddeutschland ist *noch* immer das am wenigsten luftgefährdete Gebiet, da es jetzt in der Mitte liegt. Den Österreichern, besonders der Steiermark geht es schlechter. Die Serben sind zwar gute Soldaten, die besten von den Balkanvölkern, heißt es, aber zu befürchten brauchen wir da wohl nichts. Wenn es nur nicht immer so unendliches Leid verursachen würde.

13. April 41, Ostersonntag: Leider haben wir gar kein schönes Osterwetter – es ist zwar milde, aber trüb und grau. Allerdings ist es „luftschutzsicheres" Wetter und man ist deshalb schon ganz zufrieden damit. Ja, die Engländer haben bei ihrem letzten Besuch (9./10.4.) allerhand Schaden angerichtet. Unter den Linden soll es wüst aussehen, denn von der Staatsoper (die völlig zerstört und ausgebrannt ist) bis zur Friedrichstraße (Schweizer Haus) ist kein Gebäude unbeschädigt geblieben, hauptsächlich Dachstuhlbrände. Es waren diesmal mehr Flugzeuge (ca. 60) hier, und sie haben vor allem Brandbomben (3–4000 und 40 Sprengbomben) abgeworfen.

Da hauptsächlich öffentliche Gebäude getroffen wurden, sind nicht so viele Menschen ums Leben gekommen (10 Tote heißt es), wie in der Nacht vorher beim Angriff auf Kiel. Dort muß es böse aussehen. [In Stenographie:] 115 Tote, 100 Verletzte, rund 8000 Personen obdachlos. Sei aber bitte mit Deinen Äußerungen über die Angriffe auf Kiel und Berlin vorsichtig, mir zu Liebe! Im Herbst können wir nette Dinge erleben, glaube ich. Am Dienstag hielten wir unseren Einzug im Haus Schlieffenufer 5.

Übrigens stell Dir vor, ich bekomme jetzt noch *Frontzulage* (1,– RM pro Tag, der gleiche Satz für Offiziere und Mannschaften, bekommen nur im Kampf eingesetzte Einheiten) für meinen Aufenthalt im Führerhauptquartier in der Zeit vom 10. 5. – 6. 6. 40, genau 32,– RM. Damit habe ich wahrhaftig nicht gerechnet. Hinterher ist die Zulage für alle (auch Nichtsoldaten), die mit dem Führer im Hauptquartier waren, genehmigt worden.

18. April 41, Potsdam: Aus Berlin kann ich Dir noch nichts berichten, da ich heute meinen freien Tag habe für Ostersonnabend. Hoffentlich steht das Deutsche Opernhaus noch, sonst sind die Römer (Gastspiel der Römischen Oper) umsonst hier angekommen. Es muß ziemlich schlimm gewesen sein. [Luftangriff der Engländer mit 118 Flugzeugen; am 16./17. 4. waren 460 deutsche Bomber über London!] Die Staatsopernmitglieder singen jetzt im Konzertsaal des Europahauses für die Soldaten, Verwundete und deren Angehörige. Der erste Abend mit Tiana Lemnitz, Helge Roswaenge und Willy Domgraf-Faßbaender ist schon gestiegen ... Gestern also die Kapitulation der jugoslawischen Streitkräfte.

19. April 41, TB: Treffe im „Pschorr“ zufällig Scheidt. Essen zusammen. Das Vorwärtsstürmen von Rommel schafft unvorhergesehene Lage. War zunächst nur als Expeditionskorps zur Unterstützung der Bundesgenossen [Italiener] gedacht. Nun neue Perspektiven und Überlegungen. [Rommels Korps erreichte am 28. 4. die ägyptisch-libysche Grenze.]

23. April 41, TB: Deutsch-italienisches Waffenstillstandsabkommen mit Griechenland.

26. April 41, Sonnabend: Heute erschien Dr. Scheidt im Schmuck des ersten Sternes. Er ist rückwirkend vom 20. 4. zum Oberleutnant befördert worden. Das FHQu hat diesmal kein festes Quartier, nur einen festen Standort. Es wird in den Zügen gearbeitet. Unser Chef kommt bald zurück! Scheidt erzählte mir voller Stolz, daß er sogar dem Führer vorgestellt wurde. General Schmundt hat das zu Wege gebracht. Er hatte ihn so in den Sonderzug bestellt, daß eine Begegnung unvermeidlich war und ihn als „Adjutanten von Oberstleutnant Scherff, *Kriegshistoriker* Dr. Scheidt“ vorgestellt. Übrigens hatte er Scheidt vorher noch aufmerksam gemacht, daß nicht militärisch sondern mit Hitlergruß salutiert werden müßte! Also das Wort „Kriegshistoriker“ ließ den Führer aufhorchen, denn er hatte sich schon halb abgewandt, drehte sich um und fragte: „Kriegshistoriker? Was sagt die

Wissenschaft zum Präventivkrieg?". Völlig überrascht, denn auf eine Frage war er wirklich nicht vorbereitet, hätte er kurz aufgezählt: „Besondere Verantwortung, ungeheure Gefahr, nie sicher, ob die Trumpfkarte ‚Überraschung' sticht. Odium des Angreifers". Der Führer hätte selbstsicher geantwortet: „Ich bin ja bereit, diese höchste Verantwortung zu tragen!" Daran haben wir eigentlich nie gezweifelt, insofern nichts Neues, nur eine Bestätigung. Immerhin Scheidt, der kleine Leutnant, nunmehr Oberleutnant, hat dem großen Führer etwas sagen dürfen. Das hat er wieder allen anderen hier voraus. [Das FHQu, diesmal Führer-Sonderzug und der Arbeitszug „Atlas" waren vom 10.–25. April in der Nähe Tauchen-Schauereck 50 km von Graz am Nord- und Südeingang eines den Gebirgskamm durchquerenden Tunnels abgestellt worden, um bei etwaigen feindlichen Luftangriffen in den Tunnel geschoben zu werden.]

Vom *Gigli-Konzert* am Donnerstag in der Philharmonie muß ich Dir einen Extrabericht geben. Nur soviel: Es hat sich gelohnt, ihn in natura zu hören. Seine Stimme klingt viel schöner als auf Platten, ist kraftvoll und strahlend, hat eine unbeschreibliche Süße, einen Schmelz und geradezu fantastisch ist sein Piano, mühelos und sogar noch schattierungsfähig in der Höhe. Natürlich hatte er all seine Bravourstücke auf sein Programm gesetzt, aber das wollen die Leute ja auch hören und sie dankten dem korpulenten, älteren Herrn mit enthusiastischem Beifall. Die Berliner gerieten buchstäblich aus dem Häuschen, sie trampelten, pfiffen, schrien!

Zwei Visiten: General Jodl und von Rabenau

6. Mai 41 [an meinen Vater]: Das Hauptquartier OKH hat nun wirklich alle Damen abgegeben, ins Ausland, zur Waffenstillstandskommission in Wiesbaden oder wo sie sonst hinwollten. Schon im Frieden soll die Absicht bestanden haben, die Damen aus dem Generalstab zu entfernen. Der Chef erzählte uns das, als wir mittags zusammen mit ihm und Fräulein von dem Borne, unserer Neuen, Kaffee getrunken haben – er hat einen elektrischen Kochtopf mitgebracht. Es ist doch recht angenehm, wenn man seine Stullen nicht so trocken runterzuwürgen braucht. Der Chef spendierte uns noch einen Riegel Schokolade und war überhaupt in bester Stimmung. Er erwartete sozusagen freudig seinen Vorgesetzten, den Chef des Wehrmachtführungsstabes, Jodl.

Um 15.30 Uhr empfingen wir dann den hohen Besuch. Scherff war hinuntergegangen, um Jodl gleich auf der Straße in Empfang zu nehmen. Jodl fuhr in einem großen gelben Horch vor. Scherff führte ihn zuerst in unser kleines Zimmer und stellte Frau Gutschke und mich mit den Worten vor „meine beiden Damen, die Herr General wohl noch von der L her kennen". Jodl sagte als höflicher Mann natürlich „ja"' und gab uns die Hand. Dann legte er bei uns seinen Mantel ab und ging in Scheidts Zimmer – es ist der größte Raum –, wo die Herren der Abteilung Aufstellung genommen hatten. Er hielt eine kurze Ansprache, in der er Scherff sehr lobte „der Chef, der besonders für die große, verantwortungsvolle Aufgabe prädestiniert erscheint". Anschließend besichtigte er sämtliche Räume und kam somit viermal durch unser Zimmer, so daß wir genügend Gelegenheit hatten, den Herrn Chef WFSt zu betrachten.

Jodl ist groß und schlank, hat rötlich-blondes Haar, was hinten allerdings grauschwarz wirkt. Er hat eine große Tonsur und nur noch ringsum einige Haare. Seine Augen sind blau und hell. Im ganzen wirkt Jodl sehr beherrscht, ruhig, verschlossen, aber dabei freundlich. Scherff sagte nachher noch zu uns, daß er selten so einen ausgezeichneten Chef gehabt hätte, denn Jodl hätte „Köpfchen" und sei ruhig und nett.

Jodl haben unsere Räume gefallen, er hat sich sehr für alles interessiert, sämtliche Zimmer angesehen. Ich hörte auch, wie er beim Gehen zu Scherff sagte, daß er, wenn er irgend etwas hätte, es ihm melden solle. Bestes Verhältnis also.

Morgen um 9.30 Uhr werden wir wieder einen General bei uns empfangen, und zwar hat sich Rabenau angesagt. Wie gut, daß ich im Vorzimmer sitze, sonst würden mir all diese Größen entgehen, so haben wir sie aber stets aus erster Hand.

Einen kleinen Zwischenfall muß ich noch nachtragen, den Dr. *Petzet* mir später schilderte. In seinem Büro hängt ein Porträt der alten Frau von König. Es stammt auch aus den Depots der Nationalgalerie, die Bildnisse Leo von Königs sind ja nicht mehr „ausstellungswürdig". Als Jodl dieses auffallend große Gemälde sah, stutzte er und fragte Petzet knapp: „Ist das etwa Ihre Mutter?" Petzet, dieses von ihm verehrte Bild schon verlorengebend: „Zu Befehl, Herr General – nein, es ist die Frau eines preußischen Generals!" Jodl in seinen bayerischen Gefühlen wohl etwas getroffen, aber durch die Generals-Verwandtschaft positiv berührt, darauf weniger streng im Ton: „So, so. Mag hingehen." Dann fragte er, Petzet atmete auf, nur noch nach seinem Arbeitsauftrag hier, der Kriegstagebuch-Ergänzung „Griechenland". Beim Weggang aber nochmals leicht mißtrauischer Blick auf die „Generalin".

[Jodl, Alfred geboren 1890, hingerichtet 16. 10. 46, war als Chef des WFSt seit 22. 8. 39 Berater Hitlers in allen strategischen und operativen Fragen, unterzeichnete am 7. 5. 45 in Reims die Kapitulation. 1. 10. 46 vom Internationalen Militär-Tribunal in Nürnberg zum Tode verurteilt.]

9. Mai 41 [an meinen Vater]: Am Mittwoch, 9.30 Uhr stattete uns General der Artillerie *von Rabenau* (Chef der Heeresarchive) einen Besuch ab. Er kam in Begleitung von Direktor Strutz. Wir sahen Rabenau in einem großen schwarzen Wagen vorfahren, unterrichteten den Chef davon, und er eilte den Besuchern entgegen, aber nicht im Dienstanzug mit Koppel und Mütze wie bei Jodl – das sind so feine Unterschiede! Rabenau trat in unser Vorzimmer, laut „Guten Morgen" rufend und mit ausgestreckter Hand auf mich zukommend.

Lange saßen die Herren lebhaft redend in Scherffs Zimmer, und nur kurz war der Gang durch unser Archiv. So um 12 Uhr ging Rabenau. Er erzählte im Vorzimmer noch, daß er einen etwas steifen Arm habe und sich deshalb sogar von seiner Frau in den Mantel helfen lassen müsse. Und im übrigen, sagte er, sei er noch gar nicht so alt, wie er aussähe. „Wenn ich jemand erzähle, ich sei mit 55 General geworden und habe eine 6jährige Enkelin, dann halten mich die Leute im ernst für 63 Jahre, aber ich bin mit 50 General geworden und bin erst 56 Jahre alt" sagte Rabenau zu Scherff. Warum wohl? Rabenau wirkt tatsächlich älter. Er ist groß, breit gebaut, wirkt etwas schwerfällig, recht gemütlich, aber dabei doch energisch. Er trägt ein Monokel, hat einen viereckigen Kopf, schwarze graumelierte Haare. Rabenau und Jodl wirken grundverschieden. [Rabenau, Friedrich von, wurde 1942 als Chef der Heeres-Archive entlassen, studierte dann Theologie, machte 1944 Examen, wurde am 25. Juli 44 verhaftet, durch mehrere KZ geschleppt, am 9. April 1945 in Flossenbürg hingerichtet.]

Scherff hat eine endgültige Verteilung der Schreibkräfte der Abteilung vorgenommen. Ich bin zusammen mit Frau Gutschke als „Vorzimmerdame" und erst in zweiter Linie für Scheidt eingesetzt worden. Also, damit Du genau Bescheid weißt, was Deine Tochter ist: Vorzimmerdame = Sekretärin von dem Chef der Kriegsgeschichtlichen Abteilung des OKW, Oberstleutnant d. G. Scherff.

Gestern ging Scherff zum Abschiedstee des Vorsitzenden der japanischen Militärkommission ins Hotel Adlon und heute zur Premiere von Raeders Kriegsmarinefilm. Er mußte auch wieder jeden Tag mittags zur Reichskanzlei. Heute hat er sich den Luftschutzraum des Führers angesehen. Es ist ein kleines Zimmer, einfach ausgestattet; eine Unmenge Schriftstücke solle da liegen, die der Führer dann studiert. Heute nacht hatten wir ja 3 Stunden Alarm.

Herr Greiner ist übrigens am 8., 19 Uhr abgefahren [nach Salzburg, FHQu Berchtesgaden]. Heute rüsteten auch andere für die Reise, aber schönes Urlaubswetter ist wirklich noch nicht. Wann der Chef aufbricht, ist noch ungewiß.

[10. 5. 41: Rudolf Heß, der „Stellvertreter des Führers" nach Groß-Britannien geflogen, bei Glasgow abgesprungen.

10./11. 5. schwerer deutscher Luft-Großangriff auf London.]

23. Mai 41, TB: Die Transporte rollen!

12. Juni 41, TB: Führer hier [vom Berghof]. Chef auch.

14. Juni 41, TB: Die Oberbefehlshaber mit ihren Stabschefs versammelt. Wird ernst!

24. Juni 41, Dienstag: Am Sonntag ist nun der von mir lange erwartete Krieg mit Rußland ausgebrochen. Dich wird dieser Feldzug doch auch nicht überrascht haben? Unsere Wehrmacht hat jetzt eine sehr schwere Aufgabe vor sich, aber bei unseren erstklassigen Truppen und der Führung kann man annehmen, daß auch dieses Problem siegreich gelöst wird. Mit einem längeren Feldzug muß man aber rechnen und es wird auch wieder viele, viele Opfer geben. Das alles hat mich schon lange, lange Zeit bedrückt und belastet!

Unser Chef kam gestern noch her und hat sich von uns verabschiedet. Um 10 Uhr fuhr er in die Reichskanzlei, um von dort zum Bahnhof zu fahren. Scherff ist mit dem Führerzug mitgefahren. [FHQu Wolfsschanze bei Rastenburg]

Im VB [Völkischen Beobachter] steht heute auf dem Titelblatt übrigens ein Artikel unseres Chefs über „Das Feldherrntum des Führers", den wir hier geschrieben haben. Im „Reich" soll der Artikel auch veröffentlicht werden und wird wohl am Sonnabend erscheinen. Der Führer hat seine Sekretärinnen wieder mitgenommen. Er mag sich wohl nicht umstellen.

3. Juli 1941: Vorerst muß alles wie geplant an der neuen Riesenfront laufen. Falkenstein hat sogar Zeit gefunden, mir aus dem neuen FHQu für meine Tätigkeit im 1. FHQu „Felsennest" und die Zeit danach bei IL (bis 31. 1. 41) ein feines Zeugnis zu schreiben. Ob mir dieses Zeugnis jemals etwas nützen wird, daran haben Papa und ich Zweifel. Aber haben wollte ich's doch. v. Falkenstein, noch Oberstleutnant i. G., sitzt übrigens im Warlimont-Revier, also dem äußeren Kreis. Im inneren Bezirk (Sperrkreis I) ist mein neuer Chef, ebenfalls Oberstleutnant i. G., aber eben der Mann, der die „Geschichte dieses Krieges" schreibt und schreiben läßt und nun auch noch die Verantwortung für den Wehrmachtsbericht und die Sondermeldungen übernehmen soll. Aber die werden zu zu meinem Glück dort draußen geschrieben!!

26. Juli 41: Nachdem die Fliegersaison im Mai beendet war, ist sie in dieser Nacht wieder eröffnet worden. Die Engländer haben sich wirklich nicht die erste Gelegenheit, nach Berlin zu kommen, entgehen lassen. Um 2 Uhr weckten mich die lieblichen Sirenen aus meinem Schlummer. In Postdam ist nichts passiert.

8. August 41: Die Engländer sind in der vergangenen Nacht schon vor 24 Uhr hier gewesen. Ist es nicht furchtbar, daß sie jetzt im August schon so früh herkommen? Im September sind sie dann zum Abendbrot und im Dezember zum Mittagessen hier.

Da Scheidt nun endlich heute ins FHQu geflogen ist, sitze ich allein auf weiter Flur und vertrete die erlauchte Chefgruppe. Es ist eigentlich ganz überflüssig, daß ich hier sitze, aber ich kann mich leider nicht selbst beurlauben.

Von Fräulein Melech hörte ich, daß sie sich nach Berlin bangt. Sie bekommt zwar viel zu sehen in Paris, aber das ganze Leben dort mißfällt ihr. Unseren Offizieren sollen die Pariserinnen doch zu gut gefallen und unsere Mädels bemühen sich eifrigst, es an Eleganz und so weiter den Französinnen gleichzutun. Die Kameradschaftlichkeit soll darunter leiden.

15. August 41: Nachdem uns einige Nächte die russischen Flieger im Schlaf gestört haben, waren wieder die Engländer da und recht wirkungsvoll. Ich wäre heute fast nicht zu meiner Dienststelle gekommen. Die S-Bahn beförderte uns nur bis Charlottenburg. Dort mußten wir alle umsteigen in einen Zug, der bis Zoo fuhr und dann ging bis zur Friedrichstraße Autobusverkehr. Eine große Menschenmenge stand nun am Bahnhof Zoo und war bereit, sich auf die Omnibusse zu stürzen, sehr aussichtsreich für so einen bescheidenen Menschen wie mich. Da entdeckte ich vor mir Scheidt, der ja wirklich schwer zu übersehen ist. Wir wanderten nun beide durch den Tiergarten zum Schlieffenufer. Es begann noch ziemlich heftig zu regnen, aber das störte nicht weiter. Scheidt war recht gesprächig und hat mich höchst interessant unterhalten. Gestern diktierte er mir auch schon viel Neues. Ich mußte das heute noch tippen.

TB: Luftparität [Engländer] bald erreicht. Die Eigenart des „Lager-Lebens" im neuen FHQu: Betonbunker-Waldlager. Zunehmende Vertrauensstellung unseres Chefs durch Übereinstimmung mit Jodl und Schmundt. Chef wird zugetraut, die Wehrmachtberichte, auch wenn nicht nur Siege zu verkünden sind, positiv zu formulieren! Man war tatsächlich überzeugt, Anfang Juli den Krieg gegen Rußland in der Tasche zu haben! Seit Ende Juli mit den auftretenden Schwierigkeiten wieder Meinungsverschiedenheiten. Führer fliegt sogar zu verschiedenen Heeresgruppen, glaubt an seine persönliche Überzeugungskraft. Sollte es ein schlimmes Ende nehmen, größte Sorge. Scheidt ist ganz entsetzt über die Anweisung des Führers an die höchste Generalität zum rücksichtslosen Kampf in Rußland, zur Vernichtung. Erschießung der Politruks der Roten Armee [sog. Kommissarbefehl v. 6. 6. 41]. Rücksichtslos auch gegen Zivilbevölkerung. Keine Bestrafung von Soldaten wegen Ausschreitungen gegen Zivilbevölkerung! Gegen jede „Humanitätsduselei", gegen noch immer vorhandene „kavaliermäßige" Kriegsauffassung. Sei überholt im Vernichtungskampf gegen den Bolschewismus. Der Chef hat ihm bestätigt, daß der

Führer vom Widerstand der russ. Truppen beeindruckt ist. Sieht darin einen Beweis, welche Wirkung die ideologische Erziehung eines Volkes haben könne.

Geheime „Kritische Studien"

Ein Beispiel vom 14. August 1941.

[21 Jahre nach Kriegsende und 12 Jahre nach seinem Tod, nämlich 1966/67, spielten die „Kritischen Studien" von Scheidt in den deutschen Zeitungen und Zeitschriften plötzlich eine geradezu geheimnisumwitterte Rolle. Sie wurden sogar als mögliche, allerdings verlorengegangene Beweisstücke dafür zitiert, daß Scheidt der vermutete „Spion Moskaus im Führerhauptquartier" gewesen ist. Die Hauptquelle für diesen Verdacht waren ausgerechnet die positiv gemeinten, aber nicht immer verständlichen Bemerkungen seines Freundes Kunrat Freiherr von Hammerstein, der in seinem Buch „Spähtrupp" (Henry Goverts Verlag Stuttgart 1963) auf Scheidts Sonderstellung als Geheimnisträger aufmerksam machte. Vor allem jene Notiz Hammersteins, der zum Widerstandskreis um Goerdeler gehörte, wurde zitiert, daß er eigene Schriften eine Weile im Panzerschrank von Scheidt aufbewahrte, aber der „fürchtete dann, wegen heikler eigener Studien an auffallend lang in seinem Büro festgehaltenen Dokumenten aus dem Führerhauptquartier eine Kontrolle, die nicht kam; sein Panzerschrank glühte beim ersten schweren Luftangriff im November 1943 aus und die fixierten Studien wurden Asche." Diese „Studien", die außer mir keiner kannte, zitierte als auf diese falsche Spur führend auch Wilhelm Ritter von Schramm in seinem Buch „Verrat im Zweiten Weltkrieg" (Econ Verlag, Düsseldorf 1967). Er nannte dieses Kapitel bereits „Der Mann, auf den der stärkste Verdacht fiel", korrigierte darin seine bisherige Vermutung und erläuterte, daß er nach weiteren Recherchen (ein Gespräch mit mir hatte auch dazu gehört) zu dem Ergebnis kommen mußte, daß Scheidt nicht dieser Spion gewesen ist.

Als Scheidt mit diesen „Kritischen Betrachtungen", so nannte er sie, begann, sagte er mir, daß er die Aufgabe erhalten habe, den „advocatus diaboli" zu spielen, d. h. Beschlüsse und Überlegungen der höchsten Führung „kritisch" zu analysieren und zu kommentieren. Diese „Betrachtungen" wären streng geheim, daher müßte ich mein Stenogramm vernichten oder in seinen Panzerschrank legen, wenn ich mit der Übertragung noch nicht fertig sei. Durchschläge dürften nicht gemacht werden.

Nach Kriegsende war Scheidt enttäuscht, daß ich nur die erste seiner „Betrachtungen" für mich abgeschrieben und nicht, entgegen seiner Weisung, von allen Durchschläge gemacht und „gerettet" hatte. Ich entgegnete ihm, daß ich ebenso wenig wie er dafür den eigenen Kopf hatte riskieren wollen. In den letzten Kriegsmonaten hätten General Scherff und er als „folgsamer Adjutant" zudem noch meine Überwachung durch den Reichssicherheitsdienst veranlaßt – spätestens da hätte ich solche Papiere vernichtet! Scheidt las die von mir aufbewahrte Studie vom 14. 8. 1941 durch und ließ sie mir als Erinnerung, weil er mit einer allein nichts anfangen könne. So ist dieses eine Exemplar erhalten geblieben, und ich kann es hier als Beispiel bringen.

Diese „Studien" sind übrigens nicht alle 1943 im Panzerschrank „zu Asche" geworden, denn Scheidt hatte genau wie General Scherff einen zweiten Panzerschrank im Keller des Bürohauses, der sämtliche Luftangriffe überstand. Scheidt schrieb mir auch am 24. 9. 1946: *„Hätten wir doch noch die ‚Kritischen Betrachtungen', die wir im letzten Kriegsjahr verbrannt haben!"*.

Wer heute diese „Betrachtungen" liest, wird darin nichts Gefährliches finden. Um das zu verstehen, muß sich der Leser den Zeitpunkt ihrer Niederschrift vorstellen und wie schrecklich alle defaitistischen Bemerkungen geahndet wurden. Scheidt hatte zwar den Auftrag zu dieser Kritik (ob von Scherff oder gar von Jodl habe ich nie erfahren), war insofern persönlich gedeckt, aber der Auftrag galt auch der absoluten Geheimhaltung!]

„Oblt. Dr. W. H. Scheidt Berlin, den 14. 8. 1941

Kritische Betrachtungen

Bei Beginn des Krieges glaubten die maßgeblichen Kreise in England und Frankreich, daß das nationalsozialistische Regime Hitlers in Deutschland zusammenbrechen würde, sobald dem Dritten Reiche ernste kriegerische Gefahren drohten. Einen ähnlichen Trugschluß hat man in Deutschland bezüglich der inneren Festigkeit der Sowjetarmee gezogen. Man hat geglaubt, Sowjetrußland wie eine Seifenblase beurteilen zu können, die platzen würde, wenn man sie angestochen hätte. In Wirklichkeit hat der deutsche Angriff auf Sowjetrußland die Kräfte Rußlands nur noch enger zusammengeschlossen.

Die Rote Armee war mit Material weitaus besser ausgerüstet als man erwartet hatte, insbesondere ist die große Zahl ihrer Flugzeuge, Panzer und Artillerie erstaunlich. Allerdings scheinen die Russen in der Handhabung und im Gebrauch dieses Materials nicht auf unserer Höhe zu stehen. Ihre Piloten fliegen außerordentlich kunstlos und werden deshalb in Scharen abgeschossen. In der Umfassungsschlacht von Minsk und Bialystok fielen schwere Batterien in deutsche Hand, aus denen noch kein Schuß abgegeben war, offenbar war die russische Bedienung dazu nicht in der Lage.

Alles in allem muß man die Standfestigkeit der Russen im Widerstand sehr hoch einschätzen. Diese hatte eine große Unempfindlichkeit gegen jede Bedrohung in Flanke und Rücken zur Folge. Infolgedessen waren die groß angelegten Umfassungen im Anfang verhältnismäßig unwirksam, wenn es den vorgebrochenen Verbänden nicht gelang, erstens ihre ganze Vormarschlinie besetzt zu halten und zweitens auf ihr eine Front nach innen und außen zu bilden. Infolgedessen scheint es im Verlauf der Kämpfe zu Meinungsverschiedenheiten zwischen der Heerführung und dem Führer gekommen zu sein, da der letztere immer darauf drängte, die Umfassungsbewegungen kürzer zu halten.

Zu einer weiteren Meinungsverschiedenheit kam es wegen des Vorgehens der Pz. Gr. 4 nach der Einnahme von Pskow. Der Führer hatte gewünscht, daß die gesamte Pz. Gr. im Osten am Ilmensee in nordostwärtiger Richtung vorstoßen sollte. In Wirklichkeit ist die Pz. Gr. 4 mit einem Pz. Korps in nördl. und mit einem zweiten Pz. Korps in nordostwärtiger Richtung vorgegangen, wodurch die Zusammenfassung der Kräfte in der letzteren Richtung, wie sie vom Führer gewünscht war, versagt wurde. Dies wurde von Seiten des OKH mit den besonderen Umständen im dortigen Kampfgebiet erklärt. Als der Führer jedoch die Hgr. Nord besuchte, entnahm er aus den Äußerungen des Gen. Feldm. Ritter v. Leeb, daß dieser von dem Wunsche des Führers keine Kenntnis gehabt hatte. Dies führte zu einer Auseinandersetzung zwischen dem Führer und dem Gen. Feldm. v. Brauchitsch.

Das ungesunde Leben in den Bunkern des Führerhauptquartiers in Rastenburg zu der damaligen Zeit war nicht ohne Folgen auch für die Gesundheit des Führers geblieben. Dies mag zu einer gewissen Nervosität beigetragen haben.

Seit mehreren Wochen ist nun bereits die Luftwaffe pausenlos an der Ostfront auf das stärkste angespannt. Sowohl durch den natürlichen Verschleiß wie durch die Verluste hat die Luftwaffe dabei erhebliche Einbußen erlitten, so daß sie dort zur Zeit nur noch etwa 3500 einsatzfähige Frontflugzeuge hat. In der gleichen Zeit haben England und die Vereinigten Staaten von Amerika die Luftrüstung in besonders starkem Maße vorantreiben können. Es ist also nicht ausgeschlossen, daß England nunmehr die Parität im Stand der Luftrüstung erreicht hat. Jedenfalls muß man mit der Möglichkeit rechnen, daß bei einem jetzigen etwaigen Landungsversuch in England auf deutscher Seite nicht die dazu notwendige totale Luftherrschaft erreicht werden kann.

Da die Besetzung Englands jedoch nach wie vor für uns die einzige Möglichkeit bietet, wirklich auf schnelle Weise zum Frieden zu kommen, müßte die deutsche Luftwaffe durch ein gewaltiges Luftrüstungsprogramm erneut einen großen Vorsprung vor den Engländern zu gewinnen versuchen. Dies ist jedoch nur möglich, wenn der Feldzug in Rußland einem baldigen Ende zugeführt werden kann, so daß a) erhebliche Menschenkräfte aus dem Heere herausgezogen und in die Wirtschaft gesteckt werden können und daß b) das Rüstungsprogramm des Heeres zugunsten der Luftwaffe und Kriegsmarine verringert werden kann. Beides ist sehr schwierig, da der riesige Raum nicht nur in Rußland, sondern auch in Westeuropa und an allen Küsten, die wir gegen England besetzt halten müssen, eine große Besatzung erfordert und es auch noch nicht sicher ist, daß die Sowjetarmee derartig geschlagen werden kann, daß ihr gegenüber keine Front mehr notwendig ist. Der Führer hat durchaus richtig erkannt, daß die großen besetzten Gebiete am einfachsten und wirkungsvollsten durch Panzerdivisionen zu beherrschen sind. Diese sollen infolgedessen vermehrt werden. Ursprünglich waren 15 neue Pz. Div. vorgesehen (so daß wir dann 35 gehabt hätten), hiervon sind bereits 6 Div. aus Materialmangel abgestrichen worden. Die zweite Frage ist es, ob der Feldzug in Rußland so rasch beendet werden kann, daß die Arbeiter vor Beginn der winterlichen Rüstungsschlacht ihre Betriebe noch erreichen.

Nach den neuesten Nachrichten ist es den Russen doch nicht gelungen, das ganze Land so zu zerstören, daß wir nicht doch große wirtschaftliche Vorteile aus ihm ziehen könnten. Hauptsächlich war es anscheinend unmöglich, die Ernte zu vernichten. Es steht also zu hoffen, daß wir durch die Eroberung des russischen Raumes doch unsere Wirtschaft soweit autark machen können, um gegen die englisch-amerikanische Wirtschaftsblockade praktisch auf unbegrenzte Zeit widerstandsfähig zu sein. Trotzdem können wir auf diese Weise nicht die Beendigung des Krieges erreichen, die nur durch die Niederwerfung Englands möglich ist.

Während wir im Osten die große Masse unserer Streitkräfte gegenüber einem zäh kämpfenden Gegner festgelegt haben, besteht die Gefahr, daß England und die Vereinigten Staaten uns durch eine plötzliche Offensive im Westen die Initiative aus der Hand nehmen. Diese amerikanisch-englische Offensive könnte sich hauptsächlich gegen die Azoren, die Kapverden und den frz. Kolonialbesitz in Nordafrika richten. Durch die Besetzung der beiden Inselgruppen würden die deutschen Aussichten für die Schlacht im Atlantik, d.h. für die Belagerung Englands erneut bedenklich herabgedrückt werden. Durch die Besetzung Nordafrikas würde die ital.-deutsche Armee in Tripolitanien und in der Cyrenaika in die Zange genommen werden. In diesem Falle müßte mit dem Verlust ganz Afrikas gerechnet werden. Wahrscheinlich würden die Amerikaner dann auch span. Marokko besetzen, so daß nicht einmal die Eroberung Gibraltars durch Deutschland die Tatsache einer völligen englischen Herrschaft im Mittelmeer verhindern könnte. Dies würde einen vermehrten Feinddruck auf Italien zur Folge haben, das innerpolitisch bereits jetzt große Schwierigkeiten hat.

In den letzten Monaten ist die Ziffer der versenkten feindl. Tonnage außerordentlich gesunken. Hierfür ist einerseits die Besetzung Islands durch Streitkräfte der Vereinigten Staaten und deren Seepatrouillen die Ursache, während andererseits die gegen die Amerikaner gegebenen Einschränkungen eine starke Hemmung für U-Bootskommandanten darstellen. Da eine Unterscheidung der Nationalität eines Schiffes für das U-Boot nur möglich ist, wenn es auftaucht und dieses Auftauchen im Atlantik jedoch überhaupt unmöglich ist, haben die deutschen U-Boote weite Gebiete mit den besten Jagdmöglichkeiten verlassen.

Der Engländer fährt jetzt nur noch in größeren Geleitzügen mit stärkster Sicherung. Diese Geleitzüge zerstreuen sich über 1000 sm in der Breite. Zum Auffinden dieser Geleitzüge stehen nun dem Fliegerführer Atlantik zu wenige Maschinen zur Verfügung. Nur in der Zusammenarbeit zwischen Luftaufklärung und U-Booten liegt die Möglichkeit zur Verbesserung der Versenkungsergebnisse. Die U-Boote brauchen also mehr und weitreichendere Aufklärungsflugzeuge. Die Vermehrung unserer U-Boote geht nur sehr langsam vor sich und ist praktisch mehr als ausgeglichen durch die größere Streuung des engl. Seeverkehrs sowie durch die besser organisierte U-Bootsabwehr. Infolgedessen haben wir jetzt verhältnismäßig weniger U-Boote als 1940, obwohl die Zahl derselben etwas gewachsen ist. Es liegt auf der Hand, daß diese Verhältnisse sich katastrophal gestalten müssen, wenn es den Vereinigten Staaten und England gelingt, durch die Besetzung der Azoren und Kapverden einen von Island bis Nordafrika reichenden engen Halbkreis auf dem Atlantik rund um die europäische Küste zu ziehen. Als Gegenmaßnahmen kämen in Betracht:

1. Ein Abkommen mit Frankreich, wonach dieses uns Dakar als deutschen Stützpunkt einräumt und die frz. Flotte für den Kampf gegen England zur Verfügung stellt. Dabei müßte weiterhin den Franzosen zur Pflicht gemacht werden, mit der de Gaulle-Bewegung in Afrika endgültig aufzuräumen. Das Bestehen der de Gaulle-Regierung in den südl. Teilen des frz. Kolonialreiches ist für uns deswegen auch sehr lästig, weil dadurch eine Verbindung zwischen Westafrika und Ägypten unmittelbar für die Engländer gegeben ist. Es liegt auf der Hand, daß ein solches Abkommen mit Frankreich nur durch erhebliche politische Zugeständnisse zu erreichen ist. Vielleicht ist der günstigste Moment hierzu bereits verstrichen, da die Franzosen unsere Schwierigkeiten im Osten und die Gefahr, die uns von den Vereinigten Staaten droht ja auch übersehen und somit den von Deutschland zu zahlenden Preis selbstverständlich erhöhen werden.

2. Ein Abkommen mit Spanien, das uns den Durchmarsch und die Eroberung von Gibraltar gestatten müßte. Weiterhin die Sicherung von

span. Marokko und einem Flottenstützpunkt an der span. Westküste, am besten Ferrol.

3. Mit Portugal wird sehr schwer ein Abkommen zu erzielen sein, da dies sicherlich sofort den engl.-amer. Angriff auf die portugiesischen Inseln im Atlantik nach sich ziehen würde, bei deren Verteidigung die Portugiesen nur sehr schwer von Deutschland unterstützt werden könnten.

Diese politische und militärische Aktion müßte so rechtzeitig geführt werden, daß sie unter allen Umständen dem Zugriff des Feindes zuvorkommt. Zwei Momente erschweren das hierfür notwendige deutsch-franz. Abkommen:

1. Unsere Bundesgenossenschaft mit Italien und die Absichten unserer ital. Verbündeten auf franz. Gebiete.

2. eine anscheinende Unentschlossenheit in unserer Politik, die immer noch mit der Möglichkeit rechnet, auf Kosten Frankreichs mit den Engländern zu einer Verständigung zu kommen.

Diese Möglichkeit hätten die Engländer schon im Herbst 1940 gehabt, wenn sie dieselbe gewollt hätten. Inzwischen haben sie für die Niederwerfung Deutschlands den Vereinigten Staaten gegenüber und auch innerhalb ihres eigenen Empire zuviel Opfer gebracht, als daß sie ohne schwere Einbuße hierauf verzichten und sich zu einem Kompromißfrieden bereit finden können. Auch für eine Verständigung mit England sind die Wünsche unseres ital. Bundesgenossen ein ernstes Hindernis, denn, wenn diese ital. Wünsche voll befriedigt werden sollen, muß England auf die unantastbare Sicherheit seiner Machtposition im Mittelländischen Meer verzichten.

Dadurch, daß unsere Kräfte in Rußland festgelegt sind, ist es uns unmöglich, eine erfolgreiche Offensive zur Wegnahme des Suezkanals und des nördl. Ägypten zu führen. Die Frage, ob deshalb das Unternehmen gegen den Suezkanal nicht dem „ . . . . "* hätte vorausgehen müssen, ist bereits im Februar d. Js. entschieden worden. Durch das Abziehen des X. Fl. K. von Sizilien nach Griechenland und Kreta haben die Engländer in Malta wieder die Möglichkeit gewonnen, unsere Seetransporte nach Nordafrika zu behindern, so daß es fraglich erscheint, ob wir, selbst wenn wir die Kräfte hierfür bereitstellen könnten, diese überhaupt nach Nordafrika transportieren und sie dort weiterhin mit Nachschub versorgen könnten. Nach dem Fall von Irak und frz. Syrien ist die Unternehmung sowieso außerordentlich erschwert, aber der Erfolg der Wegnahme von Kreta und des Wiedergewinns der Cyrenaika kann nur dadurch voll ausgewertet werden, daß mit der engl. Machtstellung rund um den Suezkanal endgültig aufgeräumt wird. Dann könnte auch vom Kaukasus und vom Mittelmeer her die engl. Position im Irak so unter Druck gesetzt werden, daß auch diese aufgegeben werden müßte. Nur durch die Wegnahme des Suezkanals kann Nordafrika endgültig für uns gesichert werden."

---

* Die Punkte stehen so im Original. Gemeint ist das „Unternehmen Barbarossa"

TB: Langes Gespräch mit Scheidt über seine „Betrachtungen". Wollte meine Meinung wissen. Ich prunkte mit meinem „Stegemann-Wissen". [Hermann Stegemann „Der Krieg – Sein Wesen und seine Wandlung", DVA Stuttgart 1937] Ich finde die These so treffend: Der Krieg hat seine eigenen Gesetze. Nur der Zeitpunkt des Auslösens liegt in der Hand eines Menschen, aber dann gewinnt der Krieg immer mehr Eigengewicht, wird zu einem Beweger, der unberechenbare Bahnen zieht und meist ein anderes Ende findet, als der Auslösende gewollt hat. Scheidt wundert sich, daß ich dieses Buch kenne. Muß zustimmen, daß er vielleicht bei seinen Schlußfolgerungen auch schon zu sehr „Planspiele" treibt.

18. August 41: Am Sonnabend habe ich mich in Potsdam bemüht, mir meine Urlaubslektüre für Elmau [Pension Schloß Elmau bei Klais/Obb.] zu kaufen. Ich bekam in keiner Buchhandlung Goethes Gespräche mit Eckermann und auch nicht Carossas „Das Jahr der schönen Träume". Nur bei Nicolai entdeckte ich von Rabenau „Seeckt" den 2. Band. Den nahm ich gleich für Papa mit. Er hat sich sehr gefreut. Er liest jetzt doch sehr viel.

30. August 41: Abfahrt nach München. [Vom 3.–16. September in Schloß Elmau. Dort zwei herrliche Konzerte von Wilhelm Kempff und Schuberts „Schöne Müllerin" von Peter Anders, die beide Gäste sind. Am 21. September nachts Rückfahrt nach Berlin.]

25. September 41: Mein Wiedererscheinen im Dienst wurde von allen Seiten freudig begrüßt. Scheidt erklärte mir auch gleich wieder, daß ich wie das „blühende Leben" aussehe und war befriedigt, daß ich „ledig" aus Elmau zurückgekommen bin, denn er hätte mich doch sehr vermißt. Offensichtlich hält er den Betrieb in Elmau für einen besseren Heiratsmarkt. Ich habe ihm gesagt, daß die Konkurrenz der hübschen Saaltöchter zu groß gewesen ist! Morgen fliegt Scheidt übrigens nach Paris, um vor dem dortigen Armeeoberkommando einen Vortrag zu halten. Den hat er mir nun diktiert und ich habe bis jetzt eifrig daran geschrieben. Dafür werde ich ab morgen wieder viel Zeit zum Lesen haben. Welch Glück, daß ich den Eckermann „Gespräche mit Goethe" hier vorfand. Über unsere Dienststelle hat es geklappt. Eine herrliche Ausgabe, Brockhaus-Verlag. Damit werde ich die toten Stunden im Büro gut überstehen!

7. Oktober 41: Scheidt kam recht vergnügt aus Paris wieder und spendierte seinem Freundeskreis eine Flasche Cognac, von der ich auch zwei Gläser abbekam. Scheidt hat immer Glück, denn beim AOK (Armeeoberkommando) ist er großartig aufgenommen worden. Sogar Generaloberst von Blaskowitz ist freundlich und liebenswürdig gewesen wie lange nicht.

Am vergangenen Mittwoch stand übrigens im V.B. [„Völkischen Beobachter"] der Leitartikel „1812 – heute" von meinem Chef. Ich weiß nicht, ob Du ihn gelesen hast. Der Artikel galt der Vorbereitung „des Volkes" auf den Winterkrieg in Rußland. Zur Zeit läuft wieder alles großartig und ist man „oben" voller Hoffnung. [Die Offensive in Richtung Moskau war wiederaufgenommen worden. Am 9. 10. verkündete der Reichspressechef: „Die militärische Entscheidung im Osten ist gefallen und Rußland erledigt".]

Berlins neuer Lieblingsdirigent

14. Oktober 41: Ich war im Karajan-Konzert in der Philharmonie! Gerhard hatte von Karajan selbst die zwei Karten bekommen, es war natürlich längst ausverkauft. Das Konzert begann am Sonntag um 11.30 Uhr. Das Publikum machte, trotz der kurzen Kleidchen der Damen, einen eleganten Eindruck. Man sah gleich, dieses Konzert ist ein gesellschaftliches Ereignis! *Herbert von Karajan* gastierte doch 1938 in der Staatsoper, war eine Sensation, alle waren begeistert und Göring hat ihn darauf hin gleich festgehalten für „sein Haus". [Göring unterstanden die Staatstheater.] Die Berliner bekamen damals direkt einen Karajan-Fimmel. Er ist noch sehr jung, Anfang 30, klein, sehr schmal, ein Vollblutmusiker, ein großer Techniker. Er dirigierte das ganze Konzert mit Bruckners 7. Symphonie auswendig.

16. Oktober 41: Gestern Karajan als Operndirigent. Wir hatten „Tristan und Isolde". Karajan nahm den „Tristan" so schwungvoll und bewegt, wie ich ihn noch nie gehört hatte. Er schleppte und dehnte gar nicht, so daß es wirklich eine dramatische Angelegenheit war und man mitgerissen wurde. So schön war für mich diese Oper noch nie! Karajan dirigierte wieder auswendig! Er ist ein ganz großer Musiker – hat mich restlos begeistert. Der Beifall für den Dirigenten war so stark, wie ich ihn in der Staatsoper noch nie erlebt habe.

Gründgens hat den I. Teil des Faust neu einstudiert. Die Aufführung soll ganz großartig sein. Er hat sich als Regisseur und Darsteller übertroffen – direkt genial, heißt es.

Scheidt war übrigens Dienstag/Mittwoch im FHQu, ist soeben zurückgekommen. Der junge *Graf Pfeil Klein-Ellguth* ist auch schon eingetroffen und sitzt nun bei uns als Historiker. Er ist aktiver Offizier, hat aber vor Kriegsbeginn nebenher bei Elze studiert, lernte da Scheidt kennen, holte ihn in sein feines Potsdamer Regiment (Garde du Corps-Nachfolge), war sein Kompaniechef. Als „Namensträger" ist Pfeil vom Frontdienst zurückgestellt worden. Er ist sehr, sehr höflich und bescheiden. Scheidt ist manchmal etwas selbstherrlich.

Der einflußreiche Adjutant Dr. Scheidt

26. Oktober 41: Ja, über Scheidt muß ich mich manchmal wundern. Er kann sehr nett und fast bescheiden sein, dann wieder richtig arrogant, das allerdings besonders seinen Kollegen gegenüber. Er ist eben noch ein junger, vom Schicksal verwöhnter Mensch. *Alle,* auch die höchsten Herren, machen um ihn ein großes Getue. Er nimmt stets eine Sonderstellung ein. Als unser junger Sonderführer Dr. Fischer kürzlich richtig gekränkt von Scheidt kam, fragte ich ihn, warum er sich denn so behandeln lasse? Da sagte er: „Ach, Scheidt darf sich das erlauben, das war schon auf der Universität so – er ist uns überlegen." Nun ja, er hat sie alle hergeholt auf diesen angenehmen Platz und da fühlen sie sich wohl auch zu Dank verpflichtet. Anders ist es mit Dr. *Claus Grimm.* Er ist der einzige Wissenschaftler, der nicht durch Scheidt zu uns gekommen ist. Der Chef hat ihn aufgespürt und schätzt ihn ungemein. Der arme Grimm ist Dr. phil. habil., muß aber, da er nur Feldwebel ist, vor Herrn Scheidt stramm stehen. Wie er sich dabei fühlt, kann ich mir nur denken. Grimm hält sich gegenüber dem Scheidt-Kreis sehr zurück oder wird zurückgehalten.

1. November 41: Augenblicklich beherrscht Gründgens großartige Faust-Aufführung ganz Berlin. Um 7 Uhr sollen bereits Tausende anstehen, so daß es hoffnungslos ist. Ich hoffe nun, daß die Eröffnung des „Kleinen Hauses" am 16. und die Neueröffnung eines dritten Hauses, dem „Lustspielhaus des Staatstheaters" (früher Komische Oper) mit „Pygmalion" (Heinz Rühmann und Lola Müthel) einige Leutchen abzieht.

Scherff ist Oberst geworden!

7. November 41, nachts ½1 Uhr: Nur ganz schnell. Vielleicht schicke ich morgen noch ein Telegramm ab. Bin eben aus dem Josephs-Krankenhaus gekommen. Papa hat einen schweren Schlaganfall erlitten. Mama ist im Krankenhaus geblieben, da es sehr ernst ist. Von 21–23.30 Uhr war außerdem trotz Regenwetters Alarm. Der Alarm brachte uns wenigstens einen Arzt, sonst hätte sich im Krankenhaus kein Arzt für Papa gefunden! Ich bin erbittert und enttäuscht, wie es in so einem Betrieb zugeht. Papa traf der Schlag in Werder auf der Straße! Wir waren zum Glück dabei.

10. November 41 TB: Papa gestorben. 61 Jahre alt.

14. November 41 TB: Die Beerdigung. Ein eiskalter Wintertag.

30. November 41, Sonntag: Am Donnerstag ist mein Chef um 10 Uhr mit dem Führerzug in Berlin eingetroffen. Er mußte gleich mit in die Reichskanzlei, fuhr dann schnell nach Hause und kam erst um 15.30 Uhr zu uns. Er hat ordentlich dicke Backen bekommen, sieht aber um die Augen herum mächtig abgespannt und angestrengt aus. Scherff ist unverändert freundlich, entgegenkommend, eben ein warmherziger Mensch. Er will sogar wegen meiner Höhergruppierung nun den „Kampf gegen St. Bürokratius" aufnehmen. Scheidt ist augenblicklich vor allem mit seiner Heirat beschäftigt. Ich habe das Heiratsgesuch geschrieben. Der Chef hat es jetzt an die Bürgen und den Kreisleiter der NSDAP abgesandt. Dabei hat Scheidts Braut bereits die deutsche Staatsangehörigkeit. Aber ihr Vater war Ungar, die Mutter Slowakin, sie selbst ist geschieden von einem tschechischen Oberst a. D. Morravec in Prag – das alles macht diese Eheschließung so schwierig. In den Auskunftsschreiben wird natürlich nach ihrer Einstellung zum nationalsozialistischen Staat gefragt, aber die hat sie doch eigentlich schon durch die Annahme der deutschen Staatsangehörigkeit bewiesen. Na ja, es wird schon mit der Genehmigung klappen, bei Scheidt gelingt eigentlich alles.

Der Chef wird ein paar Tage später als die anderen zurückfahren, um bei uns noch etwas wirken zu können. Wir bauen ja eine Abteilung auf!! Die Geschäftseinteilung ist schon diktiert. [Auf der ab 1. Dezember gültigen „Geschäftseinteilung" war Professor Walter Elze, der zuerst geholte und als Forschungsleiter vorgesehene Historiker, nicht mehr verzeichnet. Er war einige Monate zuvor ausgeschieden, weil er mit Scherff, vor allem aber auch mit seinem Lieblingsschüler Scheidt keine Übereinstimmung finden konnte. Eine Erkrankung ermöglichte es ihm, sich vollkommen zurückzuziehen, auch von dem Universitätsbetrieb. Elze hatte es trotzdem nach Kriegsende beruflich sehr schwer. Schließlich wurde er von der Fakultät der Universität Freiburg aufgenommen. Er starb dort 1979.]

3. Dezember 41: Berlin liegt heute verschneit da, auf den Straßen ist allerdings ein dementsprechender Schmutz. Mein Chef konnte doch nicht mehr bis zum Mittwoch bleiben. Der Führerzug fuhr schon Sonnabendabend zurück. In Rußland scheint ein Wintersturm Unruhe zu bringen. [Beginn der russ. Gegenoffensive.]

Über den Tod von Mölders habe ich gehört – es ist natürlich vollkommen unverbindlich –, daß das Flugzeug in Breslau landen wollte, aber Landeverbot bekam, daraufhin weiterflog, bei dem nächsten Platz auch Landeverbot erhielt, wieder nach Breslau zurückflog und dann trotz des Landeverbots niederging und dabei zerschmetterte. Es muß ja irgendeine Ursache haben, daß sie trotz allem landen mußten. Über diese Ursache wird man allerdings wohl erst Klarheit erhalten, wenn die beiden Überlebenden wiederhergestellt werden sollten und Auskunft geben können.

PS. Der Chef ist auch lieber mit der Bahn zurückgefahren. Nach den letzten Unglücken mit den Kuriermaschinen hat im November/Dezember keiner rechte Lust zum Fliegen.

8. Dezember 41, Montag: Der Chef hat angerufen und uns seine Ankunft für morgen früh angekündigt, die anderen Herren kommen auch! Mir ist in mancher Hinsicht dabei nicht ganz wohl, seine Stimme klang auch nicht so sehr vergnügt. – Was sagst Du zu dem amerikanisch-japanischen Krieg? Nun ist es dort wirklich soweit gekommen. Papa wartete schon immer auf den Kriegseintritt der USA. Wir müssen doch stündlich damit rechnen. [7. 12. Großangriff der Japaner auf Pearl Harbor, den Hauptstützpunkt

Oberkommando der Wehrmacht Berlin, den 1. Dezember 1941.

Az.: 13 o/r WFSt/WKrGesch
Nr.: 639/41

Nur für den Dienstgebrauch.

Geschäftseinteilung der Kriegsgeschichtlichen Abteilung des Oberkommandos der Wehrmacht.

Stand: 1. 12. 1941.

Diensträume: Berlin NW 40, Schlieffenufer 5.

		Fernspr.:
Abteilungs-Chef:	Oberst d. G. Scherff	J 2 – 1497
Vorzimmer:	Frau Gutschke	J 2 – 3151
(zugl. g. K.-Tagebuch)	Frl. Feuersenger	

Chef-Gruppe:

Ch 1: Oberltn. Dr. Scheidt J 2 – 2091

Unterstützung des Abteilungschefs in der wissenschaftlichen Gesamtleitung der Abteilung.

Ch 2: Hauptm. Dr. Eggerss J 2 – 61 469

Personalangelegenheiten, Abwehr- und Luftschutzfragen, Dienstaufsicht über das Zeichenbüro und die Fotokopiereinrichtung. Kartenbeschaffung. Sonstige Fragen des inneren Dienstes der Abteilung. Sonderaufträge.

Pressearchiv: Frl. von dem Borne J 2 – 61 474

Forschungsgruppe (F)

Forschungsaufgaben nach Sonderaufträgen.

Die Bearbeiter unterstehen dem Abteilungschef unmittelbar. Zusammenfassung zu Arbeitsgruppen nach Bedarf.

		Fernspr.:
F 1:	Feldwebel Dr. phil. habil Grimm [Claus]	J 2 – 61 471
F 2:	Sonderführer (Z) Dr. Fischer	J 2 – 1681
F 3:	Dr. Heyer [Gustav Richard]	J 2 – 61 465
F 4:	Kriegsverwaltungsrat Dr. Petzet [Heinrich W.]	J 2 – 61 460
F 5:	Kriegsverwaltungsrat Dr. Menzel [Ottokar]	J 2 – 61 462
F 6:	Oberltn. Graf v. Pfeil und Klein-Ellguth [Friedrich-Karl]	J 2
F 7:	Gefreiter Dr. Hartlaub [Felix]	J 2 – 3147
F 8:	Gefreiter Dr. Schüddekopf [Otto Ernst]	J 2 – 5842

Archivgruppe (A)

Bereitstellung und Nutzbarmachung des wissenschaftlichen Materials. Wissenschaftliche Sonderaufträge.

		Fernspr.:
Gruppenleiter und A 1:	Oberltn. Dr. Grieshammer	J 2 – 1445
A 2:	Kriegsverwaltungsrat Dr. Hölk	J 2 – 61 470
A 3:	Sonderführer (Z) Harzmann (Bücherei)	J 2 – 61 475
A 4:	Frau Richter	J 2 – 61 400

Zensurgruppe (Z)

Begutachtung des von den Abteilungen W Pr und Inland zur Prüfung eingesandten Schrifttums.

		Fernspr.:
Gruppenleiter:	Major Macketanz	J 2 – 61468
Vertr.:	Oberltn. Dr. Scheidt	J 2 – 2091

(Mitarbeiter werden von Fall zu Fall aus den anderen Gruppen zur Verfügung gestellt.)

Verwaltungs- und Haushaltsfragen (V)

Sekretär Hofmann	J 2 – 1447

Registratur

Sekretär Hofmann	J 2 – 1447
Offenes Briefbuch	J 2 – 5885
Geheimes Briefbuch	J 2 – 61467

Zeichenbüro

Kartograph Stoye Angestellter Steinau	J 2 – 61463

der US-Pazifik-Flotte. USA erklärte daraufhin Japan den Krieg.] Ich bin so durcheinander, daß ich gar nicht mehr recht weiß, was ich Dir alles schreiben wollte. Es wird doch immer schlimmer!

Heute habe ich auch hier in zwei Buchhandlungen mein Glück versucht. Es ist trostlos! An jeden Kunden wird nur noch ein Buch abgegeben und was Du haben willst, ist nicht mehr am Lager! Es ist doch etwas aufregend, daß der Chef morgen schon wieder hier sein wird. Aufregend deshalb, weil verschiedene wichtige Begebenheiten damit zusammenhängen. Unsere Herren werden morgen auch wieder alle in Uniform glänzen. Wenn der Chef fort ist, bevorzugen sie doch Zivil.

12. Dezember 41: Augenblicklich haben wir Hochbetrieb. Gestern mußte ich sogar wieder länger bleiben, weil der Chef nach unserem Gemeinschaftsempfang – er war nicht im Reichstag [dort gab Hitler die Kriegserklärung gegen die USA bekannt], hörte sich die Rede hier an – noch einige „Briefchen" loswerden wollte. Jetzt ist er in der Reichskanzlei, muß aber jeden Augenblick erscheinen.

13. Dezember 41, Sonnabend: Mittags hat sich der Chef von uns verabschiedet und bereits seine Weihnachtsgeschenke überreicht. Er macht das sehr nett. Sein Abreisetermin stand noch nicht fest, vielleicht noch abends, vielleicht erst morgen. Diese kurzfristigen Abreisetermine machen ihn doch recht nervös, aber der Führer macht das nun mal so.

16. Dezember 41 (Eintopfsonntag!): Ich hatte das große Vergnügen, in dieser traurigen Zeit, mit *Yrjö Kilpinen* in der völlig ausverkauften Krolloper „Figaros Hochzeit" zu genießen. Natürlich kamen wir erst im letzten Moment auf unsere Plätze, natürlich behielt Meister Kilpinen in der Pause und zum Schluß die Ruhe und wir waren immer die Letzten. Von dem kleinen Opernhaus war er sehr entzückt, fand es für Mozart genau richtig. Ein Opernliebhaber ist er aber nicht.

19. Dezember 41 TB: Hitler übernimmt den Oberbefehl über das Heer. Brauchitsch hat schon vor Wochen um seine Entlassung gebeten. War wieder sehr krank. Die Krise an der Ostfront! Scheidt erzählt, daß es personelle Veränderungen geben wird. Auch meine Abt. L [Landesverteidigung] wird umorganisiert und größer. Sie bleibt aber Arbeitsstab von Jodl unter Warlimont als Stellv. Chef WFSt [Wehrmachtführungsstab]. Die 3 Arbeitsgruppen Heer, Luftwaffe und Marine gelten als Abteilungen. Scheidt erzählt mir über die Führungsrolle Hitlers ein Beispiel aus dem November. Als da die Reichsbahn in Rußland so katastrophal versagte, ließ der Führer Staatssekretär Kleinmann kommen, machte ihm eine Riesenszene, faßte ihn an der Krawatte, schmiß ihn raus. Ganzenmüller kam. Die Reichsbahn sollte Schuld haben. Er, Scheidt, fragte Scherff: „Wer hat denn der Reichsbahn rechtzeitig gesagt, daß Hitler einen Krieg gegen Rußland machen will? Man mußte sich doch darüber klar sein, daß die sich auf dieses Riesengebiet vorbereiten muß. Jahrelange Vorarbeit nötig!" Das hat man nicht gemacht. Kleinmann war viel zu klein für den großen Führer. Der hat gar keine Fühlung aufgenommen und die anderen, gewohnt, daß der Befehl von oben kam, haben das auch versäumt. Desorganisation durch Zentralisation! Geht seiner Meinung nach nicht auf das Konto Unverständnis von Hitler. Gewisse Notwendigkeiten durch den Zwang zur Koordination.

Im übrigen habe er, Scheidt, einen Verweis wegen „intellektuellen Defaitismus" bekommen. Dabei habe er nur bemerkt, daß entgegen den Berichten unserer Botschaft in Washington bald mit dem Kriegseintritt der USA gerechnet werden müsse, was ja auch geschehen ist. Damit würde ein enormes Rüstungspotential gegen uns in die Waagschale kommen, denn die berühmten bottle-necks (Flaschenhälse) in der amerikanischen Rüstung seien nicht so gravierend. Mehr hätte er nicht gesagt, aber schon das wurde so eingeschätzt. Ermahnt mich zu entsprechender Vorsicht, und zwar selbst gegenüber „unseren Leuten".

Hüsch will Mitte Februar gerne den Brahms-Zyklus „Die schöne Magelone" hier im Deutschen Theater geben. Ich habe die Aufgabe, den Verbindungstext neu zu entwerfen, denn er will ihn selbst sprechen und die vorhandenen sind alle schrecklich lang. Ich bin nun eifrig an der Arbeit und glaube, daß mir ein kurzer Zwischentext gelingt. Eine herrliche Ablenkung!!

20. Dezember 41: Ich schicke Dir einen Abzug des Artikel, den mein Chef hier für die Neujahrsnummer der „Brüsseler Zeitung" geschrieben hat. Sie wird von der Militärverwaltung für die Deutschen in den besetzten Gebieten Belgiens und Nordfrankreichs herausgegeben. Der Artikel soll ihnen Zuversicht vermitteln und die hast Du ja auch nötig!

Zur Veröffentlichung in der Neujahrsnummer der „Brüsseler Zeitung".

Der militärische Genius des Führers als Vorbedingung für die Einigung Europas.

von
Oberst d.G. Scherff

Es mag Kriege und politische Entwicklungen geben, die menschlicher Willkür entspringen. Was heute am Werden ist, unterliegt höherem Walten. Durch Not und Kampf zwingt das Schicksal herbei, was Vernunft allein nicht zu meistern vermag: die Einigung Europas.

Nur aus dieser Schau kann man den Mann verstehen, der im Brennpunkt solchen Geschehens steht. Denn weder politischer noch militärischer Ehrgeiz hat ihn getrieben, den Kampf um und für sein Volk aufzunehmen. Sein Stern heißt Notwendigkeit. Seine Kraft kommt aus dem Glauben. Seine Größe liegt in der Bereitschaft zur Führung.

Daß Adolf Hitler die Führung seines Volkes nicht nur als Staatsmann sondern auch als Feldherr übernommen hat, auch dies war kein Akt der Willkür oder der reinen Vernunft. Es liegt – wie Friedrich der Große gesagt hat – im Wesen des Genies, daß der Drang seiner Natur es unwiderstehlich dahin treibt, sich seiner Aufgabe ganz hinzugeben. Wer den Führer aber in seiner Eigenschaft als Oberster Befehlshaber der Wehrmacht am Werke gesehen, das Entstehen seiner auf ureigenster Schöpferkraft beruhenden wehrpolitischen, rüstungsmäßigen und strategischen Konzeptionen miterlebt hat, der muß zutiefst davon ergriffen sein, daß hier ein militärischer Genius Gestalt gewann, der sich dem politischen ebenbürtig und zwangsläufig zur Seite stellt.

Was dieser militärische Genius im Kampf für ein freies Großdeutschland vermocht hat, das haben die Feldzüge in Polen, Norwegen, Holland, Belgien und Frankreich ebenso bewiesen wie der Feldzug auf dem Balkan und die Wegnahme von Kreta. Kein Zweifler wird demgegenüber in der Lage sein, den Lorbeer vor der Geschichte anonymen Kräften zuzuschieben.

In voller Bedeutung zeigt sich der kriegerische Genius des Führers aber erst durch den Entschluß zum Angriff gegen den Bolschewismus. Wer könnte sich rühmen, so klar wie er die militärische Gefahr erkannt zu haben, die sich im Osten Europas zusammengebraut hat? Wo anders als in seiner eigenen Brust ist der Feldherr zu finden, der den Staatsmann auf diese Gefahr hingewiesen und auf ihre Beseitigung gedrängt hat? Kriegerischer Instinkt höchster Prägung war hierzu ebenso erforderlich wie ein Maß von Mut und Verantwortungsfreudigkeit, das nur Feldherren zu eigen ist, die sich – nach den Worten Schlieffens – des Beistandes und des Schutzes einer höheren Macht bewußt sind.

Mit dem Kampf gegen den Bolschewismus hat der Führer aber zugleich einen Weg beschritten, der ihn über die deutschen Interessen hinaus zum Vorkämpfer Europas gestempelt hat. Wo von jetzt ab sein militärischer Genius leuchtet, leuchter er für den ganzen Kontinent. Wo er Siege erringt, kommen sie Europa zugute. Würde sein Stern verblassen, ginge daran Europa zu Grunde. Doch ist zu solcher Besorgnis kein Anlaß. Unter der genialen Führung Adolf Hitlers hat die deutsche Wehrmacht Seite an Seite mit ihren Verbündeten und Freiwilligen fast aller sonstigen europäischen Nationen in diesem Jahre eine Folge von Siegen erfochten, die dem kommenden Jahr mit voller Zuversicht entgegensehen lassen. Jeder einzelne dieser Siege war nur unter den Impulsen höchsten Feldherrntums denkbar. Das Feuer in der Seele dieses Führers hat sich als Kraftstrom bis in die letzten Glieder seiner militärischen Gefolgschaft übertragen. Jeder einzelne dieser Siege bedeutet zugleich aber auch einen Fortschritt auf dem Wege zur Erkenntnis einer Gefahr, die alle Völker des europäischen Kontinents gleichermaßen berührt und nur durch völlige Niederwerfung des Bolschewismus beseitigt werden kann. Angesichts dieser Tatsache mag daher auch der Schluß berechtigt sein, den militärischen Genius des Führers in die vorderste Reihe derjenigen Faktoren einzugliedern, die als Vorbedingung eines geeinten und zukunftssicheren Europas gelten müssen.

1942

„Psychopolitik"

9. Januar 42: Nun bist Du wieder in München und ich muß schreiben, dabei habe ich im Dienst mal richtig zu tun. Ich muß für den Chef die Zeitungen lesen und Ausschnitte machen, zudem Scheidts Vortrag für Prag tippen. Dazu kommt die Abschrift eines Artikels unseres Psychiaters. Dr. med. Gustav Richard Heyer und nebenbei mal etwas für Dr. Grimm. Grimm hat mir heute, angeregt durch einen Aufsatz im „Völkischen Beobachter" von einem hervorragenden Buch von Frank Thieß „Tsuschima" (die siegreiche japanische Seeschlacht gegen Rußland) erzählt. Er sagt, Thieß wäre damit der Schritt von seinem bisherigen Romangebiet zum Geschichtlichen vollkommen und hervorragend gelungen.

Unser junger Graf muß höchstwahrscheinlich unsere Abteilung verlassen. Das OKW wird jetzt ausgekämmt und er wird sicher woanders als aktiver Offizier dringend gebraucht. An die Front darf er als letzter Überlebender seines Geschlechts laut Führerentscheid allerdings nicht mehr.

Stell Dir vor, das Schillertheater veranstaltet am Sonntag seine erste Morgenfeier. Heinrich George führt ein, Horst Caspar liest und Emmi Leisner singt. Und was liest Caspar? Tiecks Dichtung „Die schöne Magelone" und Emmi singt die Romanzen. Mal sehen, was Hüsch dazu sagt, er hat den Zyklus ja auch vor.

PS. 10. 1. 42: Ich weiß es schon, denn heute hatte ich das Vergnügen mit dem Herrn Professor, Kammersänger Gerhard Hüsch zu Mittag zu speisen. Meine Fassung der „Magelone"-Zwischentexte findet er sehr gut, er will sie wörtlich übernehmen! Als ich ihm die Anzeige für die morgige Dichterfeier im Schillertheater zeigte, meinte er erst, daß man es ja dann gar nicht mehr machen könne – oder vielleicht gerade!

12. Januar 42: Wir machen jetzt *„Psychopolitik"*. Das ist der Titel des Aufsatzes von Dr. med. *Gustav Richard Heyer,* von dem ich Dir schon schrieb. Ich möchte Dir gerne einen Abzug schicken, aber ich fürchte, daß Du vor dem ganzen Zeug doch zurückschreckst. Mich hat der Aufsatz ziemlich beschäftigt. Über viele Behauptungen habe ich mich richtig geärgert, einige Ausführungen sind überlegenswert. Aber insgesamt fordert mich der Aufsatz zum Widerspruch heraus. Ein Exemplar habe ich mit vielen Randbemerkungen versehen. Darüber saß ich und kritzelte eifrig, als Scheidt erschien. Er schaute neugierig, weil ihm das Manuskript bekannt vorkam. Nun half nichts. Auch auf die Gefahr hin, daß ich mich mit meinen hitzigen Bemerkungen blamiere, ließ ich ihn blättern. Alles konnte er so rasch gar nicht entziffern. Spaß gemacht hat ihm besonders mein „Einspruch" gegen Heyers Beurteilung des Weiblichen. Das muß nämlich für das „Phänomen des Ostraumes", so das II. Kapitel, herhalten. Daran ist der „deutsche Jüngling" gescheitert! Heyer stellt u. a. fest: „Denn die Natur ist (im Gegensatz zu den landläufigen Vorstellungen romantisierend-ahnungsloser Art) ebenso wie das Elementar-Weibliche mitleidslos-kalt, grausam und unerbittlich." Dazu ich: „Und das Männliche?". Na, und dann später Heyer: „Rußland hat in der Traumpsychologie bei uns Psychologen nicht umsonst die Bedeutung des Groß-Mütterlichen. Ich habe das in meinen Studien über die Magna Mater bereits anzudeuten versucht – man kann statt Große Mutter ebensogut sagen Unbewußtes, Weibliches, Naturhaftes, Leben –: man packt sie kaum je ... Will man ihr entgegengehen und sie innerlich an-nehmen, so verschlingt sie uns; und wollen wir sie fliehen, kommt sie gewissermaßen von hinten über uns. Sie ‚hat' uns immer. Denn sie ist das Leben, das Leben selbst." Übrigens Schreibweise, Zeichensetzung alles original Heyer! Hier hatte ich viel unterstrichen und dazu geschrieben, Scheidt amüsierte sich sehr: „Unheimlich, umheimlich! Welch schöner Satz und Ausdruck!" Doch zum Schluß wurde es immer besser, meine Bemerkungen immer größer „überspanntes Zeug" befand ich und ganz empört: „Die Schöpfung des neuen deutschen Menschen beginnt also. Dazu war der Rußlandkrieg nötig! Die Menschen werden sich auch danach nicht ändern." Heyer behauptet nämlich: „... nur der so Individuierte wird Mann und Krieger. So gesehen ist der Kampf mit Rußland mehr als ein kriegerisches Unternehmen in militärischem Sinn und auch mehr als eine wirtschaftliche Ausweitung Europas. Er bedeutet vielmehr eine innere Auseinandersetzung, eine Wandlung lebensentscheidender Art für den deutschen Menschen und Mann. Darum, um das wirkliche Mann-Werden, hat der Deutsche seit Jahrhunderten vergeblich gerungen. Er ist bisher immer ein Jüngling geblieben, ein bezaubernder, oft selber verzauberter ‚puer', ein ewig schweifender, ruhe- und rastlos, ungebunden ‚schwärmender' Adolescenter. Denn all das sind die Qualitäten des Jünglings, nicht des Mannes. – Diese ‚Initiationsriten', in denen Jünglinge zum Mann werden, finden immer unter Männern statt; sie sind Angelegenheiten des Männer-Bundes (wie uns der Kulturwissenschaftler belehrt). Der vergleichende Gedanke sowohl an die Parteiorganisationen wie an die kämpfenden Gemeinschaften der Armeen liegt nahe." Dazu als Fußnote: „Erst wenn die Jünglinge Männer geworden sind, hat auch die Frau ihre Chance, wieder rechte Frau zu werden; sie die bis dahin teils Mutter teils männlich tingierte Gefährtin sein mußte; oder als Dirne figurierte. Dies nur nebenbei." Das hat mich natürlich hochgebracht. „Was für Erfahrungen hat Heyer bloß gemacht!? Er sollte mal Gertrud Bäumer, Isolde Kurz usw. lesen." Und dann kommt Heyer zu der wichtigen Schlußfolgerung, daß die „große Krise des Ostfeldzuges mehr als in der Anfangszeit der Kette von Siegen – Siegen im europäischen, nicht im russischen Sinn! –," zeigt „um welches Problem, um welche Aufgabe es geht. Vielleicht erblicken solche tiefer Sehenden hinter dem Wetter, dem Klima, der Weite usw. das Hinter- und Unergründliche dieses genius loci. Denn er wird zu meistern bleiben auch nach dem militärischen Sieg; vielleicht gerade dann erst! Dazu mögen die derzeitigen Schwierigkeiten beitragen! Wenns jetzt so glatt weitergegangen wäre wie in den ersten Monaten, wäre fast unweigerlich die Vorstellung entstanden, es sei nun alles geschafft, es entstünde gefährliche Ahnungslosigkeit, eine Unbereitschaft – und daraus ärgste Folgen. Unsere Kolonisatoren würden – wie der Engländer das in seinen tropischen Kolonien nennt – ‚black' gehen, d. h. innerlich an-russen. Die Reinhaltung der Rasse – von Blutvermischung mit den Eingeborenen – ist nicht das einzige in russischen Gebieten zu beachtende Gebot. Es gehört außerordentlich viel mehr dazu, damit der dort Siedelnde, die dort Organisierenden und Verwaltenden ihr deutsches und europäisches Wesen bewahren, ihren Geist rein und frei halten von den dunkel lockenden Versuchungen ..." Ich dazu ganz groß: „ha! ha!!" Nun doch noch den Schluß dieser schon im August 1941 niedergeschriebenen, nunmehr „gründlich überarbeiteten Erwägungen"!: „Die peinliche Beobachtung dieser saugenden Gewalt des russischen Bodens ist erforderlich. Die gewissenhafte Pflege der Sprache, der Sitten, des Bauens und der Familienkultur, der stete Import deutschen edelsten Geistesgutes müssen dazu dienen, zu verhindern, daß der dortige Deutsche ‚russisch geht'. Die Auseinandersetzung mit dem eben skizzierten Phänomen, der Naturhaftigkeit dieses nie rational durchdrungenen Bodens, seinem Reichtum mit dem unmittelbaren Leben selbst: all das verlangt weise geleitete Ordnungen: damit an dieser gewaltigen Aufgabe die Männer erwachsen, die wir werden wollen und sollen. – So wenig der Krieg nur Selbstzweck ist – sondern wie gesagt, auch innere Bedeutung hat, verwandelnde und gestaltende Funktion –, so wenig wäre es mit dem Blick bloß auf *die* Aufgabe der Kolonisatoren getan, die in Bauen und Pflügen besteht. Auch diese Tätigkeiten haben einen inneren Aspekt; in und an solchem Tun bewährt sich gerade in jenen Breiten die menschliche Seele." Hm, die russische Seele scheint eine andere zu sein. Ach Eva, so etwas kann ich nicht bloß gedankenlos abschreiben, so etwas regt mich auf.

Dr. med. G. R. Heyer wird von Scherff hochgeschätzt. Scheidt steht mit ihm auf Distanz. Als ich ihm – wir unterhielten uns natürlich noch über das ganze Zeug – sagte, daß ich den Eindruck habe, daß Heyer Frauen irgendwie nicht leiden kann, daß sie für ihn unheimliche Mutterwesen sind: „Ja, das haben Sie richtig erfaßt" antwortete Scheidt und verließ mit spöttischer Miene mein Zimmer. Hoffentlich erzählt er das nun nicht herum.

[Dr. med. Gustav Richard Heyer war durch seine tiefenpsychologischen Arbeiten in den 30er Jahren bekanntgeworden. Er trat ab 1949 weiter auf diesem Gebiet mit zahlreichen Veröffentlichungen hervor. Er starb 1967.]

19. Januar 42: Ich kann Dir leider gar nicht widersprechen. Im Gegenteil: Der Krieg wird noch Jahre dauern. Du klagst, daß die besten Lebensjahre dahingehen. Ja, für uns alle. Gerhard sagte gestern bei Emges auch, daß seine besten Sängerjahre jetzt sind. Im Februar wird er 41! Er hätte zwar das Glück weiter singen zu können und sei dafür dankbar, aber die internationale Karriere ist unterbrochen. Wer weiß, ob er sie später wird fortsetzen können? 1930 fing sie mit dem Wolfram in Bayreuth unter Toscanini an. 1938 war das letzte große Auslandsgastspiel, und zwar Mitte Mai in London im Royal Opera House Covent Garden. Als Eröffnungsvorstellung „Die Zauberflöte" unter Sir Thomas Beecham mit überwiegend deutschen Sängern: Tiana Lemnitz (Pamina), Erna Berger (Königin der Nacht), Richard Tauber (Tamino), Wilhelm Strienz (Sarastro) und ihm als Papageno. Jetzt, 1942, gibt es nur noch das „besetzte" Ausland! Gerhard hat eine Anfrage von der neu eingerichteten Deutschen Oper in Den Haag. Mit „Don Giovanni" soll eröffnet werden. Der lockt ihn und nun hat er erst einmal seine Forderungen mitgeteilt.

Im Dienst lese ich jetzt die Aufzeichnungen Armand Caulaincourts über seine Gespräche mit Napoleon. Er war erst dessen Botschafter in Moskau, dann sein Oberstallmeister im Rußland-Feldzug. Er begleitete Napoleon 1812 auf dem Rückzug. Hochinteressant! Man reißt sich hier um das Buch. Es ist 1937 unter dem Titel „Unter vier Augen mit Napoleon" erschienen. Sieh Dich mal danach um. Hast Du gewußt, daß Napoleon damals, als er wieder in Paris war, einen Selbstmordversuch gemacht hat? Er wollte sich vergiften, aber der Magen rebellierte und er hat alles Gift erbrochen. Scheidt sagte mir, daß auch im FHQu dieses Buch sehr gefragt ist und darüber gesprochen wird. Natürlich ist die Lage nicht vergleichbar. Unser Chef verbreitet nach wie vor Optimismus. Er glaubt eben nicht nur an das Genie des Führers, sondern auch an dessen Genius!

20. Januar 42: Bei uns wird jetzt viel nachgedacht über das „Feldherrntum". Der Chef arbeitet nämlich wieder an Artikeln, die als Sonderdruck im gesamten Wehrmachtbereich verteilt werden. Komme mir vor wie im ProMin [Propagandaministerium] oder bei W Pr [Wehrmacht Presse und Propaganda], aber die „Psychopolititk" gehört jetzt eben auch zur Kriegsgeschichtsschreibung.

Scheidt schickte dem Chef heute die folgende Notiz für einen dieser Aufsätze (unsere Herren müssen ja immer fleißig Zitate sammeln, auch eigene Gedanken beisteuern) zum Thema „Staatsmann – Feldherr". Scheidt schreibt: *„Krieg – Frieden"*.

„Dem *Staatsmann* liegt in erster Linie der friedliche innere Aufbau seines Volkes und seines Reiches am Herzen. Der Krieg ist für ihn ein Mittel zum Zweck, ein kurzer politischer Akt, um Länder zu erwerben, abgesplitterte Volksteile heimzuholen, materielle Güter für die Volkswirtschaft zu sichern und dergleichen. Je kürzer dieser Akt des Krieges ist, desto besser für den Staatsmann. Der eigentliche *Feldherr* muß im Gegensatz hierzu den Krieg um seiner selbst willen lieben, denn der Krieg allein bietet ihm die Möglichkeit, das höchste Streben seines Lebens auch wirklich zu erfüllen und Feldherr im eigentlichen Sinne des Wortes zu werden. Es gibt in der Geschichte große Persönlichkeiten, die ihrer ursprünglichen Natur nach Feldherrn waren und in ihrem Entwicklungsgang zwangsläufig Staatsmänner geworden sind."

Wie findest Du das? Ich sagte Scheidt, daß mir die Staatsmänner lieber sind und ich gar nichts dagegen habe, wenn die Feldherrn-Naturen zwangsläufig Staatsmänner werden. Natürlich wunderte ihn das überhaupt nicht.

29. Januar 42: Am 1. Februar muß uns Graf Pfeil verlassen. Er kommt zum Stab des Befehlshabers des Ersatzheeres, General Fromm. Dr. Eggerss, unser Allianz-Direktor, kommt auch fort. Es ist nur noch nicht bekannt wohin. So wirkt sich die Tätigkeit des „Heldenklau" auch schon bei uns aus.

12. Februar 42: Heute kam mein Chef mit dem Führerzug. Leider nur wieder für ganz kurze Zeit. Er ist doch ein prachtvoller, offener Mensch. Schon wenn er das Zimmer betritt, kommt eine solche Herzlichkeit mit. Morgen wird es bei uns hoch hergehen. Zu 16 Uhr sind lauter Generäle und Obersten (alles Abteilungschefs) bestellt. Todts Tod ist tragisch. [Todt, Fritz, Dr.-Ing., 1940 Reichsminister für Bewaffnung und Munition, wurde vor allem als Leiter der Autobahnbauten und der „Organisation T." bekannt.] Er soll über dem Flugplatz Rastenburg (Flugplatz auf keinen Fall erwähnen!) nach erfolgtem Start abgestürzt sein, Aufschlag, Brand. Die Maschine irgendwie überzogen, heißt es. Aber bitte, nicht weiter darüber sprechen.

14. Februar 42 TB: Während der großen Besprechung Abschriften gemacht aus Notizen des Chefs und einige Seiten aus Jodls Tagebuch. Alles handschriftlich. Kurz und knapp. Hätte in Jodls Heft gerne mehr gelesen. Ein Schreibtischgeneral, der in Plänen und Karten denkt, in großen Zahlen. Wie der Chef vom „Feldherrntum" überzeugt.

Aus dem Notizbuch von Hitlers Historiographen

[Die folgenden Notizen, Beobachtungen des „Führers", gab mir Scherff am 13. 2. 42 vormittags zur Abschrift. Ich machte für mich einen Durchschlag und versteckte ihn. So ist dieses Beispiel erhalten. Professor Percy Ernst Schramm vermerkt in seiner Veröffentlichung des „Kriegstagebuches WFSt, Band IV, 2", S. 1772/73, daß von Scherff, der ein „Wissensträger ersten Ranges" war, keine derartigen Aufzeichnungen gemacht wurden, daß Scherff das abgelehnt hätte. Er bezieht sich auf Gespräche 1943/44. Ich nehme an, daß Scherff Notizen machte, wie dieses Beispiel zeigt, sie aber vor Kriegsende vernichtete. Die Zeichensetzung sowie Unterstreichungen sind wie bei Scherffs Original.]

„F. [Führer] absolut Feldherr. Hat Ob. d. H. schon immer dazwischengeredet, ihn „untergebuttert", was B. [Brauchitsch] quälte und seine Energien verzehrte. F. konnte aber nicht anders, da er dieses Feldherrntum hat; es hätte ihn „zerrissen", wenn er es hätte unterdrücken wollen. Wer ihn nur in solchen Augenblicken erlebt, muß denken, es mit einem Dämonen zu tun zu haben. Ich und Schmundt gehen oft rasch hinaus, weil nicht mitanzuhören. Fetzen fliegen. Hoher Armeeführer kürzlich nach Unterredung umgefallen. Andererseits wieder ganz ruhig.

„Ich beschwöre Sie", Formel ist ständig diese. Ferngespräch in der Sylvesternacht mit Genfldm. Kluge, der zurückgehen wollte, F.: ich übernehme die volle Verantwortung. Die Anführer werden einfach gezwungen. Bis zum Korpsführer herab wird jeder vom F. „bearbeitet".

Zum Umschwung: Zweifellos zu weit vorgegangen. Reine F.-Entscheidung, – die Front immer als lästig und unangenehm empfindet; aber sie muß sie ausführen.

Winter sehr früh (Kälte, auch nach Aussagen von Kennern, wie des Gesandten Schulenburg und des Moskauer Militärattachés) erst im Januar erwartet. Bis dahin 8–10°, gut genug, um operieren zu können. F. „Wetterfront".

Ansicht des Führers: Kulminationspunkt. Dabei hat der Überlegene nicht wuchtige Massen einzusetzen. Wie bei einer Waage, bei der auch oft nur ein Gramm genügt, um Ausschlag zu geben.

Umschwung bedingt durch:

1. Frühen Einbruch des scharfen Winters. Waffen funktionierten nicht mehr. Dt. Überlegenheit der Waffentechnik damit ausgeschaltet (neues M.G. 1.400 Schuß. Übergang vom Geräusch zum Ton!), alles nur noch Einzelkämpfer. Rechnung für Russen also in Menschenmassen, worin überlegen. Russ. Div. werden ohne Munition, Verpflegung und Troß vorgeschickt, also ohne komplizierten Bahnaufmarsch und geringe Zugzahl (die ohnedies schon geringer als bei uns). Russ. Div. heute z. T. auch nur 2–4.000 Mann stark.
2. Traf mit Nervenkrise des dt. Heeres und vor allem der Führung zusammen. Angriffselan hatte Kräfteverbrauch verdeckt; im Augenblick des Winterkriegs trat er voll zu Tage.
   Wörtlich: hing am seidenen Faden, daß kein 1812 entstand.

Erster Einbruch östlich Tula, wo Guderian bei Kälteeinbruch unter Zurücklassung des meisten Geräts nach Südwesten (wegen der Straßen) auswich und westlich Tula Lücke ließ, in die Russen nun einsickerten.

Der erste F.-Befehl lautete: Keinen Schritt zurück, da sonst gesamtes Material und Nachschubverbindungen, ja der ganze Krieg verloren. „Wenn wir zurückgehen, bin ich ein geschlagener Mann". Es fehlte nicht viel, dann war 4. Armee umzingelt. Nachschub durch regelrechte Geleitzüge: vorne kämpft V. A. Straße frei, Kolonne mit Panzerdeckung wird durchgeschleußt und hinten macht der Gegner wieder zu. Ganze Div. werden nur aus der Luft versorgt. Enorme Leistungen der Lufttransporteinheiten. Lkw(?)Truppen standen, ihr Befehl: angreifen, angreifen, angreifen! klingt wie reine Theorie, aber heute sind wir schon überall wieder im Gegenangriff.

Als Meldungen kamen von Div.: Gefechtsstärke 6–800 Mann, ließ sich F. Verpflegungsstärken melden, die wesentlich höher waren, da Verluste, auch durch Erfrierungen, nicht so stark, wie angenommen, auf Grund der ersten Meldungen. F. ganz brutal: wer frißt, soll auch kämpfen! Verbände wild durcheinander, ohne Feldpostnummer, so daß keine Möglichkeiten zum Schreiben. (Beispiel: Suchinitschi. Gilsa mit Restdiv. ... 2 ...... + Div. Stab 4 Wochen ge.).

Nächste Maßnahme: Übernahme des OKH. Generaloberst Halder mit Chef d. Op. Abt., Chef des Transport-Nachrichtenwesens kommen tägl. zur dreistündigen Mil.Lgbesprechung. „Gruppe Bosemüller". F. trifft dann die unmittelbaren Entscheidungen. Berichterstattung gewinnt F. durch seinen ...., eine Art Suite, die er zur Front schickt und von der er sich Bericht erstatten läßt.

Lage: Alles steht auf einem Kopf. Nach außen hin nicht so in Erscheinung getreten, da man den Reichsmarschall schonen will. Ich gegen Generalstab als geistigen Führungsstab (Anonymität). Die überragende Persönlichkeit führt heute Krieg, nicht ein Stab.

Form des Krieges: Völlig anders wie das deutsche Schema. Begann bereits anfangs mit dem Fehlen fester Fronten (die es nur 1914–18 gab) und gesicherter Flanken; erst dem Heer unangenehm, heute ist es „flankenfest". Krieg aber räubermäßig. F. sagt, man muß Karl May lesen, um sich in ihn hineinzufinden. R. vor Witebsk! In Brayk (?) Wehrbezirkskdl. eingerichtet, Truppen eingezogen und Schulgefechtsschießen abgehalten, weil hinter der Front. Kein Anhalt mehr über eigene und russische Stärken. Alles unsicher. Sicherheit des F. keineswegs absolut. Gibt zu, mitunter Hundeangst gehabt zu haben. Wenn es hart auf hart kommt, aber immer kraftvoll. Beginn des persönlichen Eingreifens bei Rostow. Hingeflogen ohne Jagdschutz in unstatischer Hochleistungsmaschine, mit der Todt abgestürzt ist.

Zusammenfassend: Pessimist bei guter, Optimist bei schlechter Lage. Trotz Weichheit (wenn Meldung kommt, daß wieder einige Hundert Verwundete in russ. Hand gefallen, muß er sich oft setzen und die Tränen kommen ihm), hat sich dann aber sofort wieder in der Gewalt. So kommt es zu Entschlüssen, die direkt brutal erscheinen, wie das Opfern ganzer Divisionen, die nicht zurückgehen dürfen (290. südl. Ilmensee). Darin viel von Russen gelernt.

Wollsammlung: Rein politische Maßnahme. Wenn das dahin ausgeschlachtet wird, daß das Heer versagt habe, dann falsch und ungerecht. Hat Sch. [Schmundt] auch Goebbels und Reichsleiter Bormann gesagt. Absicht war, die Kräfte auf Stützpunkte zurückzunehmen und Hälfte jeder Div. in die Heimat zu schicken und auszurüsten. Vorräte da. Man nahm Stellungskrieg mit Postenstehen an, Rest in warmen Unterkünften wie 1914–18. Man war sich im Klaren darüber, daß von der Wollsammlung nichts nach vorne kommt. Muß eingemottet werden. Nur West- + Nahdiv.(?) bekommen es, was aber nur Bruchteil ausmacht. Im Osten Ausstattung sehr unterschiedlich. Vor Leningrad gut ausgerüstet, woanders heute noch nichts da. Sch. sagte, da F. allein verantwortlich, hat er auch dafür die Verantwortung.

Führerwechsel: Grundsätzlich waren die Heerführer am Ende ihrer Kräfte. Guderian besonders. Leeb zu alt, bat um Ablösung während der Krise. Rundstedt in Frieden geschieden. Reichenau hat sich in seinem Alter übernommen, körperlich über die Verhältnisse gelebt. Kleist da, nur Küchler wegen Gehorsamsverweigerung abgelöst.

Propaganda: ist Angeberei, gut; aber wenn im allgemeinen erfolgreich, braucht sie nicht wegen kleiner Rückschläge aufgegeben zu werden. Ich Ansicht, daß sie weiterhin so geführt werden muß. Wenn Heimat schimpft, schadet das nichts; wird erst ernst, wenn sie nicht mehr mitmacht. Bei Propaganda volle Führerverantwortung. Dietrich Rede auf seinen Befehl. Im einzelnen gewiß manches falsch. Ich würde heute auch nicht mehr den Aufsatz „1812" schreiben. Entscheidend war aber, daß man Japan bei der Stange halten mußte. F. bei Eintritt der Krise Himmelangst gehabt, daß sie abschrecken.

Gesamtlage: Festigung der Fronten; Russen können Erfolge nicht auswerten; erfolgreiche deutsche Gegenangriffe. (Süden am Donez, wo sie fast Dnjepr erreicht hatten) und bei Suchinitschi.

Im Frühjahr: Verspätet einsetzende Offensive mit begrenztem Ziel; was bedeutet schon ein Jahr in diesem Weltkonflikt, bei dem Ostfront nur ein Ausschnitt ist. Ostfront wird ständig bleiben."

15. Februar 42: Wenn Mamas Operation nicht bevorstünde, würden wir recht bald Einquartierung bekommen. Gestern war ein Herr von der Stadtverwaltung da und hat die Wohnung besehen. 2 Leutnants, Unteroffiziere oder Luftschutzlehrer würde man uns einquartieren. Bettwäsche müßten wir geben und für Sauberkeit sorgen, dafür bekämen wir 80 Rpf. pro Nacht. Dafür müßte Frau Gellner einmal extra in der Woche kommen, die Wäsche wäre größer und Geld könnten wir also noch zusetzen. Natürlich müssen wir es machen, da hilft ja nichts. Mama muß sich bei der Stadt melden. Bis 15. April sind wir vorläufig zurückgestellt worden. So kommen immer wieder unvorhergesehene Sachen dazwischen.

2. März 42: Die beiden Aufsätze von Scherff sind nun erschienen „Die große Bewährung" und „Vom Feldherrntum des Führers". Sie sind kurz und zitatenreich. Ich werde Dir ein Exemplar schicken. Nun werden schon wieder eifrig Zitate zum Thema „Genie und Genius" gesucht. Der Chef wird daraus einen Artikel zum Geburtstag des Führers schmieden. Er schreibt eigentlich schwer, braucht lange dafür.

Ich bin nun mit den Michelangelo-Büchern fertig und habe gestern mit dem Cosima – Chamberlain Briefwechsel begonnen. [Cosima Wagner und Houston Stewart Chamberlain Briefwechsel 1888–1908.] Es wäre schön, wenn jetzt Frieden wäre und man nach Italien fahren könnte.

4. März 42: Beim Lesen wurde ich unterbrochen erst von Frau Christ (Frl. v. d. Borne), die mir erzählte, wie schrecklich es ist, wenn man jetzt etwas kaufen will und daß in dieser Nacht die Engländer Paris bombardiert hätten. Was wollen die jetzt eigentlich mit Paris? Dann kam Archivrat Dr. Hölk. Das dicke Buch hat ihn angezogen. Wir haben uns lange unterhalten: Über Morgenstern, Rilke, Hugo von Hofmannsthal, Werfel – zuletzt sind wir bei der Kollontay [Alexandra] gelandet. Daß ich die kenne und gelesen habe, hat ihn am meisten überrascht. Das Ergebnis des Gespräches war, daß er mir sofort ein Inselbuch gebracht hat: Hugo v. Hofmannsthal „Alkestis“ (Drama) und mir noch mehr Bücher mitbringen will. Scheidt will mir seinen ganzen Jean Paul leihen, sobald seine Bibliothek daheim wieder geordnet ist, denn den müßte ich unbedingt lesen. Dr. Petzet hat mir gestern das Zauberflöten-Buch mit den Illustrationen von Max Slevogt und dessen Brief an seinen Vater (eine Kostbarkeit also) mitgebracht. Ich weiß nicht, mit einem Mal kommt es von allen Seiten, könnte ich ganze Bibliotheken auslesen.

Begegnungen mit Künstlern im Funkhaus

12. März 42: Ich war wieder einmal als „Umblätterer“ tätig und herrlich abgelenkt von allen Sorgen, von denen Mama's Operation die bedrückendste, die Frage, ob ich am Wochenende in München sein kann, die kleinste ist. Morgen abend müßte ich abfahren, was aber durch Frau Gutschkes Krankheit fraglich ist. Der Chef muß entscheiden. Also zum Montag und den Wachsaufnahmen der „Schönen Magelone“ im Funkhaus. Gerhard rief erst 2 Stunden vorher an und fragte, ob ich kommen könne. Udo wünschte das sehr. Seitdem ich ihm so geräuschlos beim „Erlkönig“ geholfen hätte, das für die Schallplattenaufnahme raschere Tempo zu schaffen, bin ich als Umblätterer groß angeschrieben. Du erinnerst Dich doch, da mußten wir, wie Udo sagte, „scharf um die Ecken“, um das lange Lied auf die Plattenseite zu bekommen.

Im Funkhaus trafen wir auf dem Weg zum Sendesaal Generalmusikdirektor *Rudolf Schulz-Dornburg.* In aller Eile und Herzlichkeit erzählte Schu-Do zwei witzige Bemerkungen von Pfitzner: „K. d. F. = Kampf dem Fachmann“ und „Paul Lincke der Rundfunk-Beethoven“, und damit entschwand er in sein Büro.

Beim Rundfunk herrscht großes Durcheinander, weil alles neu organisiert ist. Man hat die früheren Programmbereiche in verschiedene Gruppen eingeteilt und noch weiß die eine Gruppe nichts von der anderen. Gerhards Sendung, die wir nun machen sollten, gehört zu Raucheisens Gruppe. *Michael Raucheisen* ist jetzt als Gruppenleiter beim Funk angestellt. In dem kleinen Sendesaal wurden wir durch den Anblick von drei Ölgemälden überrascht. Eigenartig aufgefaßt und mit schönsten roten Säufernasen versehen, erblickt man Hans Pfitzner und als Pendant Richard Strauss, an der anderen Wand hängt Franz Lehar. Ein Rundfunkmann sagte, daß Pfitzner umfallen würde, wenn er diese Gemälde sähe (Udo sagte „mit Recht“), aber sie hätten den Rundfunk viel Geld gekostet, weil sie von einem ganz berühmten Maler stammen, nämlich Euerm *Padua!* Unter den Augen dieser drei teuren Gemälde sollte nun „Die schöne Magelone“ steigen. Raucheisen hatte mit Udo telefoniert und abgemacht, daß sie die schönsten und bekanntesten Lieder aus diesem Brahms-Zyklus bringen sollten. Genauere Angaben fehlten. Da die Leute vom Funk, die nun hinzugekommen waren, auch kein festes Programm wußten, suchten die beiden die von ihnen ausgewählten Lieder vor. Sie waren nur überrascht, als ihnen die lange Sendezeit gesagt wurde, die für die ganze „Magelone“ gereicht hätte. Die Mikrophoneinstellung wurde probiert, ich hatte mich an den Flügel zum Umblättern gesetzt, als die Sekretärin von Herrn Burckhardt, dem „Schatzkästlein“-Mann, die jetzt Raucheisens Gehilfin ist, erschien und erklärte, daß die ganze „Magelone“ gemacht würde. Nun gab es Sturm! Inzwischen war ein langer, schlanker, blasser Jüngling aufgetaucht, der erst nur so herumlungerte – ich hielt ihn für einen Techniker! – dann aber als *Horst Caspar* vorgestellt wurde. Dadurch erreichte die Verwirrung natürlich ihren Höhepunkt. Caspar sollte, wie damals im Schiller-Theater, die verbindenden Worte (d.h. in diesem Fall den gesamten ausführlichen Text) sprechen. Er setzte sich still an seinen Tisch, erklärte, daß er die Aufregung verstehen könne und wartete ab.

Du kennst Caspar ja von der Bühne. Ich war überrascht, wie jung er aussieht. Wirklich ein Jüngling! Er ist so groß wie Gerhard (also etwa 1,85), sehr schmal und bleich. Er hatte einen braunen Ledermantel an und einen braunen kombinierten Sportanzug. Sein Benehmen war bescheiden und dadurch sehr sympathisch. Er macht überhaupt einen stillen, versonnenen Eindruck. Er las den Magelonetext sehr verhalten. Aber soweit war es noch nicht, denn als Horst Caspar sagte, daß er allein 45 Minuten Lesezeit brauche, gab es wieder Aufregung, wurde die ganze Sendung in Frage gestellt. Mitten in diese hitzigen Diskussionen hinein kam Professor *Michael Raucheisen* (Michel genannt). Mit freundlichem Lächeln, sehr geschmeidig, kam er auf uns zu und begrüßte jeden. Er mußte zugeben, daß er Udo gegenüber nur von „einigen Liedern aus der Magelone" gesprochen hätte, verstand auch, daß man von den Beiden nun nicht den gesamten Zyklus verlangen könne. Schließlich einigte man sich, heute noch den 1. Teil aufzunehmen. Glücklich darüber verabschiedete sich Raucheisen und es wurde mit den Wachsaufnahmen begonnen. Udo mußte sehr sanft anschlagen, damit er nicht in den Vordergrund rückte, auch so etwas muß beim Rundfunk beachtet werden.

Eben hat der Chef angerufen, und zwar nur, um zu erfahren, was ich denn in München vorhabe. Er war ganz reizend, ich darf fahren und auch noch den Sonntag bleiben, obwohl er am Montag hier sein wird. „Heldengedenktag" mit Führer-Rede in Berlin! Der Chef wollte es ganz genau wissen und so sagte ich, daß Professor Gerhard Hüsch ..., „der Sänger?" fragte er, ja, der Kammersänger, in München zum erstenmal in einem Konzert den Lieder-Zyklus „Die schöne Magelone" von Brahms bringt, und zwar mit einem kurzen Zwischentext, den ich geschrieben habe und daß ich gerne hören möchte, wie der wirkt. Der Chef fand, daß ich selbstverständlich dabei sein müsse. Nun will er den Text haben! Mein Einwand, daß es sich dabei doch nur um eine Inhaltsangabe handele, die der Sänger selbst spricht, weil die Romanzen in keinem direkten Zusammenhang stehen, nützte gar nichts. Scherff blieb dabei, ich muß ihm den Text schicken. Er fand es großartig, daß ich mich mit solchen Sachen beschäftige. Und Gerhard Hüsch imponierte ihm auch, merkte ich.

17. März 42: Der Chef ist gestern bereits abgefahren. Am Sonntag sind sie überhaupt erst in Berlin angekommen, also praktisch nur damit der Führer seine große Rede zum Heldengedenktag halten konnte und alle erfahren, daß im Sommer Rußland „zerschmettert" wird. Dann ging es gleich wieder zurück ins FHQu.

Es kommt mir ganz traumhaft vor, daß ich gestern erst von München abgefahren bin. Schön, daß die beiden Tage dort von A bis Z gelungen waren. Hier hat es sich inzwischen herumgesprochen, weswegen ich in München war. Die halbe Abteilung (d.h. unsere Herren) war schon bei mir und hat sich nach meinem „Opus 1" erkundigt. Eben war auch noch Graf Pfeil hier. Er fragte, ob ich zu Generaloberst Fromm als Vorzimmerdame kommen will? Sie brauchen ein Dame, die „wirklich Dame ist und auch gut und schnell schreiben kann". „Auch" ist gut, nicht wahr? Der Pfeil hat mich ganz durcheinandergebracht mit dieser Frage wegen des Vorzimmers bei Fromm. Sicher weißt Du gar nicht, wer Generaloberst Fromm ist oder doch? Fromm ist der Chef H Rüst (Heeresrüstung) und BdE (Befehlshaber des Ersatzheeres). Ihm untersteht das gesamte Heimat- und besetzte Gebiet Heer (was der Chef OKH draußen war, ist er hier). Das gesamte Waffenamt steht auch unter seiner Fuchtel, na, überhaupt das ganze Heimat-OKH. Dadurch ist es bei ihm natürlich bestimmt recht interessant. Auf jeden Fall dürfte es gut sein, wenn der Chef und vor allem Scheidt sehen, daß ich auch woanders Chancen habe.

19. März 42: Ich bin jetzt wirklich völlig auseinander. Mama ist in einer so schrecklich schwermütigen Stimmung, daß ich auch schon ganz niedergedrückt und zerrissen bin. Und dabei sehe ich doch so blühend aus! Mama wartet jetzt nur noch auf ihre Operation und das Ende ist ihr ganz gleich. Ja, sie ist jetzt wieder soweit, daß sie wünschte, es wäre dann aus, denn dann würde sie allem Hin und Her aus dem Wege gehen. Ich glaube ja, daß diese Stimmung vorübergehen wird, aber es ist doch sehr niederdrückend. Das Wochenende in München kommt mir wie ein glücklicher Traum vor.

Nachdem Dr. Menzel vom Diktat fortgegangen war, kam Graf Pfeil. Er ging dann zu Scheidt. Nach einer Weile erschien der bei mir und sagte, daß man mich ihm „abkaufen wolle", und zwar als „halbe Vorzimmerdame bei Generaloberst Fromm" und wie ich denn dazu stünde? Ich sagte ihm, daß ich es gerne machen würde. Er wunderte sich, weil ich doch da auch nicht mehr Geld bekäme und sogar mehr zu tun hätte. Ich antwortete, daß ich vor der Arbeit noch nie ausgerissen sei und es mir ehrlich gestanden, hier zu ruhig sei! Scheidt war verblüfft.

20. März 42: Langes Gespräch mit Scheidt. Er begann: es hätte ihn sehr betrübt, daß es mir bei der Abteilung nicht gefällt, weil er es doch gewesen ist, der mich dazu bewegt hat, mitzukommen. Dann ging er die ganzen Schwierigkeiten durch, die mein Fortgang nach sich zöge. Eva, die ganze „Kriegsgeschichte" hängt von mir ab!! Die Sache dürfte erledigt sein, denn ich soll auf keinen Fall mit dem Chef darüber sprechen, er will das tun! Um mir dann wieder zu beweisen, wie interessant es doch hier ist, erzählte Scheidt dann noch ein wenig aus dem FHQu [Wolfsschanze]. Er ist sogar schon bis zur „Abendtafel" vorgedrungen. Durfte durch die Vermittlung Schmundts daran teilnehmen. Keitel und Jodl dabei. Sitze nach Dienstgrad, er also ganz unten. Das Gespräch hätte sich sehr interessant entwickelt.

TB: Der Führer zeigt sich überzeugt, den Sieg in der Tasche zu haben. Gab zu, daß er sich geirrt habe über den Widerstand, die Kampfkraft der Russen. Hätte er das geahnt, hätte er nicht den Entschluß gefaßt, sie anzugreifen! Jetzt sei er aber froh darüber. „Dieses Hauptquartier wird ein historisches Denkmal werden", weil von hier aus die neue Weltordnung begründet wurde! Anerkennung für Stalin – großer Mann! Eine künftige Geschichtsschreibung wird von der Tatsache auszugehen haben, daß die jetzigen historischen Ereignisse durch das Zusammen- und Gegeneinanderspiel von welthistorischen Figuren erfüllt sind, die in einer solchen Zusammenballung nur einmal in Jahrhunderten vorkommen. Es läge schon eine besondere Größe der Geschichte darin, daß ihm Mussolini zur Seite steht, auf der anderen Churchill und Stalin sind. Hitler entwickelt dann unter anderem den Plan in Rußland Militärbezirke einzurichten. Vermischung von Vorstellungen des altrömischen Limes und der österreichischen Militärgrenze. „Dauerende Schule für die Wehrmacht".

22. Februar 42: Gestern rief mich übrigens Fräulein Kraatz (Abt. Heimat-Landesverteidigung) an und ich erfuhr wieder einige Neuigkeiten. Mein *Falkenstein* ist jetzt vom Wehrmachtführungsstab wegversetzt worden. Fräulein Kraatz hat ihn hier im OKW getroffen. Er hat ihr gesagt, daß er über Rom nach Kreta und dann weiter fliege (also wohl Afrika.). [Frhr. von Falkenstein geriet später in russische Gefangenschaft, kam erst 1955 frei.] Herr *Greiner* hat seine Herzgeschichte bisher nicht auskuriert, geht aber ins FHQu zurück, da Warlimont sehr nach ihm schreit. Es tut mir leid, daß es Greiner so schlecht geht, hoffentlich kommt nicht noch Schlimmeres nach. Für sein Herz hat er viele Spritzen bekommen und als Folge im rechten Arm Venenentzündung. Er darf den Arm nicht bewegen, kann also auch nicht schreiben, muß nun aber hinaus. Andererseits glaube ich, daß es ihm doch gut tun wird, daß Warlimont ihn unbedingt haben will, denn die ganze Sache mit ihm, Scherff und Scheidt ist doch anders gelaufen, als er sich das damals gedacht hat. Die sollten doch erst seine Mitarbeiter werden – aber dann ...! Die Herzgeschichte kommt meiner Ansicht nach nicht so von ungefähr. Ich hoffe, daß es meinem so liebenswürdigen Gönner bald wieder richtig gut geht.

Genie-Dokumentation

24. März 42: Heute habe ich dem Chef einige Aussprüche von Binding über das „Genie" gesandt. Unsere sämtlichen Herren sind nämlich vom Chef beauftragt worden, nach Aussprüchen von Dichtern, Denkern und Tatmenschen über das Wesen des Genies zu suchen. Als Akademiker fahnden sie natürlich nicht bei solch Leichtgewichten wie Binding – da bin ich außer Konkurrenz. Wozu die Leute studiert und promoviert haben müssen, um dann Aussprüche über das Wesen des Genies herauszusuchen, ist mir nicht klar.

26. März 42: Heute war der Chef da, aber nur zwei Stunden und die hat er damit verbracht, um seine Genie-Zitatensammlung mit Scheidt durchzusprechen. Über meinen Beitrag, Binding, hat er sich mächtig gefreut, sagte es schon gestern am Telefon und heute wieder. Er hat die drei Zitate alle gebrauchen können! Scheidt sagte mir nachher, daß er mit dem Chef meinetwegen gesprochen habe. Scherff will mich mit Entgegenkommen halten! Ja, er malte wunderbare Möglichkeiten aus – Zeit für mein Musikstudium etc. Ich muß also bleiben! Gestern habe ich Nietzsche contra Wagner gelesen, heute „Hyperion" und so wird es dann immer weitergehen.

28. März 42: Gestern, Freitag, mußte ich zu 15 Uhr ins Heereswaffenamt, Jebensstraße, Eierpapier abholen, damit ich „Das Wesen des Genies", vielmehr „Erlebtes Genie" lautet der Titel, des Chefs schreiben kann. Das Exemplar für den Führer wird „draußen" geschrieben auf der Schreibmaschine mit den besonders großen Buchstaben und in Pergament gebunden. Die übrigen Exemplare werden abgezogen und von mir geschrieben. Dem Führer wird das Heft dann am 20. April vom Chef überreicht.

Der Weg zur Jebensstraße hatte wenigstens das Gute, daß ich bei Bote & Bock vorbeigehen konnte und dort wirklich noch 2

Karten für das heutige Konzert von Walter Gieseking bekam. Sein Konzert am Donnerstag, dem 26., war gleich ausverkauft und er hat daraufhin für heute 15.30 Uhr noch eins angesetzt, und zwar nur mit Beethoven-Sonaten. Da Mama nun noch nicht ins Krankenhaus braucht, muß sie heute mitkommen! Ihre Operation ist für Mittwochfrüh vorgesehen. Heute ist „Tag der Wehrmacht". Unsere Abteilung sammelt nicht – wie schön!

Vorläufig ist übrigens Urlaubssperre, und zwar auch für Gefolgschaftsmitglieder. Ich hatte mit meiner Reise zum 14. März noch Glück. Ich danke Dir für die „Magelone"-Kritiken. Sie sind ja sehr gut, auch für meinen Text – wenn der sogar für Original Tieck gehalten wurde, spricht das allerdings gegen die Bildung des Rezensenten.

3. April 42 (Karfreitag): Heute habe ich wieder mal ein echtes Genie genossen: Beethoven gespielt von Edwin Fischer. Das war herrlich und interessant im Vergleich zu Gieseking vor einer Woche. Ich weiß nicht, wen ich höher schätze – vielleicht doch Fischer bei Beethoven.

Im Büro beschäftigt uns noch immer Scherffs Genie-Sammlung mächtig. Als ich vorgestern etwas später vom Mittagessen kam, war Scheidt schon ganz aufgeregt, weil ich doch eine so umfangreiche, eilige Arbeit zu leisten hatte. Schon am Dienstag mußte meine Kollegin ins Vorzimmer ziehen, damit ich im Chefzimmer ganz ungestört schreiben konnte. Welch Aufwand für eine einfache Arbeit: Ich tippte die Zitatensammlung „Erlebtes Genie" auf Eierpapier!!

4. April 42: Als ich gestern gerade beim „Erlebten Genie" angelangt war, sträubte sich die Feder, auch die Gedanken wollten nun gar nicht mehr mitmachen. Ich bin nämlich in den letzten Wochen ausschließlich nur noch mit diesen geistvollen Aussprüchen über das Wesen des Genies gefüttert worden, habe am Dienstag, als ich die Hälfte auf Eierpapier fertig hatte, das ganze Zeug nochmal von Anfang an schreiben müssen, weil doch ein besonderes Farbband dazu nötig ist (ich hatte mich extra danach erkundigt, aber die Schlauköpfe behaupteten, daß das nicht nötig sei) und nun mag ich nichts mehr von der Beschaffenheit des Genies hören! Einige Aussprüche insbesondere von Goethe und Schopenhauer sind ausgezeichnet. Es ist aber zuviel zusammengetragen worden. Nach diesen geistreichen Zitaten zu schließen, müßte ich auch ein Genie sein, wir alle überhaupt! Denn wir sind nicht nüchtern, sind nie zufrieden, fühlen stets eine Unruhe in uns, sind sensibel, geraten in Begeisterung oder Zorn über Sachen, die andere ganz unberührt lassen und so weiter. Allerdings heißt es auch, zu einem Genie kann man nicht werden, selbst wenn man hochbegabt ist und all diese Eigenschaften besitzt, die nach diesen Zitaten ein Genie hat. Nein – man ist dann noch lange keines. Genie ist eine besondere Gnade! Der Führer wird sich hoffentlich sehr freuen, wenn er in dieser Sammlung ein Spiegelbild seines genialen Wesens finden wird – sogar die Inkonsequenz ist drin, es fehlt also nichts!

17. April 42: Heute war ich nicht bei Mama im Krankenhaus (zum ersten Mal). Da der Chef verkündete, daß es morgen (Sonnabend) später werden und ich bleiben müsse (bis 3 Uhr bestimmt), mußte ich schleunigst vom Bahnhof aus zum Fleischer, Butterheinze und Bäcker. Ich habe auch alles noch geschafft, so können keine Marken verfallen und wir brauchen nicht zu verhungern.

21. April 42: Es war 16 Uhr als ich das Büro am Sonnabend verlassen konnte. Der Chef hatte lange diktiert, er ging während ich das Stenogramm tippte, Scheidt mußte es ihm aber sofort in die Wohnung bringen. Abends fuhr er dann wieder hinaus. Die Veranlassung zu diesem langen Stenogramm ist Herr Greiner. Das Kriegsbeil ist noch immer nicht begraben und der Chef wird nun die ganze Sache, also auch das „Kriegstagebuch" übernehmen! Scheidt, der mir übrigens gestern auch mitteilte: „... ja, und von Ihnen ist der Chef eben auch begeistert und deswegen läßt er sie nicht fort", sagte mir heute, und erwartete einen Jubelruf, daß wir jetzt monatlich das *Kriegstagebuch* zusammenstellen werden. Dadurch gibt es 1.) mehr Arbeit und 2.) ist es ganz interessant und auch aktuell. Wenn ich schon hierbleiben muß, so ist es wirklich ein kleiner Lichtblick. Nur die Regelung mit Greiner bedrückt mich. Er darf zwar weitermachen, aber „unter" Scherff. Dagegen kann auch Warlimont nichts machen. Scherff ist eben beim Führer hochgeschätzt. Er ist sein Historiograph!

21. April 42: Zu Deinem gestrigen Brief muß ich Dir noch sagen, daß Du uns für etwas zu sehr in den Wolken thronend hältst. Für einige Leute mag das zutreffen, aber ich stecke doch genauso in dem Alltag wie Du. Dazu kommen aber Einblicke in die Lage, wie sie Dir und Deinem Freundeskreis nicht möglich sind. Du darfst die optimistischen Artikel und Reden nicht mit den Tatsachen verwechseln – zumindest wir hier sehen doch sozusagen beiden Seiten. Ich habe mich erst kürzlich mit Scheidt recht interessant unterhalten. In einem Punkt hat der Chef bestimmt recht, nämlich, daß die militärischen Belange noch ziemlich lange *alles* beherrschen werden. Glaubst Du im ernst, daß der Krieg so bald aus sein wird? Ich rechne immerhin noch mit 2 Jahren. Natürlich kann man sich irren, aber nach baldigem Ende sieht es doch nicht aus. Übrigens Papa war auch nicht der Ansicht, daß der Krieg schon sobald aus sein würde. Er sagte doch immer, daß man sich 1942 darüber erst einmal unterhalten könne! Mich müßtest Du eigentlich soweit kennen, um zu wissen, daß ich überhaupt nicht rosig sehe.

30. April 42: Mama ist nun wieder zu Hause, sie kann aber noch nicht viel tun, muß sich schonen. Der Besuch von Hüsch hat ihr aber sehr gut getan. Er hat das richtig eingeschätzt und war auch froh, daß er sich die Zeit für Potsdam genommen hat. Er kam Sonntagfrüh aus Litzmannstadt und konnte erst abends mit dem Schlafwagen nach München fahren. So hatten wir schön Zeit, sogar zu einem Spaziergang. Auf die Führerrede haben wir verzichtet.

Am Sonnabend habe ich meinen Besuch bei Scheidts in Dahlem gemacht. Das Haus Im Falkenried 14 ist ein Reihenhaus, schmal und hoch. Ich mußte alles besichtigen, auch Petzets Arbeitszimmer, der wegen Spätdienst abwesend war. Bei ihm hängt ein kleiner wunderschöner Nolde: Sonnenuntergang am Meer. Farben sind das! Warum dieser Künstler nicht genehm ist?

[Randnotiz:] Ich sehe immer schwärzer. Die Zukunft wird immer dunkler!

11. Mai 42: Für Aussee sollen wir Urlaubsberechtigungsscheine einreichen, dann werden wir von Haus Wasnerin vornotiert. Fest zusagen tun sie nicht. Dumm! Also Urlaub ab 7. September beantragen.

16. Mai 42: Mein Chef ist zum *„Beauftragten des Führers für die militärische Geschichtsschreibung"* ernannt worden. Das gibt viel Arbeit, denn jetzt erläßt er Anordnungen!! Ich weiß noch nicht, was ihm alles unterstellt wird. Er wird die Vorschläge erst ausarbeiten. Er ist glücklich! Er ist nun dem Führer direkt unterstellt – nicht einmal mehr Keitel dazwischen.

Scherff ist auch von Goebbels kürzlich gelobt worden. Wofür? Die „Genie-Zitaten-Sammlung" hat unserem Herrn Propagandaminister gefallen! Siehst Du, ich habe damals vor lauter schreiben, ja vor Überfütterung mit „Genie und Genius" gar nicht mehr gemerkt, welch „Meisterwerk" da entstanden ist. [Goebbels vermerkte in seinem „Tagebuch" am 5. 5. 42: „Oberst Scherff aus dem FHQu schickt mir eine Zusammenstellung von Aussprüchen großer Deutscher über das Wesen des Genies ... außerordentlich geschickt gemacht. Scherff hat sie dem Führer zum Geburtstag (20. April) geschenkt. Aussprüche ... für die Beurteilung der gegenwärtigen Lage außerordentlich beruhigend. Sie machen in ihrer Gesamtheit fast den Eindruck einer Apotheose des Führers. Eine bessere Rechtfertigung seines Wesens, seiner Persönlichkeit und seines Handelns kann man sich überhaupt nicht vorstellen."]

21. Mai 42: Ja, Herr Greiner ist richtig überrundet worden. Warlimont hat offensichtlich versucht, das abzuwenden, aber Jodl unterstützte Scherffs Vorschlag und der Führer höchstselbst gab den Ausschlag. Scherff hat für seinen Führervortrag wegen der Umorganisation in seinem Bereich (als „Beauftragter für die militärische Geschichtsschreibung" braucht er eben einen entsprechenden „Unterbau") nur 9 Seiten geschrieben. Die näheren Erläuterungen hat er mündlich gemacht. Er hat damit Erfolg gehabt, die Sache wurde gebilligt. Danach hat er die Einzelheiten geregelt und er wird nun die näheren Anordnungen treffen. Die hohen Herren lesen ja ungern ein dickes Aktenstück durch, das überlassen sie anderen und es ist eben besser, wenn man selbst gleich an höchster Stelle alles erledigt. So ist es doch immer, nicht wahr?

Mir wurde von Scheidt alles sehr genau erklärt, vielleicht auch, weil er weiß, daß ich durch Greiner hergekommen bin. Also, was wir nun schreiben werden, ist nicht ein „Allgemeines Kriegstagebuch", sondern *„Das geheime Hauptbuch Hitlers"!* Unser Chef soll alles festhalten, die Beweggründe für Einzelentscheidungen kennen, deshalb wird er auch immer als Beobachter mitgenommen – sogar häufig zu sogenannten Vier-Augen-Gesprächen. Wir erhalten sämtliche Protokolle der geheimsten Besprechungen des Führers, seine Denkschriften und Befehle für die Kriegführung und -politik in Rußland, Frankreich, Norwegen usw. Dazu alle Akten der Wehrmachtführung. Hier werden sie ausgewertet und dann archiviert. *Greiner* darf weiter das Kriegstagebuch des Wehrmachtführungsstabes, das auf den Lagebesprechungen bei Warlimont beruht, schreiben. Er hat als wissenschaftlichen Mitarbeiter nun auch noch unseren *Dr. Felix Hartlaub* bekommen. Hartlaub ist schon im FHQu. Der ist wenigstens kein Intrigant, wird sich bestimmt loyal verhalten, denke ich. Greiner wird natürlich zunächst mißtrauisch sein, weil er ja von Scherff-Scheidt kommt. Ja, und dieser, also Scheidt, wird dann hier dieses Kriegstagebuch und die Protokolle der Lagebesprechungen beim Führer sowie Scherffs Notizen überarbeiten, zusammenstellen, mir diktieren. Aus all dem soll dann später mal das große Geschichtswerk dieses schrecklichen Krieges entstehen. Als ich Scheidt sagte, daß er jetzt erst einmal sein Werk alleine tippen müsse, weil doch alles unter „Chefsache – Nur für Offizier" falle, verschlug es ihm wenigstens mal die Sprache. Daran hatte er noch gar nicht gedacht.

8. Juni 42: Es klappte, daß ich unseren Besuch noch zum Anhalter Bahnhof bringen konnte. Als ich den Bahnsteig verließ, war es 12 Uhr und ich sah, daß der äußerste Ankunftsbahnsteig mit Fahnen geschmückt und SS-Formationen aufmarschiert waren. Jetzt fuhr ein Zug ein, Trommelklang. Ich blieb nicht da, sondern ging. *Heydrichs Sarg* wurde eingeholt. Ich wußte ja, daß der Chef mit dem Führer nachmittags landen würde. Sind diesmal geflogen.

Der Chef ist jetzt ein ganz großes Tier und bekommt die dazugehörigen Allüren, das enttäuscht mich. Ihm sind nun der Chef der Heeresarchive (General d. Artl. von Rabenau), der Chef der Heeresbüchereien (Oberst d. G. Rüdt von Collenberg) unterstellt. Aus der Kriegswissenschaftlichen Abteilung des Generalstabs des Heeres bildet er eine Kriegsgeschichtliche Abteilung des Heeres und macht Oberst Brückner zum Abteilungschef. Den Rest überläßt er Generaloberst *Halder* weiterhin als Arbeitsapparat. Er zieht somit Halder, dem Generalstabschef, ein Instrument aus der Hand. Die „Militärwissenschaftliche Rundschau" wird ihm auch unterstellt. Rabenau wird er natürlich absetzen. Der Nachfolger ist schon ausgewählt und zwar der Chef des Heeresarchivs Potsdam, Direktor Ruppert. Der macht einen recht weichen Eindruck. Generalleutnant Starke, den Chef der bisherigen Kriegswissenschaftlichen Abteilung des Heeres wird er versetzen lassen. Es ist ja alles ganz gut und schön und vielleicht manches notwendig, aber die Art und Weise gefällt mir nicht.

Der Chef hat übrigens die Einflußnahme auf den Wehrmachtbericht abgegeben. Er muß jetzt organisieren, was er besonders gerne tut, außerdem natürlich das Genie des Führers beobachten.

Professor *Reinhard Höhn,* der *„jüngste Professor des Führers"*, wie der Chef immer hervorhebt, war wieder zweimal bei uns. Er hat mich eingeladen, sein Institut in Wannsee (Institut für Staatsforschung der Universität Berlin) anzusehen und will mich seinen Mitarbeitern bekanntmachen. Auch Bücher, Vorträge von ihm will er mir leihen. In der kommenden Woche will er anrufen und Näheres verabreden. Vielleicht überlegt er es sich noch, denn ich mußte ihn enttäuschen, weil mein Vater nur Reserveoffizier gewesen ist. Er fragte mich aus und war so gedankenlos, darauf, daß Papa kürzlich gestorben ist, zu sagen „schön, schön!". Solche Leute liebe ich! Nun, das Institut würde ich mir interessehalber und weil es auf meiner täglichen Fahrstrecke liegt, schon ansehen. Scheidt allerdings wundert sich sehr und ist neugierig. Er unterhält sich aber ganz gerne mit Höhn, findet ihn amüsant.

18. Juni 42: Der Chef hat gerade den Präsidenten Foerster, Kriegsgeschichtliche Forschungsanstalt Potsdam (Herausgeber des amtlichen Weltkriegswerkes) bei sich. Die Leute zittern nun alle um ihre Existenz. Doch davon wollte ich Dir gar nicht schreiben, sondern von meinem gestrigen Zusammentreffen mit Professor Reinhard Höhn.

Um 18 Uhr war ich also in Wannsee draußen und fand auch gleich das Haus des Instituts für Staatsforschung der Universität. Eine Sekretärin empfing mich, dann kam der Herr Professor angestürzt, führte mich in sein Zimmer. Ich mußte Schriften und Bücher von ihm bewundern. „Wissenschaftliche Bücher, die sich wie ein Roman lesen und fabelhaft interessant sind". Er schreibt über Staats- und Wehrrecht, den Zusammenbruch des demokratischen Frankreichs usw. Dann gab es noch viele Bücherregale zu sehen, die sämtliche Flugschriften der letzten 100 Jahre enthalten, Flugschriften des In- und Auslandes. Er hat unheimlich viel gesprochen und mir alles mögliche und unmögliche Zeug erzählt. Natürlich auch, daß er hellbegeistert von mir ist. „Mein offener Blick, die ganze Persönlichkeit, keine Interesselosigkeit, auch keine übergroße Ergebenheit wie man sie sonst in Vorzimmern zu finden pflegt" – und er gewiß in seinem eigenen schätzt! Lachen mußte ich aber doch besonders über die Feststellung, daß ich genau wie Scheidt oder Scheidt genau wie ich aussehen soll! Er hat geglaubt, wir seien verwandt! Du hast ja Scheidt noch nie gesehen, also ähnlich sind wir ganz und gar nicht. Scheidt hat doch tiefliegende, schmale blaue Augen, ist dunkelblond – na, es sollte eben eine Schmeichelei sein. Höhn liest Montags von 6–8 Uhr abends im Hörsaal 113. Es sind etwa 200 Menschen da. Ich soll hinkommen, es wäre für mich doch neu und interessant.

Noch eine Frage: „Wie ich zur Heirat stünde, später würde ich doch mal heiraten? – Was, ich stelle mich noch nicht darauf ein – erstaunlich, aber typisch!" Er teilte mir dann wenigstens zum Schluß mit, daß ich, wenn ich 10 Minuten früher gekommen wäre, noch seine beiden Töchter getroffen hätte. Er hat ein 8½ und ein 7jähriges Mädel – reizende Kinder, die entzückend telefonieren.

Dr. Reinhard Höhn ist nicht nur ordentlicher Professor hier an der Universität, sondern auch noch Stellvertretender Vorsitzender des Polizeiausschusses der Akademie für Deutsches Recht und SS-Standartenführer, wohnt privat in Berlin-Zehlendorf. Im vollen Glanze seiner SS-Uniform erschien er ja das erste Mal bei uns, und zwar direkt von einer Vorlesung. Er ist etwas größer als ich, schlank, ein nervöser Typ, redet schrecklich viel, hat bereits ein ziemlich faltiges Gesicht, braune Augen, einen nervösen, verschwommenen Blick, dunkelblondes volles Haar, auf der rechten Backe einen großen roten Fleck, wohl ein Feuermal. Er ist gewandt, hochintelligent und eben ganz amüsant. Ich werde aber nicht in seine Vorlesungen gehen. Über diese Erklärung war Scheidt sehr befriedigt. [Höhn verließ 1945 Berlin, hielt sich nach

Kriegsende unter falschem Namen in Norddeutschland auf, arbeitete als Heilpraktiker bis in der britischen Besatzungszone für die politisch Belasteten Amnestie erlassen wurde. Er meldete sich, wurde bald darauf Vorsitzender der Volkswirtschaftlichen Gesellschaft in Hamburg und 1956 Leiter der „Akademie für Führungskräfte der deutschen Wirtschaft" in Bad Harzburg. Zahlreiche Veröffentlichungen im Zusammenhang mit diesem „Harzburger Modell", Reihe: „Menschenführung und Betriebsorganisation", aber auch wieder als Historiker 1959 über „Sozialismus und Heer", 1964 „Die vaterlandslosen Gesellen, 1878–1941."]

Morgen zwischen 19 und 20 Uhr wird Scherff im Rundfunk zum *Jahrestag des Ostfeldzuges* sprechen. Ich habe ihm das Manuskript Sonnabend geschrieben. Er hat dann mittags die Wachsplatte besprochen. Vorher telefonierte er noch mit Herrn Reichsminister Dr. Goebbels persönlich. Ja, ja, mein Chef wird immer größer – leider verliert sich seine so nette Art dabei immer mehr. Er macht sich selbst kaputt und verrückt mit seiner Hast und dem „Alles-alleine-machen-wollen". Übrigens muß ich jetzt auch „Herr Oberst" sagen. Unsere Herren mußten ihn schon immer mit Titel anreden, aber die stecken ja in Uniform. Es fiel dem Herrn Oberst nicht leicht, mir diesen Anredewunsch zu sagen. Scheidt hatte das übermitteln sollen, sich aber gedrückt. „Es wäre besser, wenn Herr Oberst diesen Wunsch Fräulein Feuersenger selbst sagt". Na schön – ich sage nun „Herr Oberst Scherff" – nicht nur den Dienstrang, schließlich steckt doch der gleiche Mensch in der Uniform.

28. Juni 42: Im Dienst sind Scheidt und ich sehr beschäftigt. Durch die lange Anwesenheit des Chefs war unsere *Kriegstagebuchschreiberei* ganz liegen geblieben. Nun haben wir den Mai nachgeholt, müssen uns aber weiter eilen, da ja der Juni jetzt auch schon ausläuft und wir sollen doch nur immer 14 Tage hinter den neuesten Ereignissen zurücksein!

Unser Chef ist Dienstagabend (23.) mit dem Führer ins FHQu gefahren. An diesem Tag diktierte er pausenlos. *Rabenau* hat ihm noch etwas Kummer bereitet, indem er nicht stillschweigend geht. Eins ist ja wirklich eigenartig, allgemein herrscht Freude, daß er (Rabenau) weichen muß. Er muß recht unbequem gewesen sein, denn sogar seine bisherigen Vorgesetzten haben sofort für seine anderweitige Verwendung oder Verabschiedung gesprochen – nur Halder nicht! Daß Rabenau kein bequemer Untergebener war, spricht ja nicht unbedingt gegen ihn, finde ich. Vielleicht ist die freudige oder eilige Zustimmung auch nur ein Umschwenken auf den neuen Mann, Scherff, der nun eben der „Beauftragte des Führers" ist. Nur Halder tat das nicht. Er folgte Rabenaus Einspruch und erhob sogar Beschwerde gegen Scherff! [Zur Person Rabenau s. S. 60/61]

1. Juli 42: Scheidt ist gestern abend mit dem Schlafwagen ins FHQu gefahren. Er ist dort als Adjutant von Scherff sogar im Sperrkreis I, wo Greiner gar nicht hinkommt. Strikte Trennung zwischen I und II wie damals im „Felsennest".

Der *„Figaro"* wird in der nächsten Saison in derselben Einstudierung, aber mit Rezitativen gebracht. Erst schaffen sie die Rezitative ab, weil ihnen der Text von Herrn Levi nicht paßt, dann holen sie die wieder vor. Bei der ersten „Strichprobe" für diesen „Figaro" der neuen Spielzeit soll alles sehr kompliziert gewesen sein. Erst wurde lange darüber geredet, wann man den Schünemannschen und wann den Levischen Text nimmt. Ganz verzichtet man doch nicht auf Levi, weil er sich teilweise sogar besser ausnimmt. So ist es nun eine richtige Schünemann-Levi-Koppelung geworden!

Ich habe Dir ja noch gar nicht vom *Furtwängler-Konzert* am 29. 6. in Potsdam geschrieben. Es ist nun schon eine ganze Weile her, daß ich Furtwängler „gesehen" habe. Etwas überrascht war ich doch von seinen Bewegungen, die manchmal gar nicht schön wirken. Irgendwie war nur das „Elegant-fließende" im Gedächtnis haften geblieben und nicht das „Stoßende, Rüttelnde". Doch das sind nur Äußerlichkeiten, die vielleicht gar nicht lohnen, beachtet zu werden. Die Berliner Philharmoniker spielten unvergleichlich schön. Das Konzert begann mit der „Tragischen Ouvertüre" von Brahms. Dann kam das Violinkonzert mit Gerhard Taschner als Solisten. Ich verstehe vom Geigenspiel zu wenig, um beurteilen zu können, ob er besser spielt als die und jene. Den ganz wundervollen, großartigen Abschluß dieses Konzertes bildete Brahms' 4. Symphonie e-moll.

Die Uniformierung nimmt zu und damit die Eintönigkeit. Fräulein Krüger schrieb mir aus Oslo, daß sie „Stabshelferin" werden sollen, natürlich bekommen sie dann auch Uniform. Paß auf, in zwei Jahren laufe ich auch so herum!!

Wenn Scheidt so häufig zum Chef fährt, werden wir mit dem Kriegstage-Hauptbuch in immer größeren Rückstand geraten. Es ist zu dumm, daß ich nicht weiterschreiben kann, wenn er fort ist. Vor seiner Abreise mußte ich mich schrecklich beeilen und wie wahnsinnig tippen, damit wenigstens der Mai (!!) abgeschlossen ist und nun sind wieder alle Unterlagen im Panzerschrank eingeschlossen. Unser Chef hat jetzt draußen im FHQu [„Werwolf" bei Winniza] einen Unteroffizier als Schreibkraft.

2. August 42, Sonntag: Im Dienst deckt man mich augenblicklich von allen Seiten mit Arbeit ein. Scheidt muß Kriegstagebuch diktieren und Dr. Claus Grimm seinen Bericht von seinem dreiwöchigen Aufenthalt bei einer Propaganda-Kompanie in Rußland.

Freitag schüttete Scheidt mir sein Herz aus in punkto Enttäuschung über Chef, Arbeits- und Zensurfragen und noch weiteres. Er geriet ordentlich in Erregung, was bei ihm selten ist. Am Sonnabend war ich zu Tee und Abendessen bei ihm eingeladen. Ich mußte ihn gemalt bewundern. Das war die Hauptsache! Der berühmte Porträtist *Leo von König* (jetzt 71 Jahre), an dessen Frauenporträt in Petzets Büro Jodl fast Anstoß nahm, hat ihn zweimal gemalt. Darauf ist er besonders stolz. In Auftrag war nur ein Porträt gegeben – übrigens von Petzet. Weil sich König aber so gut mit ihm unterhalten habe bei den Sitzungen, was ich gerne glaube, denn wenn er will, ist Scheidt ein interessanter Gesprächspartner, malte er noch ein zweites. Es war noch ungerahmt, der Kopf größer, auch Halbprofil – nicht der elegante junge Herr wie auf dem großen Gemälde im hellen Anzug, sondern im grünen Jackett. Es gefiel mir besser, Ilona stimmte zu. Aber ich mußte auch das Hauptwerk beurteilen, und zwar ob es ähnlich sei oder nicht? Ich konnte nur sagen, daß das Bild insofern doch fremd sei, als sein ganzes Gesicht straffer darauf wirke und dadurch ein anderes Gepräge bekomme. Er gab selber zu, daß sein Gesicht eben „schwammig" sei. Ilona hofft ja, daß er in 10 Jahren so wie auf diesem Gemälde aussehen wird – dann darf sie aber nicht weiter so gut kochen, denke ich! Jetzt ist er noch ein junger Mann von 29 Jahren! Dann aber ...? Immerhin, die Bilder sind gut: Wilhelm Heinrich

Scheidt stilisiert! Petzet hat mir ein Heft mit Abbildungen von Leo von Königs Porträts mitgebracht. Es sind wundervolle Sachen dabei. Besonders einprägsam sind dargestellt: Moissi, Barlach, d'Albert, Wiechert, Nolde.

Vertrauenskrise – Nervenkrise

[5. bis 23. September 42 Urlaub. Über München, Salzburg nach Alt-Aussee und zum Abschluß 3 Tage Wien. Ab 24. 9. wieder im Dienst.]

26. September 42, Montag: Der Chef ist in Berlin, hat aber anrufen und sagen lassen, daß er sich nicht wohlfühle (Erkältung) und nicht kommen könne. Sicherlich haben ihm die Aufregungen der letzten Tage arg zugesetzt. Die Veränderungen sind ja nicht unwesentlich und auch für ihn von Bedeutung. Doch Näheres darf ich darüber noch nicht mitteilen – es hat sich eben mal wieder etwas getan, während wir nahezu friedensmäßig-friedlich Urlaub genossen.

Die nächsten Tage können noch recht stürmisch werden. Morgen will ein General Wolf den Chef aufsuchen – so fängt der Betrieb doch schon an. Und wer weiß, was die „Veränderungen" für Aufregungen mit sich bringen. [Es war zu einer Vertrauenskrise zwischen Hitler und Jodl gekommen. Dieser hatte sich nach seiner Besprechung mit dem Oberbefehlshaber der Heeresgruppe A, die im Süden der Ostfront stand, also am westlichen Kaukasus einschließlich Stalingrad, in dessen Hauptquartier bei Stalino am 7. 9. zu der Auffassung des Generalfeldmarschalls List bekannt, die der des Führers, wie es im KTB von Greiner heißt „diametral entgegengesetzt ist". Schwere Verstimmung! Am 9. 9. entschloß sich Hitler zur „Enthebung des Gfm List als OB der Heeresgruppe A". Am Abend bat List daraufhin selbst darum. Das Kriegstagebuch (KTB) vermerkt: „Der Führer gibt der Bitte statt. Er wird die HGr A vorläufig selbst vom FHQu aus führen." Außerdem denkt der Führer daran, heißt es weiter, auch den Chef des Generalstabes des Heeres, Gen. Oberst Halder auszuwechseln. Er läßt das durch Gfm Keitel im Zusammenhang mit der Absetzung von List „andeuten". Im KTB wörtlich: „Die Auseinandersetzungen des Führers mit General Jodl haben zu einer Vertrauenskrise zwischen beiden geführt, die eine Enthebung des Gen. Jodl wie auch des Generals Warlimont von ihren Stellungen als Chef bzw. Stellv. Chef des WFSt als möglich erscheinen lassen." Am 18. 9. ist u. a. festgehalten: „Zum Nachfolger des Gen. Obersten Halder als Chef des Generalstabes des Heeres hat der Führer den General der Infanterie Zeitzler ernannt."]

5. Oktober 42: Heute ist ein richtiges Irrenhaus hier! Augenblicklich ist der Chef zwar fort, aber die Telefone gehen in einer Tour. Am Schönsten ist ja, daß der Chef sich um 17 Uhr wieder abholen läßt, herkommt und dann eine Besprechung hier hat. Scheidt und ich dürfen bleiben – wegen des guten Eindrucks, weil ein Herr SS-Brigadeführer General Hartenstein herkommt. Scheidt ist zur Zeit ganz geknickt. Er wartet nämlich noch immer vergebens auf seine Ernennung zum Regierungsrat.

7. Oktober 42, Mittwoch: Heute habe ich nun Scheidt seinem Schicksal überlassen. Ich war wirklich erledigt, bin gleich nach dem Chef gegangen, hatte mein Attest schon dabei. Voraussichtliche Krankheitsdauer drei Wochen wegen Herzschwäche. Scheidt sagte, daß seine letzte Rettung auch nur Krankheit sein könne.

Was die „Veränderungen" betrifft, statt Halder wirst Du jetzt den Namen Zeitzler lesen. Aber das nur für Dich, da keine offizielle Bekanntgabe erfolgt ist.

17. Oktober 42, TB: Wir werden nach Steglitz ziehen. Durch Ringtausch wird das möglich, weil unsere Wohnung in Potsdam für einen Rechnungshof-Beamten geeignet ist. Nun brauchen wir keine Einquartierung, bekommen eine zweckmäßigere, viel praktischere Wohnung und ich habe es mit der Fahrerei bequemer.

4. November 42: Die beiden ersten „Diensttage" sind mir gar nicht gut bekommen, obwohl ich mich da wirklich gar nicht anzustrengen brauchte. Aber mit dem Essen wird es schwierig, irgendwie will die Galle nicht mehr mitmachen. Ich weiß wirklich nicht, woher all diese kleinen Leiden kommen. Es macht sich eben doch bemerkbar, daß wir ins 4. Kriegsjahr hineingehen. Kriegsjahre zählen ja doppelt, hieß es schon früher, also werden wir auch eher alt und verbraucht. Es ist schon niederdrückend, weil alles so aussichtslos und gar nicht abzusehen ist, da hast Du schon recht. Scheidt hat sich über mein Wiederkommen übrigens ganz mächtig gefreut!

Der Chef ist noch hier und wird etwa drei Wochen bleiben! Er ist nach seinem kurzen Urlaub erst richtig zusammengeklappt und muß nun erst auskuriert werden. fährt dauernd zum Arzt und hält sich deshalb wenig im Büro auf – ein Trost! Er ist so nervös, ihm zittern die Hände dermaßen, daß er sich nicht einmal die vorgeschriebenen Tropfen ins Wasserglas träufeln kann. Das muß ich nun tun, während Scheidt dabei steht und kontrollierend zuschaut! Am 1. November ist Scherff 44 Jahre alt geworden. Er sieht jetzt aber viel älter aus. (Frau Gutschke wird zum 1. Februar kündigen. Sie ist nun schon im 6. Monat.)

8. November 42, Sonntag: Scheidt hat einen ernsthaften Versuch gemacht, von uns fortzukommen, aber der Chef hat gleich abgelehnt. Scheidt könnte Begleiter von General Hoth (Panzer-Kommandeur) werden. Es sei kein Drückebergerposten, denn sein Vorgänger ist zweimal verwundet worden. Er könnte viel kennenlernen und warten bis eine anständige Kompanie frei wird. Er hätte gerne Panzergrenadiere (sind gepanzerte Fahrzeuge), vom Kampf im geschlossenen Panzer hält er nichts. Jetzt hat der Chef seine Freigabe abgelehnt, sollte aber zum 1. Januar eine Verfügung kommen, daß alle Offiziere der Jahrgänge 1910 aufwärts an die Front abgegeben werden müssen, würde er bestimmt sagen, daß man dagegen nichts machen kann und dann wird er irgendwo hingesteckt, befürchtet Scheidt. Zu Hoth würde er gerne gehen. Seine einzige Sorge wäre, als Krüppel wiederzukommen und dann womöglich *doch noch* „Regierungsrat" zu werden. Seine Frau steht begreiflicherweise auf dem Standpunkt „lieber ohne E. K. I und lebendig, als mit allen Orden und tot."

Scheidt teilte mir dann noch mit, daß der Chef will, daß unsere Abteilung zum 1. Januar umzieht nach der Kurfürstenstraße. Die Gegend ist günstig, Nähe Eden-Hotel. Wir sitzen dann mit der „Kriegsgeschichtlichen Abteilung des Heeres" zusammen, die Oberst Brückner leitet.

Der Chef ist nun krank, jagt aber trotzdem weiter wie bisher. Er ist in dauernder Hetze: Büro, Masseur, Arzt, Besprechungen, Telefongespräche mit dem FHQu usw. Da er es so treibt, geht er geradewegs auf den völligen Zusammenbruch los. Wer weiß, wie es ihm „draußen" jetzt schon ergangen wäre und noch einmal ergehen wird: Da werden nämlich jetzt Nerven verbraucht!! [Rückzug

Rommels von El Alamein. Britisch-amerikanische Landung in Französisch-Nordafrika.]

Scheidt erzählte mir von einem Riesenkrach, der sogar in den Sperrkreis II hineinwirkte – und wie! Mein früherer häufiger Nachtdienstpartner, der freundliche Major d.R., (der mit dem schönen Sommerhaus am Kochelsee, Direktor eines Chemie-Konzerns) war die unglückliche Hauptfigur. Er ist zum einfachen Soldaten degradiert worden!

[Während der Schlacht von El Alamein, als die deutsch-italienischen Kräfte in festgelegter Stellung in der Wüste unter dem massierten Materialeinsatz Montgomerys in eine hoffnungslose Situation gerieten, hielt Rommel den Führer laufend unterrichtet. Er wollte die Erlaubnis zum rechtzeitigen Rückzug in eine Auffangstellung, um später vielleicht wieder zur Gegenoffensive, zumindest zum Bewegungskrieg übergehen zu können. Rommels dringende Meldungen, daß der Rückzug unvermeidlich sei, nicht mehr hinausgeschoben werden dürfe, wenn die Armee noch teilweise gerettet werden sollte, trafen fast stündlich im FHQu ein. Zuletzt hieß es, daß er, Rommel, nun den Rückzug befehle. Hitler war anderer Ansicht und verweigerte die Erlaubnis. Die Lagebesprechung hatte sich wie üblich bis in die Morgenstunden hingezogen. Kaum hatte sich der Führer schlafen gelegt, traf von Rommel die Meldung ein, daß er nunmehr den Rückzug angeordnet habe. Es war gegen 5 Uhr morgens. *Borner* als diensttuender Offizier im Wehrmachtführungsstab las diese Meldung, fand, daß er deswegen den Führer doch nicht zu wecken brauchte, weil die Lage bekannt war und der Rückzug bereits stattfand.

Als Hitler dann am späteren Vormittag diese Meldung vorgelegt wurde, bekam er einen Tobsuchtsanfall. Er machte Borner, den Major der Reserve, für die verlorene Schlacht verantwortlich! Er war überzeugt, daß alles anders gekommen wäre, wenn er geweckt worden wäre. Rommel hätte sich auch an ihn gewandt und er, Hitler, hätte ihm die Verantwortung für das Aushalten abgenommen!

Hitler befahl Degradierung in den Mannschaftsstand und die sofortige Absetzung von Borners Vorgesetztem, dem Stellv. Chef WFSt, General Warlimont. Hitler ließ nicht gelten, daß Rommel nur mit Verstärkungen geholfen werden konnte, die ihm aber nicht geschickt werden konnten wegen der Situation an den anderen Fronten. Warlimont verabschiedete sich von seinem Stab, wurde aber noch auf dem Bahnhof zurückgerufen, weil General Schmundt wieder einmal die Situation glätten konnte. Dr. Borner aber mußte als Kanonier bei einem Bewährungsbataillon antreten]

12. November 42: Scheidt scheint mich doch mächtig vermißt zu haben, denn er ist netter denn je. Vor allem scheint es ihm wohlzutun, daß nun wieder jemand da ist, mit dem er alles besprechen kann. Er bekommt doch von vielen Dingen Kenntnis, die er weder seiner Frau noch seinen Freunden sagen mag und da ich ja doch auch meine Nase in fast alles hineinstecken muß, so kann er wenigstens mit mir offen sprechen. Unsere Ansichten decken sich außerdem eigentlich immer. So halten wir täglich eine mehr oder weniger lange Plauderstunde ab, sogar wenn Frau Gutschke da ist. Ich sitze dann bei ihm im Zimmer schön weich auf dem Besuchssessel und er raucht eine Zigarre. Du wunderst Dich, daß Scheidt jetzt noch raus will? Ja, er fühlt sich nicht wohl auf sicherem Posten als gesunder junger Mann, während seine Kameraden sich opfern müssen, ob sie wollen oder nicht. Daß sein Einsatz auf den Gang der Geschichte keinen Einfluß hat, weiß er, aber trotzdem. Das Schreibtischleben und noch dazu an einem Ort, wo er doch nicht zu wirklich geistiger Arbeit kommt, befriedigt ihn nicht. Und ich schrieb Dir ja auch den Hauptgrund. Eine wenn auch nicht ungefährliche, aber interessante Stelle bei General Hoth. Später – und sicherlich kommt es dazu – Abgabe aller jüngeren Offiziere des OKW und dann „irgendwohin“ draußen. Scheidt sagte mir, daß er gestehen muß, daß er durchaus zu den Menschen gehöre, die lieber am Leben bleiben, als sich totschlagen lassen und trotzdem glaube er behaupten zu dürfen, daß er nicht feige war und feige sein würde.

Meinem Chef geht es gar nicht gut. Heute ist seine Mutter gestorben und der Arzt hat ihm sogar verboten zur Beerdigung nach Stuttgart zu fahren. Trotzdem hat er sich für morgen ¾ 5 Uhr nachmittags einen General Bräuer aufs Büro bestellt. Aber in der Regel läßt der Chef sich jetzt kaum im Büro sehen. Es muß ihm wirklich nicht gut gehen, denn sonst würde er doch jetzt sofort ins FHQu eilen, es gibt da zur Zeit reichlich Stoff für den „Chronisten“. Da müssen wir uns doch wieder ganz auf Herrn Greiner verlassen.

Im Radio wird gerade das herrliche Schumann Klavierkonzert gespielt. Besinnst Du Dich, wir hörten es von Adrian Aeschbacher unter Karl Böhm. Ich muß mir jetzt doch noch einmal ein schönes Klavier- oder Orchesterkonzert leisten. Es wird nur immer schwieriger, Karten zu bekommen. Gieseking ist natürlich schon wieder ausverkauft und die Philharmonischen Konzerte auch.

Mit unserem Umzug nach Steglitz wird es immer komplizierter, geradezu spannend. Jetzt haben wir einen Spediteur, aber nun ist *Gütersperre* und unsere „Vormieter" können nicht verladen! Die einzige Hoffnung, daß die Sperre noch in den 14 Tagen bis zum vorgesehenen Termin aufgehoben wird, bleibt uns zwar noch. Jetzt ist natürlich durch die *Rest-Frankreich-Besetzung* wieder alles in Bewegung. So steht für uns noch nichts endgültig fest.

15. November 42: Besorge Dir auf alle Fälle eine Platzkarte zum Dienstzug für Sonnabend, den 21. 11., wenn unser Umzugstermin auch noch nicht feststeht. Zurückgeben kann man diese Karte immer noch. Ich hoffe ja, daß bis zum 24. die Gütersperre aufgehoben wird, denn dann sind 14 Tage seit der Rest-Frankreich-Besetzung vergangen. Solche Sperren werden gleich immer schon vorsichtshalber verhängt, aber dauern nicht ewig, da sonst eine zu große Stockung auch für die Lebensmittelversorgung der Zivilbevölkerung eintritt. Die Bewegungen in Frankreich sind bis dahin ja auch längst abgeschlossen. Truppentransporte wären diesmal sowieso nicht nötig, nur noch etwas Nachschubmaterial. Und die Engländer und Amerikaner werden ja nicht gerade in unserer *Umzugswoche eine Landung in Frankreich* versuchen, dann wäre es natürlich erst einmal aus mit Möbeltransporten. Also im Großen und Ganzen rechnen wir noch mit dem 26. 11. als unserem Umzugstag.

Es ist eine ganz verteufelte Geschichte, wenn man so völlig in der Luft hängt mit allem. Scheidt wartet übrigens auch sehnlichst auf Aufhebung der Sperre, da eine Kiste Wein an ihn unterwegs ist. So werde ich wenigstens gleich durch ihn erfahren, wann die Aufhebung erfolgt.

Unter unseren Ordonnanzen siebt man tüchtig. Ab Jahrgang 01 gilt jetzt fast jeder als kv [kriegsverwendungsfähig], wenn er nicht wirklich ein auffallendes Leiden hat!

Aus Graz erhielten wir wieder traurige Nachricht. Annelieses

Mann ist am 5. Oktober, dem Begräbnistag ihres Vaters, gefallen im Kaukasus. 10 Tage sind sie zusammengewesen Ende Juli und nun ist Annelies schon Witwe. Wenn sie auch sicher wieder heiraten wird, so ist der Schmerz jetzt doch sehr groß. Gretels Mann ist auch im Osten. Das Geschäft führen die drei Frauen weiter.

21. November 42, Sonnabend TB: Der Chef ist von früh an im Dienst. Um 13.30 Uhr wird er von General Schmundt angerufen und aufgefordert, sofort zum Berghof zu kommen; der Führer hat nach ihm gefragt. Der Chef ist nun sehr aufgeregt, beschließt noch am selben Abend zu fahren. [Die sowjetische Gegenoffensive bei Stalingrad hat begonnen.]

17. Dezember 42: Die Staatsoper hat am 12. 12. ihr Haus Unter den Linden mit den „Meistersingern" unter Furtwängler eröffnet. Jetzt wird teilweise dort, teils bei Kroll gespielt. Zwischendurch wird immer einige Tage geschlossen. Anscheinend reicht das Personal (hauptsächlich das technische) nicht für beide Häuser aus.

Scheidt war acht Tage im FHQu. Er kam recht weich und elend hier an. Er klagte über die überheizten Baracken dort und den Matsch draußen, hätte ständig nasse Füße gehabt – schlimm für einen Schreibtischoffizier! Und der Chef macht doch gerne lange Spaziergänge, unterhält sich dabei mit Vorliebe. Nur über die Verpflegung hat Scheidt nicht geklagt, die wäre anständig gewesen: Frontverpflegung! Und mehr zu trinken hätte man auch bekommen. Also gar kein so schlechtes „Frontleben". Sicher besser als bei Hoth, zu dem er doch kürzlich noch wollte! Der Arme hat sich erkältet und fehlt nun.

Morgen haben wir unsere Weihnachtsfeier. Für uns ist die deswegen wichtig, weil wir da doch unseren Bunten Teller (Pfefferkuchen, Bonbons, 2 oder 3 Äpfel) und eine Flasche Wein erhalten.

1943

Vom „Heldenklau" und Alarmstimmung

6. Januar 43: Das neue Jahr beginnt verheißungsvoll. Nicht nur an der Ostfront, selbst bei uns spitzt sich die Lage zu, weil die Nerven des Chefs überreizt sind. So habe ich heute abend über die Kleinlichkeit und Ungerechtigkeit der „großen und kleinen Größen" nachgedacht, klaviergespielt, gelesen, um wenigstens meine Nerven zu beruhigen. Die Harmonie zwischen *Scherff und Scheidt* ist seit einigen Tagen gestört. Worum es genau geht, weiß ich nicht. Irgendwie hat es auch mit Greiners Arbeit zu tun, aber in diesem Punkt ist Scheidt mir gegenüber schweigsam, weil er weiß, daß ich durch Greiner hergekommen bin und wohl denkt oder fürchtet, daß ich mit ihm privat doch noch Kontakt habe. Jedenfalls gab es in letzter Zeit nur Ärger zwischen Chef und Adjutant. Heute kam es zur Explosion, Scheidt kam kaum dazu etwas zu sagen. Der Chef schrie in das Telefon, bekam wieder seine „gußeisernen Zwillinge" [Standardausspruch von Scherff, wenn er wütend war „Es ist, um gußeiserne Zwillinge zu bekommen"] und knallte zum Schluß den Hörer auf. Zwei solche Gespräche gab es. Nach dem ersten, mittags, diktierte Scheidt mir einen Brief an den Chef mit der Bitte um Versetzung im Rahmen der zur Zeit von General von Unruh (dem „Heldenklau") vorgenommenen Personalveränderungen und nach dem zweiten Gespräch unterschrieb er ihn. Dann mußte ich den Brief aber wieder aus der Post vorholen, weil er lieber noch einmal darüber nachdenken und eine andere Fassung machen will. Da die Möglichkeit der „Rache" besteht, überlegte er, ob es nicht klüger wäre, wenn er von seinen „Beziehungen" Gebrauch macht, bevor es dazu zu spät ist. Dr. Petzet hat der „Heldenklau" schon erfaßt. Er wird in Augsburg als Soldat ausgebildet!

18. Januar 43: Ach Eva, jetzt haben unsere schönen alarmfreien

Tage in Berlin aufgehört. Der Engländer scheint unsere Angriffe auf London nicht mehr zu fürchten oder ist gewillt, sie in Kauf zu nehmen. Gestern (Sonntag) hatten wir schon wieder ganz gehörige Bombenabwürfe. Ich war noch in Dahlem bei Scheidts. Das leichte Häuschen im Falkenried zitterte in allen Fugen und schwankte wie ein Schiff schon alleine durch die Schüsse der nahen Flakbatterie. Durch den Angriff war alles durcheinander: Die Straßenbahn kam nicht, der Omnibus fuhr nicht durch. Um 24 Uhr war ich endlich durchgefroren und überhungert zu Hause, aber glücklich, unsere Wohnung unverändert vorzufinden – in Richtung Steglitz war nämlich der Himmel rot gefärbt gewesen.

20. Januar 43: Die Zahl der Toten vom Sonntag hat sich schon wesentlich erhöht, aber was macht das schon aus, wo unsere Flak den Engländern eine „schwere Niederlage" bereitet hat – man denke, 24 Abschüsse! *Goebbels* schrieb ja auch im „Reich": *„Totaler Krieg verkürzt den Krieg".* Die Engländer scheinen jetzt derselben Ansicht zu sein und helfen so gut sie es mit ihren „schwachen" Kräften können bei der Verkürzung mit. Doch Spott beiseite. Die Sedanstraße, wo fünf Häuser abgebrannt sind, ist die nächste Querstraße von uns zum Stadtpark hin. Wir haben Glück gehabt!

Die Theater, Konzerte und Kinos müssen jetzt alle spätestens um 19 Uhr beendet sein. Die Engländer haben mit zwei Angriffen unser ganzes Leben recht einschneidend geändert. Du hast nach den Meldungen wirklich an einen harmlosen Alarm geglaubt?! Aber Eva, Du mußt doch nun auch schon aus Erfahrung wissen, was es bedeutet, wenn eine Stadt im Wehrmachtbericht genannt wird und wenn es auch nur „das Gebiet von Groß- ..." heißt.

Scheidt ist Montagabend für einige Tage in das FHQu gefahren. Trotz seiner Abwesenheit habe ich dieses Mal vollauf zu tun. Ich schreibe „synchronistische Tabellen", das ist der Zweite Weltkrieg im Taschenformat!

Am Dienstag der vergangenen Woche (21. 1.) habe ich mittags mit Herrn Hüsch in der Kameradschaft der Künstler gespeist, und zwar sehr gut, Rheinsalm (Kostenpunkt 5 RM). An unserem Nachbartisch sprach man von „Unruh" und „Wirbel" (dem „Heldenklau" General von Unruh und seinem Adjutanten namens Wirbel – die Namen passen doch genau zu ihrem Sonderauftrag). Anlaß für mich, meinem Professor zu empfehlen, sich häufiger an der Staatsoper zu betätigen und seine Konzerte nicht etwa, wie er es vorhat, einzuschränken, weil er sonst bald einer „nützlicheren" Tätigkeit als Kraftfahrer im Osten nachgehen dürfte. Ab Jahrgang 01 muß jetzt alles daran glauben!! Scheidts Opernkartenwunsch konnte ich auch anbringen. Der möchte doch in die neuerstandene Staatsoper. Es ist nämlich jetzt immer die erste Frage: „Waren Sie schon in der Staatsoper Unter den Linden?".

24. Januar 43: Ich soll Dir ausführlich von den Angriffen schreiben? Ich weiß nicht, was Ihr so denkt. Schließlich habe ich die Toten und Verletzten nicht gezählt und kann es nicht ändern, daß keine bekannten Gebäude außer der Deutschlandhalle getroffen worden sind, sondern nur Wohnhäuser, die für Fremde kein Begriff sind. Im allgemeinen haben die Berliner diesmal nicht zuviel über das Geschehen gesprochen. Es ist eben voller Ernst und nicht mehr „Sensation". In der Deutschlandhalle war keine Parteiversammlung (wie kommt man bloß darauf?), sondern die Vorstellung „Menschen, Tiere, Sensationen". Die Engländer brachten eine Sonderdarbietung. Die wilden Tiere hat man noch in die Käfige bringen können und ist mit diesen rausgefahren auf die Avus. Die Menschen sind im Keller dicht gedrängt gewesen und es ist, als bekannt wurde, daß die Kuppel brennt, doch nicht alles so diszipliniert zugegangen, wie es die Zeitungen meldeten. Ein Barakkenlager mit Gefangenen ist auch getroffen worden, es hat dort 50 Tote gegeben. In der Zeitung wurden zuletzt vom Sonnabendangriff etwa 110 Tote angegeben, vom Sonntag-Angriff wurde gar nichts gemeldet an Verlusten, obwohl er genau so heftig war. Da ich nichts weiter erfahren habe und keine Gerüchte verbreiten will, kann ich leider die Neugier nicht befriedigen. Im übrigen sind wir froh und dankbar über *jede* ruhige Nacht und sehnen uns gar nicht nach diesem interesssanten Schauspiel. Sei nicht böse, aber ich bin jetzt wirklich nicht in der Stimmung über diese Sachen zu sprechen. Es ist wohl immer so, daß man über ernste Erlebnisse nicht sprechen kann – zumindest nicht gleich, und zwar meine ich hiermit nicht nur die beiden Angriffe, sondern alles was jetzt gerade zusammenkommt und den ganzen tödlichen Ernst offenbart. [Die hoffnungslose Lage in Stalingrad.] Und wenn man dieses Bewußtsein hat, dann wird alles schwer und ist nicht ohne

Schatten. In solchen Lagen kann man nur wertvollstes, unsterbliches Gut als Begleiter, helfenden Begleiter ertragen: Unsere großen Meister der Musik und Dichtkunst. Alles andere ekelt einen nur an. Ja, und es gibt sogar Augenblicke, wo alles schweigt und nichts zu einem spricht! Die Erschütterungen des Daseinskampfes sind zu gewaltig. Aber im Radio spielt man ja täglich „Es geht alles vorüber, es geht alles vorbei, auf jeden Dezember folgt wieder ein Mai." Es lebe die Oberflächlichkeit!

27. Januar 43: Der erste Brief aus meinem neuen Büro, Kurfürstenstraße, einem siebenstöckigen modernen Zweckbau mit klarer Fassade. Von meinem Fenster aus sehe ich den Wittenbergplatz. Heute kam ein interessanter Besucher, Scheidt hatte mich gebeten, ihn zu rufen, weil er diesen Mann unbedingt sehen wollte: *Generaloberst a.D. Erich Hoepner,* der seinerzeit als Nachfolger Guderians hier in diesem Büro gesessen hat. Hoepner war eben hier und hat höchstpersönlich seinen Panzerschrank ausgeräumt. Ich hätte in dem freundlichen Herrn fast nicht den „Panzergeneral" erkannt, da er so einfach daherkam. Natürlich in Zivil, denn er gehört ja nicht mehr zur Wehrmacht, aber irgendwie hatte ich noch so eine „Generals"-Vorstellung. Scheidt wohl auch. Er kam sofort angeeilt, um den berühmt-berüchtigten „Panzergeneral" aus nächster Nähe zu betrachten. Nachher sagte er zu mir: „Ich habe ihn mir anders vorgestellt, der sieht doch nach einem schlichten Gemüt aus". Ich weiß ja nicht, wie er sich einen *Befehlsverweigerer* vorstellt. Vielleicht erinnerst Du Dich nicht mehr an diese Sache, sie liegt schon ein Jahr zurück. Scheidt erzählte sie mir damals ganz aufgeregt. Generaloberst Hoepner wurden in der russischen Winterkrise „wegen Ungehorsam und Feigheit" vom Führer aus der Wehrmacht „ausgestoßen". Er hatte als Befehlshaber einer Panzerarmee deren Rückzug angeordnet, bevor sie hoffnungslos eingekesselt war, obwohl der Führer „durchhalten" befohlen hatte!! Scheidt hat dieser Panzergeneral imponiert, weil der an seine Leute gedacht hat und nicht nur an sich selbst und es eben gewagt hat, nach seiner Beurteilung der Lage zu handeln. Er mußte das dann auch ausbaden, seine Vorgesetzten (Gfm. von Kluge) ließen ihn im Stich. Ausgestoßen aus der Wehrmacht bedeutet auch keine Pension! Es wundert mich ja, daß er noch Sachen hier im Panzerschrank des Chefzimmers hatte. Ein Zusammentreffen mit Scherff wäre bestimmt peinlich geworden. Scheidt war in Uniform, aber ganz höflicher Oberleutnant.

Hoepner hat eine kräftige Statur, ein volles Gesicht, runden Kopf, rote Backen und wirkt freundlich, und so ohne „Siegellack" vollkommen zivil. Eher Landwirt als General a. D. [Erich Hoepner, Gen. Oberst a. D. wurde nach dem 20. Juli 44 verhaftet und vom Volksgerichtshof zum Tod am Galgen verurteil und hingerichtet.]

Mein Zimmer ist wirklich sehr hübsch. Durch die getäfelten Wände, einen langen schmalen Spiegel, das hohe Fenster mit den grünseidenen Vorhängen (Täfelung und Vorhänge wie im Chefzimmer) wirkt es geradezu elegant. Das Chefzimmer ist großartig, nicht mein Geschmack. Eine typische Inneneinrichtung aus den Jahren 1925/26. Gebaut mit den „erborgten Geldern", wie Dr. Menzel sehr richtig bemerkte. Menzel sagte auch, daß es mir, wenn ich in die anderen Zimmer käme, vorkommen müsse wie einem Sozialbetreuer „Gott, die armen Leute!". Die Räume sind alle unterschiedlich, man sieht, es gab noch keine „Gleichheit" damals! Das Haus gehörte früher irgend einem Konzern – ich muß feststellen, daß Generaldirektoren wohl doch so eingerichtet sind wie man es im Film sieht.

Gestern rief mich Liselotte an. [Eine Freundin von uns: Liselotte Dettmar] Sie war mächtig aufgeregt. Fährt Hals über Kopf am 1. Februar zu ihrer Schwester nach Ostpreußen, um einer möglichen Zwangsverpflichtung zu entgehen. Ich weiß, daß am 30. 1. ein *„Frauenarbeitspflichtgesetz"* (Alter von 18–55) herauskommen soll. Liselotte muß davon gehört haben. Sie sprach nur in Andeutungen. Jedenfalls läßt sie sich von ihrer Schwester anfordern als Hilfe für die Landwirtschaft und die 4 Kinder. Ich kann Liselotte zwar verstehen, aber wenn ich es mir genau überlege – gerade Ostpreußen? Ich sprach nachher mit Scheidt über diesen „Sauckel-Erlaß". [Gauleiter Sauckel war „Generalbeauftragter für den Arbeitseinsatz".] Scheidt sagte mir, daß das Gesetzt „kraß" ausfallen wird, weil es keine andere Möglichkeit mehr gibt, Männer für den Fronteinsatz freizubekommen!

30. Januar 43 (Sonnabend): Um 10.40 Uhr war bei uns Appell wegen der Göring-Rede, an dem ich aber nicht teilzunehmen brauchte, weil ich meine Telefone bewachen mußte, was mir sehr angenehm war. Scheidt schenkte sich ebenfalls die Göring-Rede, weil er noch mit dem Chef telefonieren mußte, der ihn unbedingt Montag im FHQu haben wollte. Er setzte sich zu mir und erzählte gerade von der „Figaro"-Aufführung, die er gestern dank Hüschs Karte besucht hatte, als die öffentliche Luftwarnung ertönte. Es war punkt 11 Uhr, der vorgesehene Redebeginn! Unsere Leute kamen alle an und räumten die Akten fort. Draußen blieb alles still. Nach einer dreiviertel Stunde wurde entwarnt und die Rede stieg nun. Scheidt blieb bei mir und wir unterhielten uns über die doch recht kritische Lage [Stalingrad]. Zwischendurch telefonierte er mit dem Chef, der recht erstaunt war, als wir ihm den Alarm mitteilten.

Herr Greiner bekommt noch einen Orden (Kriegsverdienstkreuz) und darf dann seinen Platz räumen. Der Chef hat wieder mal ein Ziel erreicht.

Verwirrung um Stalingrad

1. Februar 43, Montag: Scheidt erschien heute früh schon wieder im Dienst. Er war nur den Sonntag im FHQu. Die Zeitungen melden erst heute die Ernennung von *Paulus* zum Generalfeldmarschall, aber noch nicht, daß er seit Sonntagmittag schon nicht mehr lebt, sondern sich mit seinen Leuten in die Luft sprengen ließ. Da, bis Dich dieser Brief erreicht, diese heldenhafte, aber furchtbare Tat auch öffentlich bekannt sein wird, kann ich es ja schon niederschreiben. [Am 25. 1. hatte Hitler die Kapitulation der 6. Armee abgelehnt und befohlen, bis zum letzten Mann weiterzukämpfen. Auf diesen Funkspruch hatte Generaloberst Paulus geantwortet: „Ihre Befehle werden ausgeführt, es lebe Deutschland!" Am 31. 1. morgens kam der letzte Funkspruch der Südgruppe der 6. Armee aus Stalingrad.]

Kurz vor Dienstschluß hatten wir im Sitzungssaal Vorstellung des neuen Stellvertreters des Chefs in innerdienstlichen, also personellen Angelegenheiten, Oberst *von Kaufmann*. Scheidt hat das durchgesetzt. Seit seinem Aufenthalt im FHQu beim Chef Anfang Januar ist er wieder der einflußreichste Mann bei uns. Nur kann er als kleiner Oberleutnant und Adjutant nicht offiziell Stellvertreter sein, deshalb diese geschickte Lösung. Im übrigen hat Scheidt viel Arbeit mitgebracht – eine ganz eilige Sache. *TB:* Wir schreiben nach den Unterlagen den „Kampf um Stalingrad" bis zur Erstürmung der Stadt. Der Führer will eine Schrift anfertigen, wie es dazu kam. Eilt sehr!

3. Februar 43, abends: Heute ist nun mein 24. Geburtstag. Als der Krieg begann, war ich 20! Der Tag ist arbeitsam, aber sonst ruhig verlaufen und wird hoffentlich auch ohne „Fliegerehrenrunden" schließen.

Im Dienst begann gleich die Gratulationscour, nur der gute Scheidt dachte nicht daran. Er kam eine Stunde später zum Dienst und teilte mir gleich mit, daß er gestern abend sehr viel Cognac getrunken hätte (wohl dem, der das noch kann!) und sagte mir auch weshalb. Darauf hätte ich einen Cognac nötig gehabt! Werde nachher doch noch eine Flasche Rotwein opfern müssen. Es ist wirklich erschütternd, was ich jetzt alles erfahren muß! Auch heute früh konnte ich ab 4 Uhr nicht mehr richtig schlafen. Mir ging allerhand von Scheidts letzten Diktaten (eine Unterlage für den Führer) durch den Sinn. Und nun mußte er mir noch so etwas mitteilen! Nachher entschuldigte er sich, daß er mir ausgerechnet an meinem Geburtstag mit diesen erschütternden Nachrichten kommen mußte. [Dem Ende der 6. Armee. Am 2. 2. war der letzte Funkspruch der Nordgruppe gekommen.] Aber man lebt ja in dieser Zeit und der „totale Krieg" wirft seine Schatten auf alles.

Der Chef rief mittags an, um mir zu gratulieren. Zum Glück hatte Scheidt inzwischen schon den Auftrag des „Beauftragten" ausgeführt und mir 3 herrliche Stiele blauen Flieders überreicht. Zum Mittagessen traf ich mich rasch mit Mama und wir aßen ganz üppig für je 100 g Fleischmarken ein Gedeck mit Rostbraten. Scheidt erwartete mich danach schon im Büro, diktierte weiter und natürlich kam ich nicht pünktlich fort.

Ach Eva, es ist schön, daß Mama heute da ist, aber ich bin doch traurig, daß Papa nicht mehr bei uns ist. Er hat wahrhaftig nicht zu schwarz gesehen – mich bedrückt jetzt immer mehr! Unser Vater hat nicht zu schwarz gesehen!!

5. Februar 43: Zu den Meldungen über Stalingrad kann ich Dir nur soviel sagen, daß die Russen von der Gefangennahme des Generalfeldmarschalls Paulus mit noch 18 Offizieren berichtet haben. Es kann aber auch eine Falschmeldung sein. Die Sprengung sollte jedenfalls stattfinden, ob nun in dem Durcheinander irgendeine Sache dazwischen kam und einen anderen Ausgang herbeiführte, weiß man noch nicht. Daher wohl auch noch die Zurückhaltung. Mehr kann und darf ich nicht sagen!

Ich schlafe nicht mehr so gut, die seelische Belastung wird doch immer schwerer. Allmählich bin ich soweit, daß mich jede naiv-egoistische Haltung, diese Art Harmlosigkeit, mit der über den Krieg gesprochen wird und über die notwendigen Opfer, die von anderen zu bringen sind, aufreizt. So werde ich auch ungerecht gegenüber jenen Mädchen, die sich heute noch einbilden, nur ihrem Kunststudium, ihrer Lieblingsbeschäftigung nachgehen zu müssen, sogar glauben, darauf einen Anspruch zu haben. Wer wird denn von uns danach gefragt, was er gerne möchte? Und wer fragt die Jungens? Die müssen einfach alles lassen und hingehen und Helden werden! Weiß Gott, ich sehe jetzt alles unter dieser unerbittlichen Härte. Paßt doch direkt zu den Aufsätzen über den „Totalen Krieg", wie die Presse sie jetzt brachte?! Aber Du wirst schon verstehen – es erscheint mir manches, auch manch Schönes im Augenblick nicht so wichtig. Und diese so weitverbreitete Kurzsichtigkeit! Auch Liselotte hat sie. Sie hat mir natürlich abgeschrieben, verspielt die Planstelle bei uns. Der 1. März ist ihr zu früh. Sie will bis Juni bei ihrer Schwester bleiben. Hoffentlich gefällt es ihr in zwei Jahren in Ostpreußen auch noch, falls sie bleiben darf und nicht woanders hinbefohlen wird. Noch sind ja viele Hintertüren offen, aber eine Verschärfung wird kaum ausbleiben und mit einer Dauer von zwei Jahren muß man wenigstens noch rechnen. Ob ich Liselotte im Notfall helfen kann? Ich glaube es kaum, denn es paßt nicht immer so. Doch die Menschen wollen ja nicht hören. Woher kommt bloß diese engbegrenzte Einstellung – haben sie denn alle Linsenverkrümmung?

Im Radio spielt man schon wieder Märsche – man sollte doch auch lieber vier Tage Funkstille machen! Aber aus allem, auch dem größten Opfer wird ein Kinostück gemacht, so ein richtiges Kolportagestück – aufregend, dramatisch, schwülstig und kitschig. Alles ist übertrieben und unecht! [Staatstrauer wegen Stalingrad]

Ich lese jetzt neben dem „Hesperus" von Jean Paul einen äußerst spannenden, sehr sinnlichen, aber auch voller ausgezeichneter Bemerkungen über bildende Kunst steckenden Roman von 1785.

Scheidt gab mir gestern mit wärmster Empfehlung und einiger Sorge, daß mein Seelenheil leiden könnte „Ardinghello und die glücklichen Inseln" von Wilhelm Heinse aus dem Goethe-Wieland-Kreis. Man sollte die Scheu vor den hundertjahre-alten Büchern überwinden. Ich glaube, sie sind ursprünglicher und darum unverwüstlicher als die der Jetztzeit. Ich bin sehr froh, daß ich mit Eifer wieder beim Lesen bin. Die Musik ist zur Zeit gänzlich in mir erstickt. Die Belastung ist zu arg. Und sie wird nur noch schwerer werden. Scheidt geht es genau so – er kann auch nicht mehr richtig arbeiten. Man muß ja denken!!

Hans habe ich inzwischen schon einige mal geschrieben. Ich kenne die Lage dort ziemlich genau und bin sehr in Sorge. Er gehört übrigens zu Papas Regimentskameraden Generalleutnant Höhne. Es sieht nicht gut aus. [Hans Federmann, ein Onkel von uns, als Stabsapotheker eingezogen, nun im Kessel von Demiansk.]

12. Februar 43, TB: Mit Scheidt zum Mittagessen. Er will sich abregen. Nach den Unterlagen für die Führer-Schrift über Stalingrad nun eine seiner „Kritischen Betrachtungen" darüber. Ausgangspunkt, daß Hitler hier genau entgegengesetzt wie vor Moskau gehandelt hat, wo er Kräfte für die Nord- und Südfront abzog. Seine Idee war, daß wir die Russen nicht schlagen können, weil sie zu zahlreich sind. Wir müßten in den Kaukasus, um ihnen die Waffen und das Öl zu nehmen. Das Donez-Becken dürfe seiner Meinung nach auch nicht aufgegeben werden, weil er sonst diesen Krieg nicht weiterführen könne!! Und am 8. Februar hat der Russe Kursk genommen! Scheidt sieht nun erdrückende Probleme vor uns, selbst die „Aktenhortung" betreffend. Immer mehr F(ührer)-Befehle wären völkerrechtswidrig, nicht nur der vom „Barbarossa"-Beginn [Sog. Kommissarbefehl]. Die Auswirkungen sind nicht nur auf die gesamte Führungsspitze, sondern auch Untergebene, auf Offiziere genauso wie Privatpersonen, die nichts damit zu tun haben, kaum auszudenken, wenn der Feind diese Dokumente in die Hand bekommt. Überlegt, ob er das dem Chef sagen soll.

13. Februar 43, Sonnabend, TB: Chef da. Scheidt hat mit ihm gesprochen. Wir sammeln weiter die Dokumente! An Greiners Stelle soll ein Göttinger Professor (Historiker) Dr. Schramm, Rittmeister d. R., das KTB führen. [Prof. Dr. *Percy Ernst Schramm* war als Kriegstagebuchführer zunächst General Warlimont unterstellt, ab 1944 direkt Gen. Oberst Jodl. Scherff blieb aber eingeschaltet. Er erhielt sofort eine der 3 Ausfertigungen, zudem ein Exemplar der umfangreichen stenographischen Protokolle, die seit September 42 von allen Führer-Lagebesprechungen angefertigt wurden und die Schramm, wie er selbst berichtet, nicht einmal einsehen durfte! Diese Protokolle gingen an Hitler, die Reichskanzlei und Scherff, d. h. von dem weiter an Scheidt in Berlin für das „Hauptbuch", dann in das Archiv der Abt. Wehrmacht-Kriegsgeschichte. Schramm wurde Herausgeber des „Kriegstagebuch des Oberkommando der Wehrmacht", Frankfurt/M. 1962 f. Er starb 1970.]

(Brief:) Unsere Luftschutzübung am Donnerstag war nicht weiter aufregend. Erst hielt ein alter Herr uns einen sehr „sinnreichen" Vortrag (ich habe daraus entnommen, daß der *Hauswart* auf jeden Fall am Leben bleiben muß, da er falls das Haus einstürzt, angeben muß, wieviel Personen im Keller waren und demzufolge auszugraben sind!) und dann gab es als feierlichen Abschluß auf dem Hof einen „Kiepenbrand", der zu schnell gelöscht und somit noch einmal angezündet wurde – man sollte doch etwas von dem Brand haben. Voll und ganz überzeugt von unserer Schlagkraft gingen wir mit kalten Füßen in die Wohnung, in der Hoffnung, daß uns die Flieger nicht wirklich noch besuchen möchten.

Liselotte will nun doch gerne zu uns kommen. Ihr Mann, in Brüssel dienend, ist dafür. Sie bereut ihre Absage schon sehr. Ich sprach heute gleich mit Scheidt deswegen. Wenn der Chef nicht inzwischen eine Anwärterin aus seinem Bekanntenkreis hat, kann es klappen.

Nun noch 2 Sätze zum Nachdenken von Seeckt: „Dem Genius zu folgen, führt meistens in den Abgrund". Sein „Licht leuchtet eine kurze Weile, es wärmt nicht, sondern blendet die Masse".

Genie-Experten, der gefährliche Seeckt

15. Februar 43: Dieser Dr. *Gustav Richard Heyer* regt mich wieder richtig auf. Im vergangenen Jahr war es seine „Psychopolitik". Nun hat er eine 12 Seiten lange Abhandlung, ach was, reine Polemik, gegen Seeckts Ausführungen über „Genius und Genie" verfaßt, damit die nicht als Buch erscheinen dürfen. Scheidt war schon neugierig auf meine Bemerkungen. Ja, ich habe wieder etliche. Ein Glück, daß ich sonst nichts weiter mit Heyer zu tun habe. Er geht immer mit kurzem Gruß durchs Vorzimmer zum „sehr geehrten Herrn Oberst". Er ist bei uns nicht in Uniform gesteckt worden, kann also weiter in Zivil herumlaufen. Ich halte ihn für recht eingebildet, dem Chef gegenüber aber für geradezu devot.

Was Heyer bei Seeckt aufregt, regt mich bei ihm auf! Du weißt ja, daß ich von Seeckt immerhin etwas weiß. Ich habe doch seine Memoiren Papa geschenkt und selbst gelesen. Nun, die Bildung spricht ihm Heyer auch nicht ab, aber er unterstellt Neid gegenüber dem „unter uns lebenden leibhaftigen Genius". Ich kann Dich nicht von einigen Zitaten verschonen, muß das los werden.

Heyer, der Psychiater, kommt nach seitenlangen Ausführungen im Teil II (Heyer unterteilt immer fein) zu der Feststellung: „Die Diffamierung des Genius bei Seeckt ist das Ergebnis eines bürgerlich-flachen Denkens, der Weltanschauung des ausgehenden vorigen Jahrhunderts. Der, wie gesagt, bürgerlich-liberalen Einstellung entspricht es weiter, wenn er gar ausführt ‚Der Genius ist unverantwortlich', ‚amoralisch' usw., die Welt brauche aber Maß und Gesetz, Verantwortung und Massenmoral. Heyer: „Der ‚Genius' des Verfassers (Seeckt) entlarvt sich als der schrankenlose Individualist, als freigelassene Bestie. Ich muß Ihnen offen gestehen, sehr geehrter Herr Oberst, daß ich derart nicht nur Banales und Falsches, sondern Geschmackloses und Peinliches lange nicht gelesen habe." „... Die Frage ‚wem gegenüber sollte er (der Genius) verantwortlich sein' spricht daher von so erschreckender Blindheit, daß darüber zu diskutieren unmöglich ist. Aber: gedruckt sollte derartiges wohl besser nicht werden! Es ist der Ausdruck einer Weltanschauung, die wir ablehnen und die in unseren Tagen und vor unseren eigenen Augen widerlegt wird. (Meine Anmerkung: gerade nicht!) Mag der Autor noch so viele Verdienste haben, er erweist sich als allem echt Schöpferischen fremd, redet aber davon derart irreführend, daß mir hier eine Warnung – besonders vor einem gewissen Seecktkultus, der anzutreffen ist – am Platze erscheint."

Doch nicht genug damit. Es kommt noch ein III. Kapitel und

zum Schluß hebt Heyer auf Grund seiner „tiefenpsychologischen" Erfahrung *noch einmal die Gefahr von Seeckts Gedanken hervor.* Er schließt: „Diese ‚Giftigkeit' zeigt sich u. a. besonders deutlich in dem den Genius derart abwertenden Passus des Anfanges – Ausführungen, die – zumal niemand die akrobatische Unterscheidung von Genius und Genie verstehen wird – von manchem mißdeutet werden könnten (und von Mißgesinnten sicher mißbraucht werden!) als zielend auf dasjenige Genie, denjenigen Genius, der in unseren Tagen leibhaft unter uns lebt." So, nun weißt Du's hoffentlich ganz genau. Und der arme Rabenau hat Seeckts Memoiren herausgegeben. Das ist jetzt sicher ein Fehler.

[Zu Dr. med. Gustav Richard Heyer s. S. 85, *Seeckt,* Hans von, 1866–1936, war 1920–26 Chef der Heeresleitung, hatte während des „Kapp-Putsches" die Reichsregierung unterstützt, 1924 Reichswehr gegen den „Hitler-Putsch" eingesetzt. 1930–32 Mitglied des Reichstages als Abgeordneter der Deutschen Volkspartei. Seeckt gilt neben Reichswehrminister Geßler (1928) als der eigentliche Schöpfer der Reichswehr.]

17. Februar 43: Heute ist der Erlaß von Keitel herausgekommen, daß ab 22. Februar die Mindestarbeitszeit wieder auf 53 Wochenstunden festgesetzt werden muß, also für uns von 8–17.30 Uhr und Sonnabends bis 13.30 Uhr geht. Wir müssen ja wohl noch froh sein, daß der Sonnabendnachmittag und Sonntag frei bleiben. Man muß sich ja bescheiden, auch wenn man den Zweck nicht einsehen kann.

Das Kommen des Chefs droht noch immer. Jeden Tag meldet er sich an und kurz vor Dientschluß sagt er, daß er nun doch noch nicht käme. Ich ruhe mich für die kommenden Aufregungen und Anstrengungen aus und habe heute erst einmal zur Einstimmung in den Theaterbesuch Goethes „Iphigenie" gelesen. Wundervolle Verse! Besinnst Du Dich noch auf den berühmten Gesang der Parzen?

„Es fürchte die Götter
Das Menschengeschlecht!
Sie halten die Herrschaft
In ewigen Händen,
Und können sie brauchen,

Wie's ihnen gefällt.
Der fürchte sie doppelt,
Den je sie erheben!
..."

19. Februar 43: Mein Chef ist da. Er ist sehr nett, fast der alte. Er brachte Betrieb und Unruhe mit. Sogar mit München habe ich telefoniert. Schade, daß man da nicht gleich noch ein Privatgespräch mit einer anderen Nummer anhängen darf. Hast Du schon mal etwas von Dr. *Rudolf-Karl Goldschmit-Jentner* gehört? Er ist Schriftsteller, Philosoph. Jetzt ist ein Buch über „Columbus" von ihm erschienen. Sein voriges hieß „Die Begegnung mit dem Genius", deshalb braucht ihn Scherff! Dr. Goldschmit-Jentner wird für eine Woche auf Wunsch des Chefs herkommen. Durch die Kommandantur gab es auch gleich ein Zimmer im „Excelsior". Scherff ist dieses Mal allein hergekommen. Sein Chef [Hitler] hat sich auf Dienstreise begeben. [Hitler flog am 17. 2. mit den Generälen Jodl und Zeitzler nach Saporoshje, um von dort die Operationen im Südteil der Ostfront zu leiten.] Wie lange Scherff hier bleibt, ist unbestimmt. Verrückt ist nur, daß jetzt mal wieder alles zusammentrifft. Dr. *Ottokar Menzel* habilitiert an der Universität Kiel. Am 25. hat er seine mündliche Prüfung. Er hat mich gebeten, ihm doch den Vortrag zu tippen. Es werden etwa 25 Seiten. Wäre der Chef nicht gekommen, hätte ich einen Teil sicher im Büro erledigen können. Jetzt muß ich wahrhaftig alles abends zu Haus machen. Da Menzel sehr nett ist, tue ich ihm den Gefallen.

20. Februar 43: Menzel redet in Kiel über Leibniz und das Mittelalter. Gerade dieses Thema hielt er für gänzlich abwegig – es wurde gewählt!

TB: Gestern wurde Charkow aufgegeben. Führer ist ins FHQu „Werwolf" [Winniza] zurückgekehrt.

28. Februar 43: Nun war also München dran, aber was sollen bloß die armen Wilhelmshavener jetzt sagen?! Wir werden auch wieder an die Reihe kommen, es geht so ganz gemächlich „peu à peu" bei den Engländern voran.

Zu deiner Anfrage betreffend Br. und H. [v. Brauchitsch und Halder] kann ich Dir nur sagen, daß noch Mitte Januar Br. in seiner Berliner Villa saß. Es ging ihm gesundheitlich wirklich gar nicht gut (Herz!). Ich glaube nicht an eine Wiederverwendung – nach den Äußerungen meines Chefs ist es ausgeschlossen! [*Brauchitsch,* Walter von, 1881–1948. 1938 Oberbefehlshaber des Heeres. Rücktritt 19. 12. 41. 1945–48 in britischer Gefangenschaft. *Halder,* Franz, 1884–1972. Seit 1938 Chef des Generalstabs des Heeres; am 24. 9. 42 durch Hitler seiner Stellung enthoben, nach dem 20. Juli 44 verhaftet und bis Kriegsende in Konzentrationslagern festgehalten.]

Bei Euch gibt es also schon keine Dauerwellen mehr. Hier ist darüber noch nichts weiter verlautet. Dafür geht es mit den Geschäftsschließungen rasch voran. Das Bild um die Gedächtniskirche ist schon ganz verändert.

In dieser Woche ging es im Büro wieder hoch her. Ich mußte jeden Tag länger bleiben. Der Dr. Goldschmit-Jentner aus München erschien und es gab viel zu beraten. Ein kleiner Herr – aber eben auch ein „Genieforscher". Sein nächstes Buch soll „Die Verwandler der Welt" heißen.

Der Auftritt des bayerischen *Ritters von Schramm* seinerzeit war eindrucksvoller. Nicht nur, weil er rein äußerlich von gewichtigerer Statur ist und von aufgeschlossen freundlichem Wesen, sondern wegen des leuchtend blauen Halsordens. Der bayerische Ritter treibt auch keine Genie-Forschung, er schreibt für die verschiedenen Militärzeitschriften und führt das Kriegstagebuch beim Oberbefehlshaber West.

1. März 43: Liselotte kommt zu uns! Die Herren sind alle sehr angetan. Sie sah mit ihrer Pelzmütze und ihrem zarten Teint aber auch bildhübsch aus, so daß ich nur feststellen konnte, daß ich dem Scheidt mit der „guten Erscheinung" nicht zuviel versprochen hatte. Der Chef begrüßte sie sehr freundlich, sagte, daß meine Empfehlung genüge und Oberst von Kaufmann hat auf jegliche Prüfungen verzichtet und sie sofort für uns engagiert. Es ist natürlich günstig, daß sie vor ihrer Heirat beim Heereswaffenamt war, also dem Oberkommando des Heeres angehört hat. Da Liselotte hier für Dr. Menzel und Dr. Grimm schreiben soll, wird sie es bestimmt gut bei uns haben. Unsere „jungen Leute" (stattliche Männer sind es ja) und der „charmante" Chef gefallen ihr. Und von ihrer Wohnung ist sie in 10 Minuten Straßenbahnfahrt im Büro. Bequemer gehts nicht, finde ich und hoffe, daß sie sich einigermaßen wohlfühlen wird. Die Sirenen heulen, es ist 21.35 Uhr!

2. März 43, 6.15 Uhr! Es war und ist noch furchtbar, Eva. Der *Angriff* begann etwa 21.50, war kurz und heftig. Es krachte entsetzlich, das Licht ging teilweise aus, die Türen schlugen, das Haus wackelte, Einschläge recht nah – kurz, so einen Angriff in nächster Nähe haben wir noch nicht erlebt. Entwarnung gab es erst sehr spät gegen Mitternacht. Friedenau und Steglitz brannten lichterloh! Der ganze Himmel ringsum von uns flammend. Um 1 Uhr gingen wir schlafen. Ich träumte noch entsetzlich von dem Angriff, da schreckte mich Klingeln auf. Wir wurden alarmiert – es war ¾ 5 Uhr früh. Schräg gegenüber von uns war noch einmal ein Riesenbrand ausgebrochen und durch den herrschenden Sturm wurde auch unser Haus bedroht. Die Flammen wälzten sich in unsere Richtung. Wir schleppten Eimer mit Wasser hinauf, denn es hieß auf einmal „unser Dach brennt" – aber gottlob war es nicht der Fall. Wie dankbar müssen wir sein, daß wir diesmal noch verschont blieben! Jetzt – um 6.30 Uhr brennt es noch, ist aber wohl nicht mehr so gefährlich, einige Häuser wurden bereits geräumt! Wir leiden nur noch etwas unter dem Qualm. Ja, Eva, wer weiß, was noch alles passiert ist und passieren wird. Ich muß mich nun dienstfertig machen. Der Chef hat wenigstens einen dieser „Terror-Angriffe" erlebt, er sollte draußen mal berichten! Es ist doch für die armen Menschen hier ganz furchtbar.

Luftangriffe verändern Berlin

2. März 43, 21.20 Uhr: Und so wurde der „Tag der deutschen Luftwaffe" zur Nacht der „englischen"! Der helle Tag zeigte erst in voller Deutlichkeit wie groß der Schaden ist. Du kannst Dir davon keine Vorstellung machen. München im September erschütterte mich schon und war dagegen doch nur eine Lappalie. Mein Weg heute zum Büro war ein Weg durch Brand und Trümmer! Da kein Oberleitungsbus kam, lief ich zu Fuß zum Breitenbachplatz und mußte nun überall vorbei. Die Flammen schlugen aus den Fenstern und überall hinaus, eine Hitze herrschte, die Leute hatten auf die Stadtparkseite ihre Sachen gestellt, Feuerwehr spritzte etwas, die Leute schleppten teilweise noch kleine Möbel hinunter und dann die vielen Zuschauer! Ach, es ist so schrecklich all das. Ich ging, so rasch ich konnte, weiter. Kein einziges Schaufenster auf beiden Straßenseiten ist heil geblieben! Die Sachen in den Läden durcheinandergewirbelt. Scherben, Scherben, Scherben! Und noch immer der entsetzliche Sturm, so daß ich doch etwas Angst hatte, daß von den oberen Stockwerken Fensterglas aus den zersprungenen Scheiben heruntergedrückt einen verletzen könnte. Häuser, an denen ich früh noch dicht entlang gegangen bin – gehen mußte, waren abends wegen „Einsturzgefahr" zu passieren gesperrt. Am Breitenbachplatz selbst fehlten ganze Häuserblocks. Aber die U-Bahn verkehrte und so gelangte ich wirklich zum Wittenbergplatz.

3. März 43: Der Wittenbergplatz kam mir vor, wie eine Insel des Friedens, denn da war alles unverändert, nicht eine Glasscheibe gesprungen.

Dr. Menzel, bei dem ich in der vergangenen Woche war und die schöne neue Einrichtung bewunderte, ist arg betroffen. Er wohnt im Seitenflügel und hat da sogar noch Glück, denn das Vordergebäude ist durch Sprengbombe zerstört. Nur ein Zimmer ist noch benutzbar und er hofft, daß sie darin bleiben dürfen. Eine Räumung fürchtet er am meisten. Vorläufig kümmerte sich die Polizei um Häuser, wo zwei Stockwerke ausgebrannt und sonstwie zerstört waren gar nicht, da sie so viel anderes hatten!

Sehr schlimm soll es Unter den Linden sein, auch da hat es noch gestern abend gebrannt! Die Hedwigskirche ist vollkommen ausgebrannt und die Kuppel eingestürzt. Um Haaresbreite hätte es wieder die gerade neuerstandene Staatsoper erwischt. Alle westlichen Vororte haben am meisten gelitten und dann eben noch das Zentrum. Krankenhäuser sind zerstört, aber auch große Werke. So steht Schwarzkopf nicht mehr und die Rüstungsfirma Mix & Genest ist hin, so daß sie ihre Arbeiter nach Hause schicken mußten.

Man muß fürchten, daß dies erst der Anfang ist – ich meine damit nicht, daß nun Tag für Tag Angriffe kommen, aber so ganz allmählich (wie bei den Alliierten alles langsam in der Kriegsführung vorwärtsgeht) werden die Angriffe immer schwerer werden.

Im Wehrmachtsbericht steht ja nichts drin. Für die Berliner

selbst ist in den hiesigen Zeitungen etwas ausführlicher berichtet und der Angriff auch als „Terrorangriff" bezeichnet worden. Die Technische Hochschule hat auch gebrannt, das habe ich sogar aus der Zeitung! Die Zahlen der Opfer sind bisher mit 191 Toten und über 200 Verletzten angegeben, was aber unmöglich alles sein kann.

Mein Chef, der ja noch nie so einen Angriff mitgemacht hat, und der wohl auch überhaupt noch nie solch ein Gedonner der Geschütze und Motoren, das Bombengezische usw. in solcher Nähe miterlebt hat – denn er war ja nicht an der Front und wenn er auch den Führer mal auf Frontbesichtigungen begleitet, so wird man da doch höchstens in der Ferne das Grollen der Schlacht hören –, schien recht beeindruckt. Er war nett, aber sehr nervös! Und dann macht es immer viel aus, wenn wirklich ein Mensch, den sie selber kennen, betroffen ist und so war es hier mit Menzel und der versteht es, auch noch so anschaulich-trocken zu erzählen.

4. März 43: Mein Chef ist von dem „Heimatkrieg" wirklich beeindruckt. Gestern war von 16.45 bis 17.30 Uhr öffentliche Luftwarnung. Vorher schoß es heftig und hörte man auch Motorengeräusch. Abends war Voralarm, wir konnten gottlob ruhig schlafen. Heute vormittag schon wieder Voralarm.

Zu 8.30 Uhr hat der Chef sich morgen Prof. Reinhard Höhn bestellt. Alle positiven Köpfe werden gebraucht! Aber keiner wie Greiner. Der ist das Kriegstagebuch los, *sein* KTB – dabei kann man das ja nur korrekt führen.

6. März 42: Hier in Steglitz am Düppelmarkt (Straße zwischen Bahnhof und Rathaus) arbeiten sie jetzt mit Baggern und tragen die glühenden Schuttmassen fort. Wie entsetzlich, sich Menschen unter diesen Trümmern vorzustellen. Jetzt, nach 5 Tagen können sie doch unmöglich mehr leben. Wie furchtbar muß es sein, wenn man wirklich womöglich noch lebend unter den Trümmern bleibt und vergebens auf Befreiung hofft und einer nach dem andern infolge Luftmangel, Gasentwicklung, Hunger und so weiter stirbt – es sterben ja nicht alle zur gleichen Zeit! – manch einer vielleicht noch den Verstand verliert –!

Mein Chef hat jetzt sogar Bombenbeschädigte aufnehmen müssen und Liselotte läuft man deswegen auch das Haus ein. Sie ist froh, daß sie nun anwesend ist. Scheidt sollte auch Einquartierung bekommen. Er hat sein Häuschen jetzt aber voll belegt mit 7 Personen, zu denen auch seine nur besuchsweise anwesende Mutter und die Pflegerin für das Baby zählen.

7. März 43, Sonntag: Nach einer ruhigen Nacht und bei Sonnenschein sieht doch alles besser aus, allerdings sieht man die Häuserruinen dann auch besser. Und so steht Berlin noch immer im Zeichen der Schreckensnacht. Die Zeitung berichtet heute – es ist erstaunlich! –, daß die Zahl der Opfer sich auf 486 Tote und 377 Schwerverletzte erhöht hätte. Das kann aber noch nicht das Endergebnis sein. Von der Trauerfeier im Beisein von Goebbels für 6 Luftwaffenhelfer, die in der Nacht gefallen sind, steht auch im „V. B." ein Artikel. Vergangenen Sonntag lebten noch mehrere hundert Berliner mehr und freuten sich über dies und jenes und hofften! Es ist entsetzlich. Und jede Nacht kommt eine andere Stadt ran, letztens doch nun Essen. Und keine Ruhe, eh nicht wenigstens die Hälfte zerschlagen und in jedem Haus ein Toter ist! Wie schrecklich bewahrheiten sich Papas düstere Ahnungen.

20. März 43: Ach, es sind herrliche Zeiten! Die Sonne scheint unbekümmert strahlend und warm auf die Erde, wo Vernichtung, Tod und Verderben mutwillig regieren. Bei dem schönen Wetter jetzt muß man immer wieder denken: es könnte so schön sein, wenn – –!

Heute, Sonnabend, war mein Chef wieder im Büro. Gestern abend ist er in Berlin eingetroffen. Er war recht nervös und so bin ich nun auch ganz müde, obwohl wir doch nur ein paar Stunden zusammen waren. Berlin hat erhöhte Alarmbereitschaft! Die Brandwachen sind überall verstärkt, die Soldaten dürfen heute ab 19 Uhr bis Montagfrüh die Kasernen nicht verlassen (damit man sie geschlossen einsetzen kann zu Aufräumungs- und sonstigen Arbeiten).

Eben war unser Luftschutzwart da und verkündete die Anordnung, daß auf den Dachböden die Holzlatten (Verschläge) zu entfernen sind, und zwar sofort! Wir können diese Arbeit nicht tun und müssen abwarten, wie man uns da helfen wird. In ganz Berlin arbeitet man auf den Dachböden. Es stimmt ja, die Latten sind hinderlich und brennen schnell, aber das hätte eigentlich längst bekannt sein müssen. Die Kellerräume sind klein und da soll man möglichst *alles* hineinstopfen, weil nichts ersetzt werden kann. Am besten, man räumt die Zimmer völlig aus!

Jetzt wird sogar in den Zeitungen empfohlen, Sachen zu Bekannten in weniger luftgefährdete Gebiete zu schicken! Und wer garantiert, daß die verschont bleiben?

Berlin erwartet heute und morgen allerhand. (21. 3. – 10 Jahre „Tag von Potsdam"!) Ob es uns so gehen wird, wie Euch mit dem 9. November, wo auch immer nichts passierte? Ich würde es direkt annehmen, wenn ich nicht wüßte daß *ER* hier ist. Es könnte doch sein, daß die Engländer ihm mal ein brennendes Inferno zeigen wollen. Und da sie jetzt immer so aufmerksam waren und keinen Ehrentag übergingen, wird ja wohl zumindest zum feierlichen Staatsakt eine Abordnung erscheinen. Unruhig ist man sowieso schon, weil solange Ruhe war – und alle erhöhte Bereitschaft kann einem die Sorgen nicht nehmen.

abends: Bei uns im Haus wurde mächtig gewirkt. Diese ganzen Sicherheitsmaßnahmen kommen doch reichlich spät – man glaubte eben bis zuletzt, so etwas nicht nötig zu haben. Ja, und wo ist Anfang und Ende und wo ist Sicherheit?

21. März 43, Sonntag: Die Nacht war ruhig. Und zum Frühlingsanfang wieder strahlender Sonnenschein. Die Männer wirken auf den Dachböden. Es macht doch ungeheure Mühe, die Latten zu entfernen. So werden die meisten direkt die Übertragung des *feierlichen Staatsaktes* und Führerrede versäumen, denn bekanntgegeben ist ja noch nichts. Es wird eben eine Überraschung!

Hast Du den Führer heute gehört? Nur 10 Minuten hat er doch noch nie gesprochen. Aber der Staatsakt fand wenigstens ohne jegliche Störung statt.

24. März 43: Mein Chef genießt augenblicklich den Bergfrühling [FHQu Berchtesgaden]. Er rief heute an und erkundigte sich sogar, ob wir Alarm gehabt hätten. Seitdem er einen Angriff miterlebt hat, interessiert er sich dafür. Am Montag war er bis 18 Uhr im Büro, dann ging es mit Keitels Zug los.

Mama hatte tatsächlich die Bretter vom Boden geschleppt. Unser Luftschutzwart, ein bescheidener, netter alter Mann, hat die Latten losgeschlagen und die Frauen haben sie heruntergeschafft. Ich konnte mich ja nun wirklich nicht daran beteiligen. Unserem Blockwart, einem unsympathischen Mann von 40 Jahren, der am

Sonntag in unverschämtem Ton den Hausbewohnern unseres Aufganges Vorhaltungen machte, daß auf ihren Speichern nichts geschehen sei, habe ich erst einmal höflich, aber sehr bestimmt und von oben herab meine Meinung sagen müssen. Er wird sich bestimmt keine Mühe mehr geben, auf mich zu wirken und gut angeschrieben bin ich nun auch nicht. Aber der Ton macht es und alles braucht man nicht einzustecken!

29. März 43: Ich lese jetzt wieder täglich im Marc Aurel, in der Hoffnung, vielleicht ein Stoiker werden zu können, da es mit dem soviel empfohlenen Haß (gegen unsere Feinde) bei mir durchaus nichts werden will. Die „Selbstbetrachtungen" sind wirklich ein großer Schatz. Was stehen da für allgemein-ewiggültige Weisheiten drin. Und am wunderbarsten ist, daß man unbedingt das Gefühl hat, daß dieser Kaiser und Philosoph nicht nur diese hohen Thesen aufstellte, sondern sie wirklich lebte – doch bis man dazu gelangt ---!

1. April 43: Scherff ist Bombengeschädigter! Der Winterfeldtplatz ist diesmal noch ärger mitgenommen worden und das Haus, in dem er wohnt steht zwar, mußte aber geräumt werden, denn eine Luftmine ist in unmittelbarer Nähe runtergesaust. Montagnacht hat sich das zugetragen. Er ist sofort hergekommen. Frau Scherff ist vorerst zu Bekannten (und zwar dem Sohn von Ludwig Ganghofer) nach Charlottenburg gezogen. Die bei Scherffs einquartierten Bombengeschädigten müssen zum zweitenmal ausziehen. Aber Glück im Unglück ist es ja, wenn man noch so davon kommt.

16. April 43: Mein Chef hat mich in den letzten Tagen schwer beschäftigt. Zwei Aufsätze hat er sich hier zum „Geburtstag" [Hitlers] abgerungen. Es war wirklich ein Ringen, denn *„Der Feldherr im Urteil seiner Zeit"* wurde in der Nacht zum Donnerstag geboren. Er hat wahrhaftig die ganze Nacht durch im Büro am Schreibtisch gesessen. Morgens fand ich ihn höchst unausgeschlafen, trotzdem aber vergnügt und munter vor. Im „Reich" ist sein Artikel „Feldherr und Schicksal" erschienen.

Bei Liselotte war heute Wohnungskontrolle wegen Aufnahme von Bombengeschädigten. Vorläufig reicht noch, daß ihre Mutter bei ihr wohnt und polizeilich gemeldet ist. Liselotte wurde gefragt, ob sie berufstätig ist. Wäre sie es nicht, so wäre sie jetzt gemeldet worden. Denn diejenigen, die sich „gedrückt" haben, will man dabei auch gleich ausfindig machen.

Am Mittwoch waren wir im Staatstheater zu „Der Widerspenstigen Zähmung". Es war einfach herrlich. Wir haben von Herzen gelacht. Gustav Knuth zähmte die boshafte Marianne Hoppe mit Gewaltkuren. Die Hoppe war ausgezeichnet. Sie ist erschreckend mager und elend. Die Inszenierung, Kostüme und die vielen, vielen Darsteller (so Aribert Wäscher, Ulrich Haupt, Antje Weisgerber, Kurt Meisel, Hans Leibelt) waren alle ganz köstlich. Wir hatten unsere Freude an dem tollen Spiel.

27. April 43, Dienstag nach Ostern: Es ist kalt, stürmisch und regnet. Am Ostersonnabend ist der alte *Freiherr Hammerstein-Equord* gestorben, der Vater von Scheidts Freund und Regimentskameraden Kunrat, den ich ja vor zwei Wochen beim Tee im Hause Scheidt etwas näher kennengelernt habe. Er erzählte da schon, daß sein Vater todkrank sei, es aber nicht wahrhaben wolle. Scheidt wird zur Trauerfeier in der Dahlemer Dorfkirche gehen. Er schätzte den alten Herrn sehr. Wie Scheidt mir erzählte, hat Kunrat ein ziemliches Theater wegen der Ehrenkompanie und dazugehöriger Fahne, weil sein Vater die alte gewünscht haben soll. Generaloberst von Hammerstein-Equord war bis 1934 Chef der Heeresleitung, also militärisch gesehen, einer der mächtigsten Männer. Er trat dann allerdings zurück und wurde auch nicht wiederverwendet. Seine Frau, Kunrats Mutter, ist eine geborene von Lüttwitz, Tochter jenes Berliner Generals, der mit dem Politiker Kapp 1920 versucht hat, die Reichsregierung zu stürzen. Sie soll „trotzdem", wie Scheidt sagt, eine fabelhafte Frau sein. An dem alten Herrn lobte Scheidt auch jetzt wieder seine Klugheit *und* Faulheit! Ein Punkt, der mich früher schon einmal zum Widerspruch herausgefordert hatte. Sicher können sich besonders hochbegabte, kluge Menschen eine große Portion sogenannter Faulheit leisten, weil sie eben rascher auffassen und reagieren. Aber der Chef einer Heeresleitung, also des großen Militärapparates, der mehr auf der Jagd ist als in seinem Amt, wo er sich nur langweilt, was ist daran so besonders zu preisen? Dann machen doch andere die Arbeit und hat man dann wirklich noch alles unter Kontrolle?

Der alte Generaloberst von Hammerstein wäre sicher nicht in diese hohe Position aufgerückt, wenn er nicht früher zumindest *auch* fleißig gewesen wäre. Aber Scheidt möchte ja gerne selbst faul *und* einflußreich sein, er übt das hier schon recht gut. Er bewundert also Kunrats Vater, und Kunrat, der lange, blaß-blonde Oberleutnant, bewundert Scheidt, das merkt man gleich, auch wenn er sich etwas schnoddrig gibt. Er studiert nun in Berlin Jura, ist aber auch Kurier für Sonderaufträge der Attaché-Abteilung des Oberkommandos des Heeres und reist daher ziemlich viel herum. Er kreuzt ziemlich häufig bei Scheidt im Büro auf. [Kunrat von Hammerstein gehörte wie sein Bruder Ludwig zum Verschwörerkreis des 20. Juli, beide wurden nach dem Attentat gesucht, zuletzt steckbrieflich, aber nicht entdeckt.]

[Im Mai 1943 keine weiteren Briefe an meine Schwester, weil sie zur Betreuung unserer Großmutter nach Berlin kam, damit unsere Mutter verreisen konnte. Deshalb nur kurze Kalendernotizen.]

7. Mai 43, Freitag: Min. Rat Greiner im Büro, Scherff diktiert Brief für ihn. Greiner wird zum Deutschen General beim Hauptquartier der italienischen Wehrmacht „kommandiert". Jetzt kein angenehmer Platz mehr – und überhaupt – –!! Danke ihm nochmals. Finde alles so traurig. Er paßte nicht mehr als KTB-Führer. Dabei blieb Greiner immer sachlich. Kriegstagebuch = Tatsachenbericht! [Greiner, gest. 1958, schrieb 1951 „Die oberste Wehrmachtführung 1939–1943", Limes-Verlag, und stellte seine Unterlagen Prof. Schramm zur Verfügung.]

8. Mai 43, Sonnabend: Wieder solch eine Geschichte: Rabenau-Brief!! Der Chef räumt auf!!! Komme erst 18 Uhr heim.

10. Mai 43: Lange Besprechung mit Oberst Thunert (XIV. Panzer-Korps).

11. Mai 43: Jeden Tag Überstunden und dabei nichts Erfreuliches! Es sieht überall schlimm aus.

12. Mai 43: Abfahrt des Chefs 21.15 Uhr. In den paar Tagen 7 ½ Überstunden! Und diese unerträgliche Spannung!!

13. Mai 43: Frage Scheidt, ob wir bald Afrika-Studie wie für Stalingrad schreiben müssen und welche?? [Unterlagen für Darstellung Hitlers oder seine ‚Kritische'.]

15. Mai 43, Sonnabend: Afrika!! Das Ende ist da! Die Alliierten sind gelandet. Zusammenbruch in Tunis schon am 13. Scheidt muß sofort ins FHQu, Chef ruft um Hilfe!

[Außer täglichen Luftwarnungen keine besonderen Eintragungen. Das gilt auch für Juni.]

4. Juni 43: Gustaf Gründgens ist Soldat! Kein Gerücht, sondern Tatsache. Scheidt sagte es und Hüsch war es auch bekannt. Ich kann mir G. G. überhaupt nicht als Soldat vorstellen.

12. Juli 43: Mir will man die Kriegsverdienstmedaille verleihen! Der Antrag ist schon gestellt worden und da nun einmal die gesamte Post durch meine Hände geht, natürlich gleich vor meine Augen gekommen. So bin ich darauf vorbereitet. In der Begründung heißt es: „Besonders tüchtige, zuverlässige Arbeitskraft. Nicht nur in den vielseitigen verantwortlichen Aufgaben als Schreibkraft des Dienststellenleiters, sondern auch in den selbständigen Arbeiten des Zeitschriftenreferates, das früher von einem Spezialbearbeiter verwaltet wurde, voll bewährt und einer Anerkennung ihrer Leistungen besonders würdig." Ehrlich gestanden: 4 Wochen Urlaub wären mir lieber oder auch endlich die Höhergruppierung, aber dafür muß ich ja erst 28 Jahre alt werden!!! Die Herren verspitzen sich nun schon auf eine Lage, die ich aus diesem Anlaß geben muß. Auch das noch!

Scheidt ist noch auf Besichtigungsreise in Südrußland mit Transportchef der Heeresgruppe Süd Höffner – ohne ihn kein Kriegstagebuch! Wie gut, daß es beim Wehrmachtführungsstab wirklich täglich geführt wird, nunmehr von Rittmeister Professor Dr. *Percy Ernst Schramm* mit Hartlaubs Hilfe.

28. Juli 43: Ja, allmählich kommen alle Städte mit Luftangriffen an die Reihe. Es bleibt wirklich keine verschont. Ich glaube auch, daß ihr ohne die Italien-Sache [Militärputsch in Rom, Mussolini verhaftet] den Luftkrieg noch in stärkerem, d. h. dem jetzt üblichen Ausmaß zu spüren bekommen hättet. Zu dem Wechsel in Italien konnte ich nur sagen, daß er mich zu diesem Zeitpunkt, sonst aber nicht, überraschte. Der Nachfolger war mir gleich klar und ich setzte hier sogar Leute in Erstaunen mit meinem „das kann nur Badoglio sein". So kann ich mir auch ungefähr das Weitere denken. Wie die ganze Entwicklung im Süden laufen wird, kann man noch nicht genau sagen. Das Ende steht ziemlich fest, nur wie die Bewegungen sich vorher abspielen nicht. Sicherlich wird es zu Verhandlungen kommen und wie wir dann darauf reagieren werden, wird sich zeigen. In dem Stiefel zu bleiben, hat ja keinen Sinn, das ist hoffnungslos. So bliebe nur der obere Teil und da sind die Alpen im Rücken, also auch ziemlich hoffnungslos und sehr ungünstig. Die Grenze an den Alpen! Wie gut, daß der Italiener so fleißig die ganzen Befestigungen dort oben weitergebaut hat! Daß die Engländer über die Alpen steigen werden und direkt den Marsch auf Süddeutschland antreten, glaube ich nicht. Das ist nämlich recht schwierig. Kämpfe in den Bergen kommen kaum vorwärts, man verkriecht sich da und beißt sich fest. Es sei denn, vom Balkan aus wird das Donautal in Angriff genommen. Ist aber auch recht schwierig. Doch mit der Luftwaffe werden sie's wohl machen, haben es dann ja sehr nah, noch näher! Und das ist sehr, sehr unangenehm. In Hamburg muß es jetzt ganz grauenhaft gewesen sein. Hannover hat nun auch wieder nach langer Zeit daran glauben müssen.

Mich beunruhigt alles sehr, weil man wirklich keinen Rat weiß, wie man es am besten einrichten soll. Vor allem aber, wie soll Mama bloß all diese kommenden Schrecknisse alleine aushalten? Ich *muß* nämlich in absehbarer Zeit fort!! Behalte das bitte für Dich! Dienstreise! [Verlegung der Dienststelle nach Liegnitz in Schlesien.] Nun kann zwar bis dahin auch noch manches passieren und sich vielleicht alles Denken erübrigen, aber hoffen wollen wir so etwas ja nicht. Die Jahre *bisher* werden uns in diesem Herbst und Winter wohl alle noch recht „friedlich" vorkommen. Und wir Drei werden nun auch noch alle verstreut! Diese Entwicklung hat mich die ganzen Tage schon aufgeregt.

Die Evakuierung beginnt!

31. Juli 43: Unsere Gedanken gehen hilflos im Kreise. Wie man es anfängt, es wird sicher verkehrt. Da ja jetzt, trotz der Geheimhaltungsbestimmungen schon überall davon geschwatzt wird, kann ich Dir diese einschneidende Maßnahme ruhig sagen. Wir werden verlegt und ich komme von Berlin fort (aber bitte Vorsicht!). Die arme Mama! Was machen wir nun bloß? Mama wird sowieso schon tiefsinnig, wenn sie mit Omchen allein sein muß. Es ist auch zu traurig, was aus einem Menschen im Alter werden kann! Doch nun erst, wo wir hier Höllentage erwarten! In Hamburg sind die Menschen wieder zu Hunderten auf der Straße verbrannt. Wenn Omama nicht wäre, würde ich doch unbedingt darauf bestehen, unsere Wohnung zur Verfügung zu stellen und Mama zunächst eine Weile zu Dir zu schicken. Scheidt meint auch, München kommt etwas später dran als Berlin. Aber wo bleibt Omama? Die Wohnung hier wäre dann allerdings für uns verloren, denn sicher würde uns bald das Anrecht darauf entzogen, aber Scheidt sagte mir auch, daß es doch nur noch um das nackte Leben ginge. Er ist allerdings gut dran, da er bei seiner Mutter in Cannstatt unterkommen kann. Ilona gibt den Beruf nun auf. Scheidt verhandelt schon mit einem Spediteur. Menzel weiß nicht, wohin er seine Sachen geben sollte – seine Mutter wohnt in Kiel! Er wird wohl alles hierlassen. Natürlich sorgt er sich nun auch sehr, was mit seiner Frau werden soll, die dann allein in Berlin sitzt. Liselotte darf nicht mit uns mitkommen. Ihr Mann ist dagegen. Sie soll in der Wohnung bleiben, damit die nicht beschlagnahmt wird und warum soll gerade ihr 4. Stock ausbrennen? Er ist nicht in Berlin, sitzt noch gut in Brüssel. Liselotte tut unseren Herren richtig leid.

Unser Auszug erfolgt sehr bald. Die Sache wird stark forciert, gerade unsere Dienststelle wird bevorzugt und beschleunigt verlegt. Leider in eine nicht schöne und vor allem nicht vorteilhafte Gegend! Wie man darauf kommen konnte?! Nun ja, viel Auswahl wird es nicht mehr gegeben haben und unsere Akten, die mit jedem Tag anschwellenden Dokumente, brauchen viel Platz und den bietet eine leere Kaserne.

Die Sache bedrückt mich schwer. Vielleicht kommen uns die Engländer zuvor und es wird nichts mehr daraus – aber wünschenswert ist das gar nicht. Was machen wir bloß mit Mama? Ich bin ganz verzweifelt. Ja, selbst wenn unser Haus wunderbarerweise verschont bleiben sollte, so werden die Lebensbedingungen in einer solchen Stadt doch furchtbar schwer! Übrigens unsere beiden „Seyler" [Gemälde von Prof. Julius Seyler] sind nun in unserem Verschlußraum in Scheidts „Führer-Panzerschrank". Die Formel, diesen Schrank zu öffnen, wissen nur Scheidt und der Chef. Im Falle, daß uns jetzt noch etwas geschehen sollte, mußt Du dich also an Scheidt oder Scherff, der ja noch sicher sitzt, wenden. Auch Du bist in München nicht sicher. Früher oder später werden sie auch da mit ihrem Phosphor kommen. Sollte es so arg kommen, sieh bitte zu (falls noch möglich), daß Du aus der Stadt rauskommst. Bei Wiedmanns in Grünwald ist wohl nicht Platz? Mit jedem Tag rückt das Unglück und der Schrecken näher! Jetzt werden die Hamburger evakuiert, auch nach Mecklenburg. Die Reise dort hin ist zur Zeit schwierig. Von Berlin kann man nur bis Ludwigslust fahren. Postverkehr gibt es in Hamburg auch nicht. Der Feldwebel *Starck* (mein Kollege „draußen") hat die Gewißheit, daß das Haus seiner Schwester total zerstört ist – von ihrem Verbleiben weiß er nichts, ob sie mit ihren Kindern verschüttet ist oder lebt. Auch von seiner Pflegemutter aus Hamburg-Lockstedt hat er keine Nachricht. Er wäre nun gerne hingefahren (auf vielen Umwegen kommt man mit Personenzügen hin), hat vom Chef aber keinen Urlaub erhalten. Andere Hamburger aus dem FHQu sind gefahren. Der Chef war damals als seine Wohnung nur beschädigt war gleich hier – aber den Starck, der an Ort und Stelle doch eher etwas über seine Angehörigen erfahren kann, läßt er nicht fort. Manchmal ist er nicht zu verstehen!

2. August 43, Montag: In meinen Büro sind nur +29 Grad! Es ist kaum noch auszuhalten. Beim Segeln gestern auf der Havel hatten wir zunächst sogar Wind – und friedlich war es! Ein richtig erholsamer Sommersonntag. Zurück war Flaute, aber Gerhard und Sepp ruderten uns tüchtig voran. Als wir so recht sonnendurchwärmt und friedlich nach Berlin in unsere Wohnung kamen, fanden wir im Hause alle in höchster Aufregung – Alarmzustand! Wasserwannen wurden gefüllt, alle packten und räumten! Dr. Goebbels hatte an die Berliner Bevölkerung einen Aufruf erlassen, daß wer nicht in Berlin sein müßte, am besten die Stadt verlasse und damit Panikstimmung erzielt. Ferngespräche werden schon gar nicht mehr angenommen und Telegramme sind auch ziemlich hoffnungslos.

Mama wird mit Omchen auch abreisen. Mama dachte erst an Ostpreußen. Hatte sich den Aufruf nicht genau genug durchgelesen. Wenn Bekannte sie aufnehmen, kann sie hin, wo sie will. Ostpreußen ist unzweckmäßig!! Ich dachte an Mecklenburg, doch sehr erbaut sind die Dargelützer davon bestimmt nicht. Du schriebst uns damals, daß Marga und ihr Mann gesagt haben, sie würden uns in solch einer Notlage aufnehmen. Also werden wir erst einmal da [in Franken] anfragen. Mit Omama ist es schwierig, muß aber gehen! Unsere Möbel und die meisten Sachen müssen hierbleiben. Und sicherlich gibt es Einquartierung. Was hilft es. Ich wünschte ja, daß es mit Marga klappt. Es wäre doch besser als Mecklenburg!

Die Evakuierung Berlins ist ein Eingeständnis der Schwäche und hat daher die Leute besonders entsetzt. Denn viele hofften doch noch auf unsere fantastischen Gegenmittel. Na, vielleicht kommen sie noch als große Überraschung.

5. August 43: Mein dringendes Telegramm, das ich vorhin aufgab, wird Dich nicht schlecht in Erstaunen versetzen. Doch womöglich kommt dieser Brief sogar eher an. Also: Ich bleibe hier, die andern ziehen! Unsere Akten sind schon unterwegs. Scheidt kam heute aus dem FHQu zurück und überraschte uns mit der Nachricht, daß *er* als „Zentralstelle" hierbleibt und somit ich auch! Wie gut, daß ich ihm deutlich gesagt hatte, daß ich am liebsten hierbleiben würde. Außerdem muß noch ein Herr als Vertretung für Scheidt, der ja doch hin und her reisen muß, bleiben und wir hoffen, daß Menzel dafür vom Chef akzeptiert wird. Als Quartier für uns denkt Scheidt an Potsdam, das Heeresarchiv auf dem Brauhausberg.

Mama muß aber trotzdem fort. Denn sollte etwas passieren oder sich der Chef die Sache anders überlegen, sind wir im Handumdrehen fort – aber Mama nicht. Ich hoffe, daß es uns gelingt, Mama am Freitag, 13., mit Omchen fortzuschicken – nun eben doch nach Mecklenburg. Wir wären froh, wenn Du für 3 Tage herkommen könntest zum Packen und zur Unterstützung bei der Fahrt. Liselotte geht mit nach Schlesien! Sie hat sich gegenüber ihrem Mann durchgesetzt.

7. August 43, TB: Oberkommandos sollen bis zum ersten Großangriff bleiben, aber unsere Abteilung wird verlegt.

9./10. August 43, TB: Transport nach Liegnitz beginnt.

16. August 43, TB: Mama hatte große Hemmungen nach Dargelütz zu gehen. Ich rief dort an. Frau Ehlers sagte sofort, daß Mama und Omchen kommen könnten. Eva kam aus München, um noch beim Packen zu helfen. Einige Frachtstücke mit Wäsche und Betten wurden abgesandt, die Wohnung „fliegermäßig" hergerichtet. Dann fuhren wir am 14. 8. alle los. Es war aufregend: Mama und

Omchen im Auto zum Lehrter Bahnhof. Eva und ich mit der S-Bahn. Als wir dort eintreffen, steht der 9-Uhr-Zug nach Kiel schon da – und eine Menschenmenge!! Wir können die beiden nicht finden. Also einsteigen! Als wir in Ludwigslust aussteigen und Ausschau halten – keine Mama und Oma. Eva bleibt dort und wartet die nächsten Züge ab. Ich fahre voraus nach Parchim. Doch Müdigkeit überfällt mich, ich schlafe ein und wache erst auf, als der Zug gerade den Bahnhof Parchim verläßt!! So lande ich in Rom (Mecklenburg)! und sitze in diesem verlassenen Dorf mit dem stolzen Namen der Ewigen Stadt drei Stunden bis der Zug zurückfährt. Ein Telefonat von mir verständigt die Dargelützer. In Parchim warte ich dann im Wartesaal und bald kommen wirklich Oma, Mama und Eva. Ende gut!

Mama bezieht im Gutshaus Dargelütz die beiden Giebelstübchen. Eva und ich fahren am nächsten Tag nach Berlin zurück, müssen nachts wegen Alarm gleich in den Keller und fühlen uns höchst ungemütlich. Eva jammert „wenn sie bloß nicht den Anhalter Bahnhof zerschmeißen". Sie ist froh, als sie am nächsten Tag abfahren kann. Ich bin nun allein.

Im Büro war heute Chef-Betrieb. Die „Zentralstelle" wird organisiert. Wir werden „Staffel Berlin des Beauftragten ..." heißen. Praktisch sind wir Kurier-Umschlagplatz zwischen ihm und dem Kriegstagebuch im FHQu und der Außenstelle Liegnitz.

21. August 43, Dargelütz: Gestern gut in dieser Oase gelandet. Es war ein sehr heißer Tag. Ich war schon auf dem Lehrter Bahnhof mit Kostüm und Mantel völlig aufgelöst. Dr. Menzel empfing mich schon dort. Der Zug rollte gerade ein. Menzel stand genau richtig, ergriff die Türklinke und war als erster im Wagen. So hatte ich einen Eckfensterplatz, und zwar ohne große Aufregung. Ich bin gar nicht gewohnt, so verwöhnt zu werden. Mit Zeitungen versah Menzel mich auch und leistete mir noch eine Weile Gesellschaft. Ich übergab ihm übrigens unsere Kellerschlüssel, denn was nützt es, wenn ich sie hier habe und dort etwas passiert. Menzel macht alles mit solch selbstverständlicher Sicherheit. Scheidt würde nie dermaßen hilfsbereit sein. Sein Egoismus ist doch recht groß – verblüffend ist nur, daß er gar keinen Hehl daraus macht. Jetzt bin ich erst einmal froh, ohne Störung schlafen zu können. Wenn man doch Vorrat schlafen könnte!

24. August 43, [Karte aus Dargelütz]: Um 18 Uhr bekam ich Dr. Menzels Anruf. Unser Haus ist eines der wenigen, die in Steglitz noch stehen. Die Wohnung ist beschädigt, steht völlig offen, da alle Türen und Fenster herausgerissen sind. Immerhin soll noch einiges herauszuholen sein, wenn nicht inzwischen ein neuer Angriff ganz aufräumt. Die Verkehrsbedingungen innerhalb Berlins sind völlig durcheinander. Also Großangriff. Ich fahre morgen früh um 5.00 von Parchim ab und hoffe, um 11 Uhr in Berlin zu sein. Nehme zwei leere Koffer mit, um noch etwas herauszubringen. Sobald ich kann, fahre ich wieder hierher. Menzel will mich vom Bahnhof abholen, wenn es geht. Drücke bitte die Daumen für mich und die weitere Zeit. Es ist gut, daß Mama und Omama schon hier sind. Mama sagt es nun auch.

29. August 43, Potsdam: Ich habe anstrengende Tage hinter mir – und es geht noch weiter. Wir haben bisher großes Glück gehabt. Nun bin ich nur verzweifelt, weil ich keinen Handwagen auftreiben kann. Ich habe nämlich den großen Reisekorb gepackt, er ist aber nur mit Handwagen transportierbar. Empfiehl mir bitte nicht, wie andere, den Kohlenhändler. Denn von dem steht nichts mehr, die ganze Straße ist gesperrt, sie ist ein einziger Trümmerhaufen. Steglitz, Lankwitz und Lichterfelde-Ost und ein Teil von Wilmersdorf sind „hamburgisiert". Unser Haus ist nicht direkt getroffen worden, es hat dem Luftdruck ganz gut standgehalten. Das Nachbarhaus, wo unser Schuster drin war, ist vollkommen hinüber. Die Brandmauer unseres Hauses hat gehalten. Gegenüber sind nur noch Ruinen! Unsere sämtlichen Geschäfte, bei denen wir eingetragen waren, sind nicht mehr. Überall sind noch Menschen unter den Trümmern! Der Brandgeruch ist noch immer so stark, daß ich abends einen ganz dicken Kopf und die Lunge voll habe. Meine Kleidung riecht auch danach. Dabei wird es ja von Tag zu Tag besser. Sogar Verkehrsmittel gibt es wieder, während in den ersten Tagen nur die ausgebrannten Omnibusse und Straßenbahnwagen zu bewundern waren. Aber immer wieder beginnen Brände – Phosphor! Ich kann froh sein, daß ich diese Schreckensnacht nicht miterlebt habe.

Ich muß morgen, Montag, zur Kartenstelle, mir eine Bescheinigung holen, daß ich bombengeschädigt bin und überall einkaufen darf. Unser Haus hat kein Gas und bekommt Gemeinschaftsverpflegung. Licht gibt es seit gestern wieder. Die Wohnungstür hat Menzel mir gestern mit einem Vorhängeschloß zugemacht. Für einen geübten Mann ist es ein Werk von einer Minute, die Tür zu öffnen. Aber immerhin steht sie nicht mehr völlig offen. Nun müssen die Fenster noch etwas vernagelt werden, was sehr schwer ist, weil ja zum größten Teil die ganzen Fensterrahmen mit hinausgeworfen sind. Ebenso die Türen mit Türrahmen. Da der Luftdruck so stark war, wundert es mich, daß das Geschirr in den Schränken unversehrt ist. Und obwohl der Ofen im Herrenzimmer geplatzt ist, liegt die Flasche „Herzstärker" heil darunter. Der Luftdruck ist ein eigen Ding. Bewährt hat es sich, daß Du die Teppiche zusammengerollt und die Möbel bedeckt hast. Ein Lob Deiner Umsicht! Es war wirklich gut, denn es ist unheimlich, wie alles mit Glassplittern und Schutt bedeckt ist.

Menzel hat enorm geholfen. Am ersten Tag bat er nur um eine Schürze, um seine Uniform etwas zu schützen. Und dann ging der Kriegsverwaltungsrat, Dr. phil. habil. mit Besen und Handfeger dem gröbsten Schmutz zu Leibe. Er ist rührend. Ohne ihn hätte mich so allein wohl doch die Verzweiflung gepackt. Abends geht er auch immer mit mir essen (lädt mich ein) und bringt mich zur Bahn nach Potsdam. Am ersten Abend schleppte er mir die beiden Koffer ins Büro. So verdreckt wie wir waren, gingen wir mit dem piekfeinen Scheidt ins Hotel Eden zum Abendessen! Es kam uns vor wie ein Narrenspiegel – das gepflegte Publikum dort, überhaupt alles.

Soviel wie in den letzten Tagen habe ich noch nie körperlich gearbeitet. Wohl 20 Eimer Schutt und Scherben haben Frau Gellner und ich runtergeschleppt. Frau Gellner kam Freitag zwar aus Potsdam mit, war aber sehr eilig und meinte, daß alles Ordnungschaffen doch keinen Zweck habe. Sie hatte Angst – verständlich.

Die Berliner dürfen nach einem neuen Aufruf von Goebbels vom 27. 8. jetzt nicht mehr ihr Haus verlassen und womöglich woanders nächtigen. Erst schickte man sie fort und nun dürfen sie nicht mehr! Man soll retten – doch wie?

Tief erschüttert hat mich die Notiz in den Zeitungen von *Hanns Udo Müllers* Tod. Ich wollte am 27. abends vom Büro aus bei der Volksoper anrufen und nach ihm fragen, weil von Lankwitz nichts mehr stehen soll, nur ein paar Siedlungshäuser, als

Menzel mir das „12 Uhr-Blatt“ mit der Nachricht hinhielt! Mit seiner Mutter ist Udo bei dem Angriff ums Leben gekommen. Darüber kann ich gar nicht hinwegkommen. Ich rief sofort Hüsch in Seefeld/Pommern an. Er hatte Udos Tod gerade erfahren und bereits beschlossen, seinen Urlaub abzubrechen und nach Berlin zu kommen. Am 4. September muß er in Rostock sein. Er bot sofort an, auf dem Weg dahin Sachen nach Dargelütz zu transportieren. Ich sollte ihm Quartier in der Pension am Zoo besorgen, falls sie noch steht. Tut sie, aber hat keinen Luftschutzkeller. Nun will Menzel ihn aufnehmen, bei ihm ist der Keller ganz vertrauenerweckend. Scheidt paßt es nicht, daß ich wieder fortfahren will. Er wollte mir durchaus einreden, ich solle meinen Urlaub Weihnachten nehmen! Ich bin jetzt aber so fertig, daß ich erst einmal ausschlafen muß. Ich kann nämlich auch kaum etwas essen – quäle mich da direkt ab. Es wird behauptet, daß ich vor Urlaubsantritt wohler aussah – Kunststück!

8. September 43, Dargelütz: Nun habe ich mich schon richtig erholt und kann Dir endlich den Berlin-Abschlußbericht geben. Ich habe einen *Obdachlosenschein* bekommen. Er gilt, solange die Wohnungstür nicht zu verschließen ist und die Fenster nicht gemacht sind. Auf diesen Schein hin bekomme ich auch das Formular für Schadenersatz. Wenn ich zurückkomme, werde ich es mir gleich holen und einreichen. Unsere Verdunklungen sind doch auch alle hinüber und ich muß wenigstens neue bekommen, ohne Bezugsschein geht das nicht. Dieser Schein hat vier Wochen Gültigkeit. Bis dahin müssen alle Anträge gestellt sein. Dr. Menzel und Professor Hüsch werden als Zeugen unterschreiben. Das muß nämlich sein. Die beiden haben mir mächtig geholfen. Allein wäre ich gar nicht fertig geworden. Und wie gut, daß Hüsch kam, denn Menzel, dem eine Erkältung im Körper steckte, war nachher nicht mehr fähig, viel zu tun. Er schleppte sich nur noch rum,

Als Hüsch am 30. 8. (Montag) erschien, hatte ich ja schon fünf arbeits- und schmutzreiche Tage hinter mir und war bereits recht abgekämpft. Er staunte, wie es in Steglitz und unserer Wohnung aussah. Er begann sofort mit dem Vernageln der Fenster. Da ich keine Pappe dafür hatte, kam ich auf den guten Einfall (aber Mama ist betrübt darüber!), die Linoleumläufer dafür zu verwenden. Gerhard hat die Läufer passend zurecht geschnitten und sie bieten wirklich einen guten Schutz. Gerade war das Arbeitszimmer fertig, als der Regen dagegen schlug. Gerhard war ganz stolz auf sein rechtzeitiges Erscheinen. Menzel war auch sehr erleichtert darüber. Nachher fuhr ich nach Potsdam, Hüsch zu Menzel. Die beiden haben sich dann noch bis 1 Uhr nachts unterhalten.

Als ich am nächsten Morgen in unsere Wohnung kam, wirkte Gerhard dort schon. Nachdem er sämtliche Fenster vernagelt hatte, brachte er an die Wohnungstür von *innen* den großen Riegel an, den Mama seiner Zeit für den Keller gekauft hat. Nun bin ich bei Anwesenheit „gesichert". Dann wurde umgeräumt und sauber gemacht. Das Schlafzimmer (also hinten heraus) wurde als Wohngemach für mich hergerichtet. Es war eine wüste Schlepperei. Sogar das Klavier und der große Ohrensessel wurden hereingetragen. Gerhard bestand darauf, damit ich es wenigstens etwas gemütlich habe.

Am nächsten Vormittag fuhr Gerhard nach Lankwitz, um Udos Haus in der Corneliusstraße zu sehen. Er fand zwei große Bombentrichter auf der Straße und da, wo das Haus gestanden hatte einen Krater. Außer Udo und seiner Mutter sind noch fünf Personen umgekommen. Der Hausbesitzer, ein praktischer Arzt, lebt. Er hatte in der Nacht gerade Bereitschaftsdienst und war dadurch nicht anwesend. Udo soll bei Alarm nie in den Keller gegangen sein, sondern am Flügel gesessen und gespielt haben. Nun, bei einem Volltreffer ist es ja gleich, ob man oben oder unten ist.

Für Hüsch ist es schlimm: er hat nicht nur einen Freund, sondern auch den musikalischen Partner verloren. Udo war ja mehr als nur ein Begleiter für ihn. Die mit ihm geplanten Konzerte in Hamburg, Cuxhaven und anderwärts, auch in Berlin und München, *müssen* gemacht werden. Er muß sich nach einem neuen Begleiter umsehen. Gerhard seufzte tief und erklärte, daß eine dreizehnjährige Zusammenarbeit nicht nachzuholen sei und wenn es wieder soweit wäre, könne *er* nicht mehr so.

Wir trafen uns in meinem Büro. Schwer bepackt ging es zum Bahnhof Zoo. Abends landeten wir im Frieden von Dargelütz. Am Donnerstag inspizierte Gerhard Hüsch nach dem Frühstück (er war erschüttert, daß der Tag hier gleich mit Speck beginnt) mit Herbert die Ställe und das Dorf. Er bezeichnete den Tag in Dargelütz als einen „Fettfleck" in den ganzen Wochen. Freitagfrüh fuhr er nach Rostock zu seinem Gastspiel an der Oper.

Soeben brachte Frau Ehlers die Nachricht, daß Italien kapituliert hat!! Mal sehen, was sich jetzt dort tut, ob wir dort weiterkämpfen. Ich glaube ja!

15. September 43, Dargelütz: Mein Chef, seit dem 1. September Generalmajor, hat mir geschrieben und gute Erholung für die Schwierigkeiten des Berliner Lebens gewünscht! Dort werde ich zunächst bei Menzels wohnen, sie ist wieder da, so geht das.

Um Benito sind wir ja nun bereichert. Ein Husarenstreich. [Mussolini wurde am 12. 9. auf dem Gran Sasso von deutschen Truppen befreit.] Bis Jahrgang 1884 werden hier alle Männer gemustert. Dort auch?

22. September 43, TB: Wieder im Dienst.

25. September 43, Sonnabend: Menzel mußte ins FHQu zum Chef fahren. Er war gar nicht sehr glücklich darüber, weil er gerade eine ungünstige Zeit erwischt. Es steht nämlich so allerhand bevor und dann herrscht ja immer Hochspannung. Morgen soll er aber schon wieder zurückkommen. Frau Dr. Menzel mußte ich bis Mitternacht Gesellschaft leisten. Sie kann interessant erzählen. Ich werde mit neuen Stefan George-Kenntnissen gefüttert. Sie hat den großen Meister noch persönlich kennengelernt und ihm seine Gedichte vorsprechen müssen. Sie las mir gleich ein paar George-Gedichte vor, wie der Meister sie gesprochen wünschte und zum Vergleich Rilke, der ganz anders gebracht werden muß. Scheidt ist ja auch ein großer George-Verehrer, ich glaube sogar der Chef. Bei uns kann man die Herren überhaupt einteilen in George- und Rilke-Leute. Menzels schätzen beide, haben sämtliche Bände. Ich werde mir die vornehmen, wenn sie in Malente-Gremsmühlen Urlaub machen.

Kurierumschlagplatz „Staffel Berlin"

28. September 43: In der „Staffel Berlin" herrscht zur Zeit reger Betrieb. Nicht nur der Postverkehr ist stark, weil die Kurieroffiziere fast täglich die dicken Protokolle von den Lagebesprechungen herbringen, die dann wiederum von unsern Liegnitzer Kurieren abgeholt werden. Gestern ist Scheidt sogar höchstselbst mit diesen dicken Aktenmappen nach Liegnitz gefahren. Er will dort mal nach dem Rechten sehen, denn der Chef hat keine Zeit zum Besuch dieser seiner Hauptdienststelle. Zu schreiben gibt es aber auch eine ganze Menge bei uns. So bin ich bisher nicht dazu gekommen, die Schadenserklärung für Mama fertigzumachen. Die Sache ist sehr kompliziert, weil man die Kosten angeben muß, die einem entstehen werden! Im Augenblick weiß ich nicht, wie ich mit allem fertigwerden soll. Wenn die Winterzeit am 4. Oktober eingeführt wird, komme ich ja erst bei Dunkelwerden nach Steglitz. Jetzt muß ich als nächstes erst einmal die Fenster für den Glaser fertigmachen, aushängen, beschriften und hinbringen. Mir stehen die Haare zu Berge!

6. Oktober 43: Dieses Mal war Hans der Retter in der Not. Welch Glück, daß er gerade in Berlin ist und daß wir einen so jungen Onkel haben. Er kam und half die Fenster aushängen und forttragen. Wenn die verglast sind, kann ich bald meinen Einzug halten, hoffe ich. Wielange – das ist allerdings die große Frage.

8. Oktober 43: Ich bin wieder zu Hause. Habe mich beim Quartieramt in Wilmersdorf ab- und in Steglitz meine Rückkehr angemeldet. Trotz der großen Stille im Hause fühle ich mich in der eigenen Wohnung wohler. Drei Mieter sind noch da. Nur unsere Seite ist völlig unbewohnt und daher so still. Es ist auch noch nicht alles in Ordnung, aber die Handwerker sind recht fleißig an der Arbeit. Wir können bis jetzt mit ihnen nur zufrieden sein. So wird allmählich alles notdürftig in Ordnung kommen. Ach, und man ist ja so dankbar für all das, was man noch hat und eifrig bemüht, alles wieder etwas nett herzurichten und zu ordnen. Ob es Zweck hat?

17. Oktober 43: Zur Verdunklungszeit komme ich erst nach Hause. Ich werde gar nicht fertig mit allem. Immerzu diese Alarme! Ich bin schon wieder recht müde. Und im Büro habe ich ununterbrochen zu tippen. Das *Jahr 1942* macht uns doch recht viel Arbeit. Man hat ja schon fast vergessen, was da alles los war. Ein paar Stichworte zur Erinnerung: Rommels Vorstoß in Nordafrika bis nach Ägypten; Beginn der 2. Sommer-Offensive im Osten; Landung der amerikanischen Truppen auf einer Insel im Pazifik; Vordringen deutscher Truppen nach Stalingrad und in den Kaukasus; britische Offensive bei El Alamein – der Rückzug beginnt! Sowjetische Gegenoffensive bei Stalingrad! Wie soll es erst mit diesem Jahr werden?? Vielleicht werden wir das gar nicht mehr bearbeiten müssen. Menzel spottet sowieso schon, daß ich eines Tages diese Kriegsgeschichte alleine schreiben werde, weil sie doch alle noch an die Front müssen, die ja nun wirklich ringsum verläuft, seitdem auch Italien zu unseren Kriegsgegnern gehört [seit 15. September]. Mal sehen, wer noch abspringt?

Wir haben jetzt besondere Fettkarten in Berlin, da sind viele Gaststättenmarken drauf und außerdem ist die Karte „Reichskarte" geworden.

4. November 43, TB: Menzel zurück. Schlechte Nachrichten. [1. Nov. Krim abgeschnitten. 3. Nov. Weisung zur Abwehr der Invasion im Westen in Auftrag gegeben.]

15. November 43: Endlich kann ich mal etwas anderes, Erfreuliches erzählen. Denn am Sonntag gab es eine große Überraschung. Ich hatte schlecht geschlafen, war spät aufgestanden und gerade fertig angezogen als es stürmisch klingelte. Zu meinem Erstaunen stand der Herr Kammersänger vor meiner Tür. Sein Gepäck hatte er schon nach Machnow gebracht und wollte wissen, wie es bei uns aussieht. Ich hatte das *Julius Patzack-Konzert* vor, Beginn 14 Uhr in der Philharmonie. Die zweite Karte wollte ich an der Kasse zurückgeben, weil Fräulein Kraatz gestern noch absagte. Hüsch war sofort bereit mitzukommen. Es könnte doch ganz interessant sein, mit *Hubert Giesen,* der Patzack begleitete, Kontakt aufzunehmen, fand er. Das Begleiterproblem ist für ihn noch immer nicht gelöst. Der pianistische Nachwuchs (männlich) steht an der Front. Die paar jungen Leute, die hier sind – reklamiert – wollen die solistische Pianistenlaufbahn einschlagen. Frauen kann man die inzwischen sehr mühseligen Reisen mit all dem Gepäck usw. kaum zumuten. Schon deshalb sucht er wieder einen Mann.

Hubert Giesen kannte Gerhard schon von Stuttgart her. „Hubsi" ist klein und flink und ein „genialer Lump" meinte er. Giesen ist vor dem Krieg zwei Jahre in Amerika gewesen und dort mit Kreisler usw. gereist. Er ist gewöhnt zu improvisieren und zu springen! Mit Patzack war das Programm auch nicht vorher geübt worden, sondern gleich ohne Probe das Konzert gestartet. Hubsi ist ein tüchtiger Kerl und macht alles, der Sänger kann noch so schmeißen, Hubsi kommt nach und kriegt alles wieder hin. So ein

„Springen“ macht ihm Freude. Zu Hüsch hat er mal gesagt „bist ein langweiliger Sänger, singst alles so, wie es da-steht!“. Giesen lispelt etwas. Aber Hubsi kann *sehr schön* spielen! Davon konnte ich mich in dem Konzert gleich überzeugen.

Jedenfalls sagte Gerhard gleich als ich Hubert Giesen als Begleiter nannte, „ach ja, Hubsi, das wäre ein Mann, mit dem man reisen könnte“. Und als er ihn hörte, festigte sich der Plan. Er hat nachher mit Giesen gesprochen. Sie werden sich mal in München treffen und darüber unterhalten. Zu dem Konzert mit *Julius Patzack* hat Hubsi gesagt: „Sehr interessant. Ich wußte gar nicht, was und wie er die Sachen singt. Aber sehr interessant!“ In der Tat waren „Lieder und Arien“ angekündigt, Patzack sang aber nur Lieder. Er verläßt sich auf sein absolutes Gehör und singt deshalb ohne Probe einfach vom Blatt, wenn er keine Lust zum Proben hat. Na, und mit Giesen kann er sich so etwas auch leisten. Patzack hat übrigens Gerhard ganz verdutzt gefragt „Du hast wohl nichts zu tun, daß Du in mein Konzert kommst? Aber ich dank Dir auch schön, daß Du da warst“. Und natürlich hatte er schon wieder seine Zigarette im Mund. Die „Patzack-Zigarette“ – sie ist besonders kurz, um sie zwischen 2 Auftritten rauchen zu können.

16. November 43 [an Mama und Eva]: Bei der Mittagstafel in der Kantine gab es heute einen lebhaften Disput zwischen unserem *„Heerespsychologen“* (Ministerialrat Dr. *Ferdinand Simoneit*) und mir. Simoneit fragte mich, ob ich seine Mitteilungen zu dem Thema *„Menschliches – Allzumenschliches“* über Goethe gelesen hätte und wie ich sie fände? Ich sagte nun ehrlich, daß ich entsetzt gewesen sei über die *einseitig* negative Beurteilung. Und so ging das Gespräch dann hin und her (ein Wunder eigentlich, daß ich auch zu Worte kam, denn meistens sprach er nur allein). Simoneit hält Goethe also nur für ein „Talent“. Da Goethes Lebenswandel nicht so „zuchtvoll“ ist, wie er es für richtig hält, ist auch sein Werk für ihn getrübt und herabgesetzt! Simoneit, der mich sicher für ein „dummes Ding“ halten wird, war teilweise hart beim Einschnappen. Wir redeten aneinander vorbei, er verstand mich gar nicht richtig.

Ich merkte erst nach einer ganzen Weile, daß er mit dem „in Zucht nehmen“ vor allem das Verhältnis zu Frauen meinte, während ich daran überhaupt nicht gedacht hatte. Dieses Mißverständnis kam erst heraus, als Simoneit Beethoven als zuchtvollen Menschen anführte und ich darauf sagte, daß doch gerade Beethoven auch recht grob gewesen sei. Aber Simoneit meinte es in Bezug auf *Liebschaften* und „das gute Leben". Aber was heißt es schon, daß Goethe täglich seine gute Flasche Wein getrunken und gut gegessen hat – er verstand eben zu leben und zu genießen. Simoneit aber feierte den „Verzicht" als etwas Großes und Erstrebenswertes.

Um mich doch noch zu überzeugen, sagte Simoneit: „Bedenken Sie doch, wieviele Frauen Goethe unglücklich gemacht hat!". Als ich antwortete: „Vielleicht hat er sie sehr glücklich gemacht" – fiel unserem stillen Zuhörer, Major Grohe, die Gabel aus der Hand!

23. November 43, 01 Uhr: Es war schrecklich! Ich dachte, nun wäre es doch aus mit uns. Aber diesmal durften wir wieder noch mit heiler Haut davonkommen. Der Dachboden, die Wohnungen im 3. Stock, aber auch im 2. Stock brannten! Auf der Straße brannte die Straßenbahn lichterloh. In unserem Haus konnten wir erfolgreich die Stabbrandbomben löschen. Es sind ganz nah aber auch Luftminen explodiert. Unsere Wohnung hat nur etwas Wasserschaden und erneut keine Fenster. In meinem Zimmer ist nur noch die Verdunklung einigermaßen heil und deshalb kann ich jetzt bei einer Kerze schreiben. Wir sind nun wieder ohne Licht, Gas und Wasser. Ich brauche dringend Kerzen! Mama kann froh sein, daß sie nicht hier sein muß. Ich hatte nachher noch Brandwache oben, jetzt werde ich mich hinlegen, dann zum Büro, mal sehen, ob es noch steht!

27. November 43: Am Dienstag, 23., wanderte ich früh zur Dienststelle. Die Bahn ging bis Schöneberg. Ich lief dann die weite Strecke. Am Nollendorfplatz kam einem schon der ganze Flüchtlingsschwarm entgegen. Auch Verwundete mit dicken Kopfverbänden oder auch auf Tragbahren. Ich lief die Kurfürstenstraße hinauf. Mußte meinen Schal vor den Mund nehmen, die Augen brannten. Rechts und links waren die großen Häuser erledigt, ein unbeschreiblicher Rauch, Aschestaub, Funken, zum Teil noch die hellen Flammen. Ich kam bis zum zerstörten Postamt W 62, dann konnte ich einfach nicht mehr weiter, fragte einen Posten nach unserem Gebäude und erfuhr, daß das „Panzer-AOK-Haus", unter der Bezeichnung ist es also noch bekannt, auch zerstört ist. So machte ich kehrt und kam glücklich um 13 Uhr zu Hause an. Inzwischen gab es da wenigstens schon wieder elektrisches Licht, eine winzige Gasflamme (ist auch heute noch nicht besser) und kaltes Wasser – allerdings ganz braun und schmutzig. Ich mußte nun wieder Scherben zusammenkehren und Fenster mit Pappe vernageln. Allmählich bekomme selbst ich darin Übung! Ja, Eva und dann machte ich mir trotz allem den Gänsebraten zurecht, bekam ihn auch wirklich trotz des geringen Gases fertig – und er schmeckte sogar! Mama hatte mir doch ihre Geflügelzuteilung geschickt. Drei Trage habe ich davon gelebt. Es ist jedesmal wie eine Henkersmahlzeit, finde ich. Meine Flasche Hennessy (von der OKW-Weihnachtszuteilung) habe ich in dieser Woche auch erledigt, nur zur Erwärmung und Belebung.

Dienstagabend erreichte ich Scheidt telefonisch und erfuhr, daß ich am nächsten Tag um 10 Uhr in Potsdam auf dem Brauhausberg, unserem Ausweichquartier „Heeresarchiv", sein sollte. Dort traf ich am Mittwoch Menzel und Scheidt. Sie erzählten, daß unser Bürogebäude, der Betonbau, nur ausgebrannt ist, man könne sogar noch bis zum 7. Stock hinaufgehen. Von der Einrichtung sei kaum noch etwas zu erkennen, selbst die Panzerschränke verbogen.

Hier in Potsdam sitzen wir in kahlen Zimmern vor leeren alten Tischen. Aber sonst ist hier noch alles so unberührt – eine andere Welt! Scheidt spendierte zum „Einstand" eine Flasche Champagner: Veuve Cliquot – seine „liebste kleine Witwe". Wir hatten nur Wassergläser, was ihn sehr störte. Menzel dazu: „Wir werden vielleicht noch mal schwärmen, wie gut es uns ging, als wir Champagner aus Wassergläsern trinken konnten." So ist es!

1. Dezember 43: Urlaub bekomme ich noch nicht. Unser Betrieb muß erst wieder laufen, ich muß ihm auf die Beine helfen. Ja, ich bin „kriegswichtig"! Mitte Dezember will ich aber nochmals einen Vorstoß wegen Urlaub machen, die Weihnachtstage halte ich hier alleine kaum aus. Alleinsein ist schön, aber in solchen Zeiten fast zu schwer! Unser Major Grohe darf nun im Evakuierungsort seiner Frau in Thüringen seine Arbeit über Stalingrad abschließen, weil hier kein Platz ist. Wir Drei sollen in Potsdam bleiben bis wir hier ausgebombt werden! Der Chef sprach heute sogar davon, mich im Heeresarchiv unterzubringen, da er mich Tag *und*

Nacht erreichen *muß*! In diesem alten Kasten möchte ich aber nicht wohnen, denn da gibt es keine Waschmöglichkeit und nur im 1. Stock *eine* höchst primitive Damentoilette! Ich werde mich also wieder einmal bemühen, unsere Wohnung soweit herzurichten, daß ich dort nächtigen kann. Hoffentlich bekomme ich bald Fenster!

Noch eins: Viel Wasser im Haus bereit halten. In Berlin gab es kein Wasser beim und nach dem Angriff. Die Vorräte mußten reichen. Auch Trinkwasser, denn man ist durstig nach dem Rauch und Qualm. Und die Hände muß man freihaben, wenn möglich also Rucksack! Kannst Du Dir dort noch einen beschaffen? Ich will mir, wenn ich noch zu Mama fahren kann, Papas Rucksack mitnehmen.

17. Dezember 43: Wieder in Steglitz! Ich konnte gleich feststellen, daß bei unserer „Kellergemeinschaft" noch immer der alte Zank und Streit herrscht, d. h. wir vom B-Aufgang sagen ja nichts, aber die anderen können es nicht lassen, ausfallend zu werden. Es ist eine Freude, eine reine Freude! Auch in der Wohnung, denn mit Hilfe einer geliehenen Heizsonne brachte ich es gestern nur auf 7 Grad im Zimmer. Das Schlimmste ist aber der Durchzug. Doch zu Hause ist aber zu Hause und wenn es auch kalt und sehr einsam ist. Aber eigentlich bin ich nicht einmal so einsam wie unter den fremden Leuten. Nur die Nervosität ist abends, wenn man gar nicht abgelenkt ist, spürbarer.

Evchen ist wieder da! Ihr Vater ruft dauernd an und kann auch oft zu ihr kommen. Insofern hat sie es besser als ich. Im Keller setzen wir uns nebeneinander. So fühlen wir uns wohler.

In der Wohnung werde ich jetzt nicht mehr so arbeiten wie vor den Angriffen. Ich werde nur das Notwendigste machen, weiter nichts – denn es hat ja keinen Zweck.

20. Dezember 43: Es ist mir noch gar nicht so, als wenn in dieser Woche Weihnachten ist. In diesem Jahr ist es ja zum ersten Mal ganz anders als früher. Der Krieg, er zwingt alles nur in seinen Dienst, er wird immer größer und furchtbarer. Jetzt ist es schon fast so weit, daß jeder den Krieg spürt, ich meine am eigenen Leibe und daß jeder weiß, worum es geht. Und wenige (oder sind es doch noch viele?) Leute stehen all dem Geschehen fern und staunend gegenüber, nicht begreifend, daß es auch sie angeht.

Evchen ist ein lieber Kerl. Sie bringt mir jetzt immer meine Milch mit, so kann ich mir auch wieder Pudding machen. Evchen hat jetzt um 15 Uhr Dienstschluß und daher mehr Zeit als ich. Und ihr Vater hat mir wieder angeboten, meine Betten unter den Arm zu nehmen und unten bei der Eva zu schlafen. Ihre Wohnung ist nicht so luftig wie unsere. So gibt es doch ein paar hilfsbereite Menschen.

Gibt es in München eigentlich Weihnachtsbäume? In Berlin gibt es keine, nur etwas Tannengrün. Ach, wenn es mir doch gelingen würde, nach Dargelütz zu fahren. Es wäre mein schönstes Weihnachtsgeschenk. Ich will regulären Urlaub nehmen, aber nicht einmal der Chef konnte sich bisher zu einem „Ja" entschließen. Ich könnte versuchen, eine Fahrkarte zu bekommen, dann würde er weiter überlegen!!

22. Dezember 43: Ich darf nun doch zu Mama fahren. Ich bin so glücklich darüber. Jetzt erscheinen mir Ruhe und Stumpfsinn in Dargelütz ganz paradiesisch. Will nur viel und lange schlafen, essen und möglichst wenig denken! Ich hoffe nur, daß heute nicht noch ein Angriff alle Pläne zunichte macht und daß ich morgen mit dem Zug mitkomme. Ich werde mit Koffer fahren, da man 1. darauf sitzen kann und 2. ja nur einen hat – seinen Verlust hier in Berlin also kaum riskieren darf.

26. Dezember 43, Dargelütz: Ich bin durch mein Hiersein einem schweren Angriff auf Berlin entgangen! Natürlich wüßte ich gerne, ob unser Haus noch steht, aber da muß ich nun abwarten, was ich bei meiner Rückkehr am 2. Januar vorfinde. Ich bin sehr faul hier. Stehe erst zum Mittagessen auf, also zu 12 Uhr. Habe nie gewußt, daß es solch ein Genuß sein kann, so zu trödeln.

27. Dezember 43: Du schreibst „wenn wir es erst nur hinter uns hätten". Ach, liebe Eva, so schnell geht es nicht! Denke lieber an *mehr* als ein hartes Jahr. Der Krieg hat seine eigenen Gesetze. Er kann schnell ausgelöst werden, bekommt dann sein Eigengewicht und es ist schwer, ihn zu beenden, viel schwerer jedenfalls, als ihn zu beginnen.

1944

Zwei Wirklichkeiten: Berlin – FHQu Berchtesgaden

5. Januar 44: Die Berliner Kriegswirklichkeit bekommt Mama seit unserer Ankunft zu spüren. Sie ist schon wieder sehr nervös, denn wir kommen nicht zur Ruhe. Schlaf gibt es kaum noch. Halbangezogen liegt man im Bett und schläft sozusagen mit gespitzten Ohren.

Hier geht das Gerücht, daß die Münchner täglich zum Himmel flehen, Berlin möge recht lange vorhalten, weil sie hoffen solange verschont zu bleiben. Darauf kann ich mitteilen, daß Berlin noch eine ganze Weile reichen wird. Man kommt aus dem Staunen nicht heraus, wieviel zerstört ist und wieviel doch noch steht. Die Innenstadt ist ziemlich erledigt, aber der große Umkreis bietet noch manch heilen Straßenzug.

Hast Du schon etwas vom „Drahtfunk" gehört? Können Wiedmanns sich den nicht basteln? Dann könnten sie doch wenigstens schon einige Minuten eher zum Bunkerstart bereit sein. Hier haben jetzt viele Drahtfunk. Man muß Telefon und Radio irgendwie zusammenkoppeln und dann im Radio auf die Welle der Flak kommen.

24. Januar 44: Scheidt fährt morgen abend schon wieder ins FHQu. Der Chef wird ohne seine Hilfe nicht mehr fertig und wir schaffen hier nicht die Kriegstagebuch-Ergänzungen, also das „Hauptbuch". Aber es kommt ja wirklich nicht mehr darauf an, wieviel Monate wir hinterherhinken. Diese ganze „Nachlese" ist sowieso trostlos, die neuen Protokolle [die stenographische Mitschrift der täglichen Lagebesprechungen bei Hitler] sind für mich interessanter, aber auch nicht gerade stimmungsfördernd. Es gelingt mir eben nicht, bei den Regimentern, Korps, Divisionen etc. nur Zahlen zu sehen, die Menschen, die dahinter stehen zu vergessen. Menschen, die vorgehen, standhalten, ausharren müssen bis ...!! Ach, liebe Eva, sei nicht böse, mein Kopf gibt heute gar nichts her (die Mittelohrentzündung plagt mich doch sehr). Ich sage ja, es wird immer trauriger mit mir und mit der Zeit!!

25. Januar 44, 22.15 [an Mama]: Hüsch war Sonntag zum „Figaro" hier. Um 13 Uhr ging die Vorstellung an, und zwar in der Staatsoper Unter den Linden, die noch bespielbar ist, während „Kroll" durch einen Treffer im Zuschauerraum ausfällt. Gerhard kam trotz des frühen Beginns noch rasch vom Bahnhof zu mir, um Evas Geburtstagspaket abzuliefern und um zu sehen, wie es jetzt bei mir ist. Er überredete mich, mit in die Oper zu gehen. Die Vorstellung mit Maria Cebotari, Tiana Lemnitz, Willy Domgraf-Faßbaender unter Schüler war gut. Die Sänger alle in bester Form, eine geradezu beschwingte Aufführung – nach den 2 Monaten Pause wie neu. Hüsch hatte schon recht, es ist auch mal notwendig, wieder zu sehen, daß noch etwas anderes existiert als nur Dienst und Alarm. Sein Schlafwagen nach München geht jetzt bereits 19.20 Uhr ab (früher 22 Uhr!), kommt aber keine Minute eher als früher in München an. Der Zug wird aus Berlin hinausgefahren, bleibt dann stehen.

Hier zu Hause gegen 19 Uhr angelangt, hielt mich Evchen gleich fest und ich mußte mich noch mit ihr und dem Papa (er ist nicht mehr in Spandau) unterhalten. Sie sind wirklich nett und vernünftig! Der Gerhard schreibt seiner Schwester lange Briefe, u. a. hat er geschrieben, daß ihn nur noch Platons Gastmahl, Schiller und Goethe interessieren – sonst nichts! Diese Bücher hat er sich von ihr nachschicken lassen. Um 21 Uhr kam ich erst hinauf und konnte Evas Paket auspacken. Da habe ich gestaunt: Der bildhübsche Pullover, eine Flasche Wermut, Backpulver, ein Paar schöne Strümpfe, Kalender, Streichhölzer und Äpfel! Wie Eva das noch immer zusammenbekommt, fabelhaft!

27. Januar 44, 23 Uhr [Karte]: Wir haben soeben einen sehr schweren Angriff überstanden. Es brennt ringsum, d. h. nicht ganz nah, wir sind nur hellbeleuchtet. Es krachte so arg, daß ich diesmal sogar Papas Stahlhelm aufsetzte. Es ist übrigens ein Sauwetter: Sturm und Regen! Und gerade heute dachte ich, daß ich doch nicht mehr zum Chef hinaus mag. [Scherff überlegte, mich ins FHQu zu holen.] Die ersten 15 Damen sind schon dort eingetrof-

fen. 40 sollen es werden und natürlich werden sie alle in Uniform gesteckt!
28. 1. früh: Kein Wasser, kein Gas! Sonst nur Küchenfenster kaputt.

Postkartenaufdruck: DER FÜHRER
KENNT NUR KAMPF,
ARBEIT UND SORGE.
WIR WOLLEN
IHM DEN TEIL ABNEHMEN,
DEN WIR IHM ABNEHMEN
KÖNNEN.

30. Januar 44, Sonntag: Mittags waren wir schon wieder im Keller versammelt, denn es gab richtigen Alarm. Es war gerade die Übertragung der Führerrede [zum „Tag der nat. soz. Erhebung", 30. 1. 33]. Heute abend erwarten die meisten Berliner auch wieder einen Angriff, mögen sie sich irren.

22.30 Uhr: Die Befürchtungen waren leider nicht zu unrecht. Der bisher wohl schwerste Angriff! Ich dachte, mir platzt das Trommelfell. Habe Kopfschmerzen vor Aufregung. Die Nerven gehen drauf. Hauptsache sonst nichts! Ach, ob ich noch am nächsten Wochenende hier sitzen kann?

31. Januar 44, abends: Menzel holte mich heute früh mit dem Dienstwagen ab. Anders konnten wir nicht nach Potsdam gelangen. Scheidt hat keine Lust mehr, nach Berlin zu kommen. Er ist doch gerade beim Chef. Er betreibt nun die Auflösung unserer Staffel. Menzel sieht sich schon in Liegnitz und mich im FHQu! Der Chef selbst bedauerte uns etwas verwundert bei seinem Anruf. Die haben ja wirklich keine richtige Vorstellung von den Verhältnissen hier – er sprach aber von unserer Verlegung nach Berlin! Übrigens ins FHQu möchte ich gar nicht mehr gerne, da alle uniformiert werden! Jodl [Chef Wehrmachtführungsstab] und Zeitzler [Generalstabschef] sind gestern ja zu Generalobersten befördert worden und haben auch noch das „Goldene Parteiabzeichen" erhalten. Das wird nun wohl die allerhöchste Anerkennung für Militärs.

Mein Verhältnis zu Dr. Menzel ist sehr nett und kameradschaftlich. Vor allem kann man sich auf ihn verlassen. Wir versuchen sofort nach jedem Angriff miteinander telefonisch in Verbindung zu kommen. Bisher gelang das immer. Morgen wollen wir unser ausgebranntes Bürohaus in der Kurfürstenstraße besichtigen, um festzustellen, wieweit die Renovierungen im Hintergebäude sind.

Wir haben seit dem 22. November – also in 2 Monaten – 14 *Terror*angriffe gehabt und spüren das an den Nerven. Ich hatte gestern Mühe, mein zitterndes Gebein zur Ruhe zu bekommen. Den Luftdruck der Bomben spürte man *vor* jedem Einschlag. Pfeifen hörte man sie nicht, da zu nah! Ach, liebe Eva, meine Hoffnung, gesund aus diesem entsetzlichen Luftkrieg herauszukommen, wird immer kleiner. Man kann es kaum noch glauben.

1. Februar 44: Das war ein Weg! Ich konnte nicht weit fahren, mußte die ganze Kaiserallee hinauf laufen – Ruinen, Ruinen und überall neue schwere Treffer. Zurück auch zu Fuß. Morgen wieder mit dem Wagen nach Potsdam. Vielleicht werden die Zimmer in der Kurfürstenstraße in den nächsten Tagen fertig. Dann ziehen wir hin.

2. Februar 44: Während Menzel und ich uns mit dem Kriegsalltag herumschlagen, machen sich die beiden anderen [Scherff und Scheidt] „draußen" Sorgen über Dinge, die uns jetzt doch recht komisch anmuten wie das Erscheinen der „Militärwissenschaftlichen Rundschau" und ähnliches.

3. Februar 44, abends: Mein 25. Geburtstag! Keine Post, keine Anrufe, nur mehrmals Luftwarnung, die erste bereits um 5 Uhr früh! Hauptsache, daß es nicht noch ein „Feuerwerk" gibt in dieser Nacht. Der Wind heult ganz entsetzlich. Ach, wenn man sieht, wie noch so richtig „nachpoliert" worden ist, dann kann man wirklich keine Hoffnung mehr haben, gut durchzukommen. Die Aussichten werden immer schlechter. 5 Kriegsjahre und kein Ende bevor nicht alles zerstört ist und das kann noch eine ganze Zeit dauern.

5. Februar 44, Sonnabend: Ich bin müde, matt, nervös und traurig. Dabei ist soeben im Luftschutzkeller festgestellt worden, daß ich einfach fabelhaft aussehe – so, als wenn die Angriffe gar nicht existieren. Ich gelte ja auch *noch* als sehr mutig. Vielleicht macht das nur Papas Stahlhelm, der gibt mir so ein männliches Gepräge. Ich bin höchstens mutig wider Willen. Denn im Grunde bin ich doch ein schrecklicher Hasenfuß und habe eine wahnsinnige

Angst. Bisher gelang es mir nur noch immer mein Zittern und Zagen nicht zu zeigen, sondern zu unterdrücken und sozusagen Haltung zu bewahren. Zu den Wohnungs- und Dachbodenkontrollen während der Angriffe, die so großen Eindruck gemacht haben, bin ich eigentlich auch gekommen, ohne daß ich es wollte.

Menzel bemüht sich zur Zeit eifrig um Quartier für seine Mutter (die in Kiel schon längst ausgebombt ist) und für seine Frau in Heidelberg. Er denkt daran, daß er doch bald eingezogen wird und da möchte er seine Angehörigen von Berlin forthaben. Scheidt fragte ganz verblüfft „wieso?", als Menzel ihm auf seine Anfrage, wie es ginge, antwortete „schlecht". Soweit hat der sich schon von den hiesigen Zuständen entfernt.

Graf Pfeil arbeitet bereits seinen Nachfolger ein. (Er ist doch beim Befehlshaber Ersatzheer und Chef Heeresrüstung General-Oberst Fromm.) Er kommt wieder an die Front. Menzel hat schon Fühlung aufgenommen. Er will gerne in Pfeils Panzeraufklärungs-Abteilung, hofft, es dann doch etwas besser zu haben als einfacher Soldat. Menzel hat schlechte Erfahrungen gemacht, muß damals einem richtigen „Schleifer" in die Hände gefallen sein, der es diesem Intellektuellen mal so richtig zeigen wollte. Menzel ist stärker als Scheidt, der „typische Intellektuelle", wozu sicher die starke Brille beiträgt. Jedenfalls rechnet Menzel nach seinem Krach mit Scheidt, daß er „abgegeben" wird und so will er lieber freiwillig gehen. Ich kann's verstehen.

7. Februar 44, Montag: Wir sitzen nun wieder im noch vorhandenen Hinterhaus unseres ausgebrannten Bürogebäudes in der Kurfürstenstraße. Der Arbeitsplatz entspricht der allgemeinen Lage. Den ganzen Tag über brauchen wir Lampenlicht, am Öfchen ist Gluthitze, sonst Kälte und Zug. Mein Rheuma meldete sich sofort. Auf den Fluren ist es eisig, aber wie soll es auch anders sein, denn im Büro gab es schon wieder erneut eingestürzte Wände.

Graf Pfeil, der seinen Abschiedsbesuch gemacht hat, hat sich umgesehen und dann gesagt *„Kinder, und ihr wollt noch an die Front!"*

8. Februar 44, TB: Scheidt ist wieder da. Zurückgekehrt aus der „anderen Welt" fand er es bei uns recht triste und schlug vor, bald zum Essen zu gehen. Die Nachrichten, die er mitbrachte, waren nicht dazu angetan, die Stimmung zu heben: Befehlschaos im Westen [Invasionsfront], dort Ausbau zu Festungen [Atlantikwall], Rommel soll mit seinem taktischen Geschick alles schaffen, Führer-Befehl zum „Kampf um Rom" [Befehl v. 28. 1. 44 „... erbarmungsloser Kampf, nicht nur gegen den Feind, sondern ebenso gegen jeden Führer und jede Truppe, die in dieser entscheidenden Stunde versagt."], die fehlenden Reserven überall und die wechselnden Pläne beim All-Fronten-Kampf. Die Rolle der NSFO [Nationalsozialistische Führungs-Organisation], die das NS-Gedankengut in die Truppe tragen und den Widerstandswillen bis aufs Äußerste steigern soll, also die ideologische Durchdringung wie bei den Russen. Führer kümmert sich selbst darum, spricht vor NS-Führungsoffizieren. Seine Ansprache vor den Oberbefehlshabern, wobei ein Zwischenruf von Manstein den höchsten Zorn herausgefordert hat. Gehe tief deprimiert heim. Ganz elend.

9. Februar 44, TB: Tagebuchnotizen des Chefs abzuschreiben. Der notierte zu diesem „unerhörten Vorfall" [Mansteins Zwischenruf], daß der Führer nach Schluß seiner Rede, M. zu sich befohlen und ihn in Anwesenheit von Scherff „fertiggemacht" hat. Der Führer hätte geschrieen, getobt, daß es kaum auszuhalten war. Er [Scherff] durfte dieses Mal nicht den Raum verlassen, mußte als Zeuge für die „Geschichtsschreibung" bleiben, um festzuhalten, wie klein hochdekorierte Feldmarschälle vor diesem „Feldherrn" sind! Scherffs Handschrift noch vor Erregung zittrig, schwer lesbar. Ich bin auch erledigt! [Lt. offiziellem Kriegstagebuch: Gfm. von Manstein hatte „So ist es doch auch" gerufen, als Hitler sagte, daß die höchsten Offiziere sich um so enger um ihn und seine Führung scharen müßten, je schwieriger die Lage werde. Hitler war Zwischenrufe nicht gewöhnt und hatte sofort einen Zweifel herausgehört.] Scheidt behauptet, daß sich Hitler bei diesen Tobsuchtsanfällen stets unter Kontrolle habe. Hier bester Beweis, daß Scherff dabei sein mußte.

10. Februar 44, Donnerstag, TB: Erzwinge von Scheidt nach Erlaubnis des Chefs die Urlaubs- und Reisegenehmigung nach München. Bleibe in München bis 15. 2.

17. Februar 44: Die Tage in München erscheinen mir wie ein schöner Traum. Berlin nach einer Angriffsnacht war die Wirklichkeit: grau und erbarmungslos. Daran haben wir doch nicht gedacht, als wir auf dem Bahnhof waren, daß über Berlin die Hölle tobte. Wie dankbar bin ich, statt Angst und Schrecken so wundervoll Beethoven und Schubert durch *Gieseking* erlebt zu haben. Den Abend im Odeon werde ich nie vergessen! Da ich mit anderthalb Stunden Verspätung in Wannsee eintraf (weiter ging der Zug nicht), rief ich sofort Scheidt an. Er war sehr niedergeschlagen, hat sein Haus zwar löschen können, „die Bude wäre aber hin". Nun ist er natürlich der am meisten Leidende!! Ich mußte noch ins Büro, ab Schöneberg zu Fuß! Es geht weder U- noch Straßenbahn. Der weite Weg lohnte kaum noch, aber ich mußte!!

19.–27. Februar 44: krankgeschrieben, nach Dargelütz zur Mama gefahren.

27. Februar 44, Sonntag, Dargelütz: In Deinen „Münchner Neuesten" las ich von Sonja Henies Tod (hast Du die Notiz auch bemerkt?). Es hat mich direkt beruhigt. Siehst Du, diese Eisprinzessin hat nun fernab vom Krieg in Glanz, Glück und Reichtum gelebt und mußte bei Filmaufnahmen tödlich verunglücken.

1. März 44, Berlin, 21 Uhr [an Mama]: Frau Janiak ist heute hier. Ich bekam gleich echten Mokkapudding zu kosten! Evchen hat mich glühend um meine Erkrankung beneidet. Als sie aus Sorau kam und ich weg war, hat sie geheult vor Verlassenheit, denn Fräulein John hatte da ausgerechnet Nachtdienst.

Ab Montag wollen Evchen und ihr Papa in den Bunker gehen. Ich will mitgehen, um mir mal die Sache anzusehen. Erst hatte ich ja Hemmungen wegen unserer anderen Hausbewohner. Aber schließlich ist ja jeder für sich selbst verantwortlich und es gibt mir keiner etwas für meine „Opfergemeinschaft". Und gegen einen richtigen Treffer kann ich das Haus auch nicht schützen. Es sind zwei Bunker in der Nähe, aber sieben Minuten braucht man bestimmt. Die Polizei will nicht, daß es bekannt wird, daß *jeder* hineinkann, damit der Andrang nicht zu groß wird. Mal sehen, ob sie uns hineinlassen und wie es ist.

7. März 44: Dr. Heinrich Wiegand Petzet, der Soldat, war eben hier. Er ist wieder in Augsburg stationiert, hat hauptsächlich Schreibstuben- und Vortragsdienst. Er hat großes Glück gehabt, daß er schon im Spätherbst 1943 aus der Ukraine heimgeschickt wurde, nachdem ihn das Wolhynische Fieber (eine Art Malaria) gepackt hatte. Petzet ist erschüttert von Berlin. So schlimm hatte er es sich nicht vorgestellt. Das geht all unseren Herren so, die von

„draußen“ kommen, ob von Liegnitz oder vom FHQu. Das Interesse an den Berlin-Fahrten wird bei denen abnehmen. Früher war es erwünschte Abwechslung, nun wird es unangenehmer Dienst.

O. U. [Ortsunterkunft] 16. März 44, TB: Gut, daß ich nach dem Anruf des Chefs sofort meine Sachen packte, denn am nächsten Abend (14.) ging es per Schlafwagen mit dem Dienstzug nach Berchtesgaden. Hohe Gäste waren im Zug. Ich stolperte gleich im Gang über den langen Chef des Protokolls, den rothaarigen von Dörnberg, der mit dem türkischen Botschafter zum Führer fuhr. Es waren große Besprechungstage in Schloß Kleßheim, wie ich dann hier hörte. Die Ungarn, die Rumänen, die Befehlshaber – alles kam nach Kleßheim.

Berchtesgaden lag noch im tiefsten Schnee und es schneite weiter! Die Hauptquartierleute hatten schon genug davon, seit Februar, wo sie ihren Einzug von Ostpreußen her hier gehalten hatten, nur Schnee und wenig Sonne. Die Autos müssen sich mit Schneeketten die Berge hinauf- und hinunterquälen und den Berghof erreicht man am besten mit dem „Schwimmwagen“.

Mein Chef wohnt und arbeitet in der „Kleinen Reichskanzlei“, ich aber am anderen Ortsende in der großen Gebirgsjägerkaserne Strub, wo der Wehrmachtführungsstab, das Oberkommando des Heeres und was so alles zum „Sperrkreis II“ gehört, untergebracht sind. Deshalb muß ich ständig hin- und herpendeln. Ich fühle mich wohler, wenn ich die Kaserne im Rücken habe.

Mir ist noch nie so aufgefallen wie jetzt, wie unnatürlich doch das ganze militärische Leben ist. Die Menschen werden dabei so verkrampft und sehr einseitig. Natürlich gibt es Ausnahmen. Aber gerade dieser „Elite-Stab“, immer zusammen, immer außerhalb des wirklichen Lebens, nur beschäftigt mit Lagekarten, strategischen Problemen!

17. März 44, O. U. [an Mama]: Ich sitze in meinem Arbeitszimmer und warte, ob der Chef etwas von mir will oder nicht! Der gute Feldwebel Starck ist heute weggeflogen, für mich noch Arbeit heranzuholen. Morgennachmittag kommt er wieder, wird mir dann alles übergeben und in Urlaub gehen. Der Chef ist nun natürlich sehr verwöhnt dadurch, daß Starck immer bei ihm und ständig zu erreichen ist. Außerdem habe ich Scherff sehr nervös vorgefunden.

Ich bin hier „unten" die einzige Dame in Zivil. Schlafen muß ich bei den Stabshelferinnen. Es geht, da ich nur mit einer anderen zusammen bin. Ich bin froh, daß ich nur „Gast" bin. Durch das Zusammenleben – so nett es sein kann – kommt keiner zu sich selbst. Jetzt wird das Salzburger Kulturleben eifrigst genossen. Zum Theater werden Kraftwagen eingesetzt.

Hier versteht keiner, daß man es in Berlin noch aushalten kann. Die meisten haben überhaupt noch nie einen Angriff miterlebt und große Angst davor. Sie begreifen kaum, daß ich wirklich die ganze Zeit über in Berlin war. Meine Schlafwagenpartnerin auf der Herfahrt war eine begeisterte Berlinerin, die sogar jetzt noch gerne in den Trümmern dort lebt. Es war eine Tochter von dem Direktor des Metropoltheaters und Admiralspalastes, Heinz Hentschke. Sie war vielleicht 16 oder 17 Jahre. Wie die eigentlich in den Kurierzug hineingekommen ist? Aber solche Leute haben ja überall hin Beziehungen. Mit irgend einer unserer Dienststellen schien sie jedenfalls nichts zu tun zu haben. Es war ein nettes, munteres Ding. Sie kannte aber auch nur Operetten und Kriminalromane.

Nun bin ich ja auch verwöhnt durch meinen Arbeitsplatz, weil ich da – wenigstens solange Menzel dort ist – mit einem gescheiten, klugen Menschen reden kann und bei diesen Unterhaltungen stets etwas dazulerne. Mit Scheidt ist es ja auch so, doch war er in der letzten Zeit fast nie da. Als die Verhandlungen wegen meines Herkommens losgingen, war er wieder ganz reizend. Ich hatte ihm doch gleich gesagt, daß ich für „kurze" Zeit ganz gerne die Sache mitmachte, aber in 14 Tagen wieder in Berlin sein möchte, weil ich dann „wichtigere Dinge" vorhätte (meine Gesangsstunden bei Professor Emge). Heute haben wir beide schallend gelacht, als ich sagte „ich freue mich schon auf Berlin!" Das einzigartig Schöne, worüber ich mich auch ständig freuen kann, sind die Berge hier.

Einige Stabshelferinnen sind frühere Kolleginnen von mir und ich habe dadurch gleich etwas Anschluß, was hier wichtig ist, weil man doch nicht richtig allein sein kann. Einige Offiziere und Soldaten kenne ich auch noch von früher. Insgesamt gesehen, hat sich in diesem Stab alles sehr verändert. Dadurch daß die Mädchen nun alle uniformiert sind, ist auch der Ton zwischen Damen und Herren anders. Es sind nicht mehr „Damen", es sind „Schreibkräfte". Oben in der „Reichskanzlei" ist das noch anders. Aber dort sind sie ja auch nicht uniformiert und immer noch ganz wenige. Von den Mädchen hier „unten" werde ich ja etwas beneidet, daß ich nach „oben" in den Sperrkreis I fahren darf. Sie kommen dort nie hin. Überhaupt konnte man gar nicht fassen, daß ich Zivilperson bin. Es wurde wirklich getan, als wenn es seit Jahren schon nichts anderes als Stabshelferinnen gibt.

Die Räume in der „Kleinen Reichskanzlei", wie sie zum Unterschied der „Berliner" heißt, sind sehr hübsch. Es ist alles hell und freundlich. Der Chef führte mich selbst herum. Er sagte, daß er mich eigentlich nur mal aus Berlin heraushaben wollte. Nun war er ganz überrascht, wie gut ich noch aussehe. Er hat sich auch um ein Zimmer in einer Pension in der Nähe der Reichskanzlei bemüht, aber keinen Platz mehr bekommen (es sind Familienangehörige hier) und so bin ich eben in der Kaserne gelandet. Das hat den Vorteil, daß ich gleich in voller Verpflegung bin (mußte allerdings Marken abgeben, aber es gibt mehr, als man an Marken hat) und die Räume sind alle gut geheizt. Bequemer sind sie nicht – Kaserne! Ich telefoniere übrigens jeden Morgen um 9 Uhr mit Scheidt oder Menzel in Berlin – werde also über mögliche Angriffsschäden informiert.

18. März 44 [Fortsetzung]: Übrigens „oben" fühle ich mich etwas wohler. Die gepflegten Räume wirken wohltuend. Außerdem ist alles kleiner und die Leute, die ich bisher dort kennenlernte, haben die bessere Lebensart uns gegenüber. *Barbara von Rautenberg* (Jodls Sekretärin, „Fürstin" genannt), die ich von Berlin her kenne, ist auch da. „Unten" in der Kaserne wissen die Offiziere überhaupt nicht, was sie mit mir Zivilistin anfangen sollen. Ich gehöre eben hier überhaupt nicht richtig hin, da sitzt der Haken. Umso erfreulicher war heute die Begegnung mit *Dr. Felix Hartlaub,* den Scheidt damals zu uns geholt hat und der nun hier mit Greiners Nachfolger Professor Dr. Schramm das KTB führt. Wir trafen uns zufällig im Kasino. Er begrüßte mich erfreut und fragte gleich, ob ich mir nicht seine Arbeitsstätte ansehen möchte, in der „unser KTB" entsteht. Ich ging dann gleich mit.

TB: Hartlaub war ganz reizend und von erstaunlicher Offenheit, denn er ist ein verschlossener, zurückhaltender Mensch. Er scheint hier keine richtige Ansprache zu haben. Auch nicht in Professor Schramm, der, wie er sagt „geistiges Format" hat, ihn aber eben doch nur als Untergebenen, vielleicht gerade noch als Assistenten behandelt. Vor allem aber sei „Percy" jetzt hauptsächlich mit seinen persönlichen Arbeiten beschäftigt. Er schreibt an einem Buch über die deutsch-englischen Beziehungen, an dessen Erscheinen ihm eben mehr zu liegen scheint, als an dem ganzen KTB. Percy geht zwar zur täglichen „Lage" bei Warlimont, bringt das Material mit, diktiert seine Notizen und dann muß Hartlaub alles mit den entsprechenden Weisungen und Karten ergänzen, neu fassen, die so mühevollen „chronologischen Übersichten" machen. Ja, das KTB wie wir es erhielten, wäre zur Hälfte seine Arbeit. So befände er sich in einem ständigen Kampf mit dem vielen Papier! Scherff käme nie in die unteren Regionen des Sperrkreises II. Scheidt höchst selten. Er hat ihm gesagt, daß er dort nicht fortkann, weil Scherff ihn ständig greifbar haben will, was nach meiner Erfahrung sicher stimmt. Ich erzählte Hartlaub das und auch, was Scheidt mir seiner Zeit, bevor er, Hartlaub, zu uns kam, von ihm sagte, wie wichtig er es fände, diesen jungen Historiker zu uns zu holen! Nun ja, das mag sein, meinte H., aber hier ist er eben auch nur der kleine Soldat, nicht der Historiker. Er müsse allerdings zugeben, daß ihn dieser ganze Apparat, dieses Befehlszentrum, fasziniere. Hartlaub ist ein Mensch, zu dem die Uniform einfach nicht paßt. Ich habe ihn zwar nie anders als in Uniform gesehen, aber immer wieder fällt mir das auf. Er wirkt einfach unglücklich darin. Vielleicht wäre diese Wirkung in einer eleganten Offiziers- oder Kriegsverwaltungsratuniform wie Menzel sie trägt nicht so kraß. Aber dieser schmale, nachdenklich-melancholische Mann – er wirkt darin noch unglücklicher als der blonde, rosig freundliche Ästhet Petzet, der auch immer irgendwie zu staunen schien, daß er nun uniformiert durchs Leben gehen muß. [Felix Hartlaub später zur Truppe abgestellt, seit April 45 vermißt. Seine Erzählungen, Tagebücher und Briefe wurden von seiner Schwester Geno herausgegeben.]

19. März 44, TB: Ich sitze immer bis 20 Uhr in der Reichskanzlei. Dann kann ich mit einem der Kurierwagen zur Strub-Kaserne fahren, wo ich untergebracht bin. Scherffs Zimmer ist im 1. Stock gegenüber dem „Führerzimmer", darauf ist er sehr stolz. Allerdings war Hitler nur während der Umbauten auf dem Berghof da. Seit der fertig ist, sitzt er wieder dort oben. Aber alle die sonst zum „engsten Kreis", also Sperrkreis I, gehören, haben dort nicht Platz und sind nun hier Gast von Reichsminister Lammers. Auf dem Gelände steht noch das sogenannte „Feldmarschallhaus", in dem Keitel und seine Adjutanten ihre Wohn- und Arbeitsräume haben. Im Sperrkreis I, diesem engsten Führungsstab, sind die kv-Soldaten noch als Schreiber zugelassen, während im Sperrkreis II, der hier in Berchtesgaden in der Strub-Kaserne untergebracht ist, diese Soldaten von weiblichen Schreibkräften abgelöst wurden.

In der Strub-Kaserne ist also der große Apparat: Stellv. Chef Wehrmachtführungsstab (Warlimont), der Chef des Generalstabs des Heeres (Generaloberst Zeitzler) mit seinen verschiedenen Abteilungen, allen voran der Chef der Organisationsabteilung, der körperlich kleine, fast zierliche Generalmajor Stieff, der immer bis spät in die Nacht arbeitet, was ich zu spüren bekomme, weil seine Sekretärin meine Zimmergenossin ist. Zeitzler merke ich auch! Mein Arbeitszimmer ist genau über seinem, so hörte ich ihn schon ein paar Mal schreien. Zeitzler ist leicht erregt, wie schon seine Spitznamen „gereizter Blinddarm" und „Kugelblitz" (er ist klein und dick) besagen.

20. März 44, TB:

Ein Abendessen unter Vorsitz von General Jodl

Heute hatte ich die „Ehre" in der Reichskanzlei an dem gemeinsamen Abendessen teilzunehmen. Der kleine Kreis dort speist immer von 20–21.30 Uhr zusammen. An der Spitze der Reichsminister Lammers (als Hausherr) und Generalfeldmarschall Keitel. Lammers war diesmal abwesend, Keitel aß allein mit seiner Frau. So präsidierte Generaloberst *Jodl,* flankiert von Keitels Adjutanten. Die paar Damen waren zwischen den Herren aufgeteilt. Neben mir saß Jodls 1. Generalstabsoffizier, mit dem es sich gut reden ließ.

Trotz der besseren Kost hier bin ich froh, nicht ständig diesem steifen, gezwungen-witzigen Mahl beiwohnen zu müssen. Es kam mir so komisch und unpassend vor, daß nicht der Reihe nach serviert wurde, sondern dem Rang nach und das bedeutet, da man ja nicht rangmäßig plaziert ist, ein Hinauf und Herunter und Hin- und Her-Gesause und zum Schluß kommen dann die Damen! Es sind Kleinigkeiten, aber sie sind bezeichnend.

Jodl war, wie wohl stets, ruhig und beherrscht. Er richtete auch ein paar Worte an mich und zwar erregte mein frisch aus Berlin – der „Angriffsstadt" – Kommen, doch Aufsehen. Man hatte ja die Angriffe nur aus der Ferne erlebt, sozusagen auf dem Papier. Ich kam nun daher und saß frisch und blühend aussehend (leider, denn nun hielten sie es sicherlich nicht für so schlimm in Berlin) zwischen ihnen. Man staunte, wie war das möglich? Alle Angriffe in einem gewöhnlichen, leichten Keller, keinem Bunker mitgemacht, wirklich? So meinte Jodl, daß man mich direkt fotografieren und dieses Bild, in Farbe natürlich, den Engländern zustellen müßte – sie würden die Bombardements auf Berlin aufgeben! Alle schauten mich nun an, meine „Farben" wurden noch „frischer"! In diesem Kreis kam man sich schon ordentlich vor, wenn man total- und teilbombengeschädigt war – allerdings waren Familie und Möbel schon längst evakuiert gewesen und nur noch die leeren Wohnungen zerstört. Von dem Leben in einer Angriffsstadt (diesen Ausdruck lernte ich dabei) hatte man überhaupt keine Vorstellung. Berichte können Selbstgeschautes und Selbsterlebtes doch nie ersetzen!

Als die Damen sich von der Tafel erhoben, während die Herren noch bei einer Zigarre saßen, mußte ich erneut staunen. Sie empfahlen sich vor dem Generaloberst mit einem strammen Heil Hitler-Gruß. Ich bekam den nicht so hin – zu ungewohnt –, machte es mit gebeugtem statt ausgestrecktem Arm und verließ als letzte den Raum.

Gestern Besetzung Ungarns. Horthy in Kleßheim!

20. März 44 [an Mama]: Ich sitze wie üblich jetzt wieder in meinem Arbeitszimmer und warte auf den Anruf des Chefs. Wenn Starck heute die große Arbeit für mich mitbringt, wird es ja besser, dann kann ich die Wartezeit mit Arbeit ausfüllen. Eva hat mir glücklicherweise ein Buch mitgebracht. Es ist eine reizende Ausgabe (Taschenformat Luxusausgabe) von Madame de Staëls „Über Deutschland".

Übrigens gestern mittag war Alarm. Sogar hier muß man Sirenen hören. Die ganze Gegend wird bei Luftgefahr eingenebelt! Mit dem „Luftkurort" ist es vorbei, denn der künstliche Nebel bringt alle zum Husten. Als Eva und ich neulich im Malerwinkel waren, wurde gerade vernebelt, war's mit dem Sonnenschein erst einmal aus. Zur Zeit ist wieder schlechtes Wetter: Schneetreiben. Dabei mußte ich schon mehrmals im offenen Wagen fahren. Die Kuriere haben sich alle zumindest eine Angina geholt. Aussichtsreich! Gestern nahm ich „oben" am Abendessen teil. Mein Chef wünscht es aber nicht. Warum, weiß ich nicht. Es war von Fräulein von Rautenberg nett gedacht, weil ich doch immer solange da oben sitzen muß. Ich bin über vieles hier recht unglücklich und wünsche mich in meine Berliner Einsamkeit zurück. Hier gehöre ich nirgends hin. Und Stunden über Stunden vertue ich nutzlos mit Warten! Als ich Menzel von dem „Abendessen" erzählte und mein für die Berliner Verhältnisse viel zu „blühendes Aussehen" beklagte, sagte er, und das wird Dich freuen: „Sie wirken nun einmal wie ‚Schneewittchen' – schwarze Haare, weißer Teint, rosige Wangen."

21. März 44 [an Mama]: Omamas Tod hat mich überrascht. Ich dachte gar nicht mehr daran, hatte mich an die wiederholten Schlaganfälle gewöhnt. Ich begriff auch erst gar nicht, warum Eva plötzlich nach Mecklenburg gefahren ist. Doch wahrscheinlich war es gut für Dich. Nach Ostpreußen wirst Du doch aber allein fahren? Bitte, mache diese Reise so rasch wie möglich, dann kannst Du auch noch ein paar Tage, ja zwei Wochen, bei den Verwandten bleiben. Wenn Du dort alles erledigt hast und zurück bist, müssen wir uns zusammensetzen und alles besprechen. Dargelütz darf auf keinen Fall aufgegeben werden. Wir wissen ja nicht, wielange uns die Wohnung in Berlin erhalten bleibt. Du bist nun nicht mehr durch Deine Mutter gebunden, kannst also besuchsweise solange Du willst nach Berlin fahren. Zum Ausschlafen wirst Du sowieso immer wieder gerne ins ruhigere Mecklenburg zurückkehren. Die Luftangriffe werden noch schlimmer werden, fürchte ich. Man vergißt so etwas zu leicht, wenn man abseits sitzt, ich merke das ja bereits hier – trotz all der schlimmen Meldungen, die ich zu hören bekomme.

Kalendernotizen März und April 1944:

22. März: Den ganzen Tag in „Strub". Nachmittags frei und Berchtesgaden besichtigt. Der Ort wimmelt von Uniformen, hauptsächlich SS.

24. März: Scherff arbeitet an der „Geburtstagsschrift" [für Hitler] und geht auf eine Hütte, um in Ruhe damit fertig zu werden! Sein Thema: „Über Geschichte und Geschichtsschreibung". Zitate zum Zitieren habe ich in den letzten Tagen seitenweise getippt! Heute arbeite ich ohne Unterbrechung, um alles andere zu schaffen, damit ich zu Gerhards Konzert in München fahren kann. Starck ist noch hier, also wird's doch möglich. Hatte Hüsch schon abgeschrieben.

25. März (Sonnabend): In München, Ankunft 16 Uhr. Erst in Evas Wohnung, dann zum Konzert im Bayerischen Hof. „Schumann und Brahms"! Große Überraschung, daß ich erscheine. Weil Eva nicht da ist, soll ich mit nach Solln kommen. Also rasch meine Sachen holen und dann zu Hüschs.

26. März (Sonntag): Rufe Starck in Berchtesgaden an, erfahre, daß Menzel in Berlin schweren Bombenschaden hat. Ich soll Nachricht über meine Wohnung abwarten, nicht sofort nach B'gaden zurückkommen. Mir ist richtig elend. Anruf von Starck: Auch bei uns in Steglitz wieder Luftdruckschaden, Wohnungstür offen! Menzel dafür, daß ich hinkomme. Starck wird den Chef entsprechend verständigen.

27. März (Montag): 9 Uhr in Berlin. Eva ist gerade abgefahren. Sie hat auf der Rückfahrt von Mecklenburg Station gemacht und schon den größten Schmutz beseitigt. Aber die Wohnungstür ist offen. Mittags bin ich im Büro.

28. März: Aufräumungsarbeiten und Einkäufe.

29. März: Zwei Soldaten vom Büro kommen und arbeiten den ganzen Vormittag bei mir. Sie bringen alles schön in Ordnung. Loggiafenster wird wieder reingedrückt. Mama kommt um 19 Uhr von Ostpreußen auf der Rückreise nach Dargelütz und freut sich riesig, mich vorzufinden.

30. März: Vormittags wieder die Soldaten zur Arbeit. Sie richten die Wohnungstür, kann sie wieder verschließen. Es gibt sogar wieder Warmwasser!

31. März (Freitag): Zum Büro, Fahrschein besorgen. Zu Hause dann noch geplättet, aufgeräumt. Es ist eine Hetze! Bringe Mama bloß bis Schöneberg, ihre Abfahrt 19.15 Charlottenburg, meine 19.10 Uhr Anhalter Bahnhof nach Salzburg.

1. April (Sonnabend): Über Salzburg nach Berchtesgaden. Bekomme ein Doppelzimmer im Haus „Else". Verständige Eva, damit sie Urlaub nimmt und zu mir kommt. – Einige Veränderungen finde ich vor: Zeitzler ist erkrankt! Einen Tag zuvor Gfm. von Manstein und Kleist entlassen. „Die neue Führung verlange neue Männer"!

2. April (Sonntag): Eva kommt, kann ein paar Tage bleiben. Herrlich!! Sie soll die „Zahlstelle" beim Rechnungshof übernehmen, die bisher ein Amtsrat führte, der nun auch noch eingezogen wird. Sie ist nicht sehr erbaut davon, aber es ist doch eine Anerkennung!

4. April: Vormittags in der Reichskanzlei. Starck geht in Urlaub.

7. April (Karfreitag): Nachmittags frei. Mit Eva zum *Platterhof* gelaufen. Drei Stunden Fußweg. Der Platterhof jetzt großes Hotel in kriegsmäßiger Aufmachung. Tarnanstrich und ringsum allerlei aufgestellt, sogar künstliche Bäume! Es wird auch noch gebaut. Im Wald beim Hof Baracken mit SS. Wir begegnen, als wir oben ankommen den „Prominenten", die jetzt von der Führer-Lage-Besprechung zurückfahren: Keitel, Jodl, Dönitz und mein Chef. Mehr kann Eva wirklich nicht geboten werden! Rückfahrt mit Bus.

8./9. April (Ostersonnabend und -sonntag): frei! Mittags wird mir mitgeteilt, daß ich *Mittwoch spätestens* in Berlin sein muß! Abends Kofferpacken.

10. April (Ostermontag): Sitze vormittags im Büro und warte, daß der Chef mir *Fahrterlaubnis* gibt. Erhalte sie so spät, daß wir den Zug nach München gerade noch erreichen.

11. April: Abfahrt von München 21.24 Uhr. Der Zug kommt überfüllt an, ich habe nicht einmal die Möglichkeit hineinzukommen! Eva hat 23 Uhr Luftschutzdienst im Rechnungshof, ich gehe mit. Rufe sofort in der Reichskanzlei an, erreiche aber den Chef nicht.

12. April: Noch in München. Allerlei Aufregung. Mittags Alarm, aber schlimmer, daß der *Chef wütend* ist, daß ich nicht schon in Berlin bin!! Ich bekomme nun aber im Dienstzug einen Schlafwagenplatz reserviert! Sicherheitshalber steige ich bereits in Landshut ein, damit mein Platz in München nicht etwa schon anderweitig belegt ist. Habe mich schrecklich aufgeregt, auch weil ich den Chef selbst nicht erreichen konnte, er war spazierengegangen! Starck war aber sehr nett am Telefon, will vermitteln.

13. April: Wieder in Berlin (8.55 Uhr). Nachts Luftwarnung und Bombenwürfe. *Im Büro* gar nichts zu tun. Weswegen die Hetze?!

20. April 44: Scherffs Geburtstagsschrift gedruckt da: Seine „Lesefrüchte" über „Geschichte und Geschichtsschreibung" – all diese Zitate mit einleitendem Bericht „Aus der Werkstatt des Beauftragten ..."!

28. April 44, Berlin [Brief]: Gestern abend fand ich endlich Deine Eilnachricht *und* die Postkarte vor. Gott sei Dank! Ich war sehr besorgt, als ich las, daß die Akademie der bildenden Künste zerstört ist, denn die Luftlinie zur Georgenstraße ist ja ganz nah. Ich habe jeden Tag versucht, zum Rechnungshof durchzutelefonieren, bekam aber keine Verbindung, weil nur Kenn-Nummern galten. Über Starck konnte ich nichts machen, weil der Chef gerade Umzug veranstaltete. Er ist von der Reichskanzlei in den Berchtesgadener Hof übergesiedelt, weil er glaubt, dort mehr Ruhe zu haben, dabei ist das Hotel vollbelegt! In den anderen Hauptquartieren hätte er gar keine Wahl, da müßte er in den ihm zugewiesenen Räumen bleiben, hier aber sucht der unruhige Geist bei den unruhigen Zeiten Ruhe.

Im *„Tannhäuser"* war ich mit Professor Hans Emge, denn ich hatte von Tietjens Sekretärin zwei Karten bekommen. Gerhard war ein strahlender, herrlich singender Wolfram. Emge nannte seinen Auftritt einen „Jubel-Akkord". Maria Müller sang wunderschön und sah entzückend aus. Suthaus reichte als Tannhäuser nicht an Max Lorenz und Set Svanholm heran. Josef Greindl war ein würdiger Landgraf, Paula Buchner eine wenigstens gut aussehende Venus. Tietjen [Generalintendant] ist nach der Vorstellung zu Gerhard in die Garderobe gekommen und hat ihm gesagt, daß er diese Partie hier oft singen müßte! Wie schade, daß er nun bis zum 7. Juni ununterbrochen mit Kilpinen auf Tournee ist und nicht zur Verfügung stehen kann.

Für das nächste Wochenende habe ich einen ganz großen Plan:

Weimar! Falls es Major *Grohe* gelingt, mir durch einen Stalingrad-Kameraden Ritterkreuzträger Löser dort eine Unterkunft zu verschaffen und hier alles unverändert ist, erfülle ich mir diesen Wunsch. Ich befürchte immer, daß wir bald nicht mehr reisen dürfen und später nie mehr! Grohe ist wirklich nett und hilfsbereit. Gestern rief er an, ob ich mitkäme ins Theater des Volkes „Der Obersteiger". Eine ganz andere Welt! Hinterher aßen wir im Central-Hotel und haben uns prächtig unterhalten. Er wird bald einmal den „Abschnitt Steglitz" besichtigen und sich orientieren, wie bei uns alles eingeteilt ist mit Lösch- und Bergungskommandos. Er ist doch nun dafür zuständig! Außerdem wird er möglichst bei Evchen anrufen, wenn Gefahr ist, damit wir rechtzeitig zum Bunker gehen. Sie bekommen die Wettermeldungen und alle „Möglichkeiten" durchgesagt. Also es ist wenigstens wieder ein Mensch in Berlin, der sich etwas kümmert, der im Schadensfall nachforschen würde und vielleicht sogar etwas erreichen könnte, da er ja in der maßgeblichen Zentrale sitzt.

Ich habe jetzt einmal in der Woche Klavierunterricht und soll zwei bis dreimal zu Professor *Emge* kommen. Sein Urteil in der ersten Gesangstunde war: Vorzügliches Gehör, klarer unverdorbener Mezzosopran. Es lohne, ob nur zur eigenen Freude oder weiter hinaus, wird sich später zeigen. Zunächst arbeiten! Das will ich ja, obwohl die Umstände denkbar ungünstig sind. Und immer wenn ich so etwas beginne, nun, da mag ich nicht weiterdenken.

29. April 44 (Sonnabend), 14 Uhr: Heute hatten sie uns wieder vor und nicht schlecht. Man kann sagen, der Mittags-Angriff war kurz, aber kräftig! Bei uns in Steglitz konnten im obersten Stockwerk die Brandbomben gelöscht werden. Durch Luftdruck ist unsere Loggiatür wieder herausgesprungen, die Mauereinfassung kaputt, Putz von der Decke gefallen. Das übliche, auch kein Wasser! Gas geht schwach, Licht brennt. Sicher ist heute eine neue Angriffsserie eröffnet worden!

2. Mai 44: Ich war gestern in Dargelütz – nur für ein paar Stunden, fuhr abends schon wieder zurück. Die Zeit reichte gerade für den Garderobenaustausch, Mittagessen und Kaffee. Um Mitternacht war ich in Berlin – hatte nur Koffersitzplatz im Zug! Die Wannseebahn hatte Störung und so kam ich erst gegen 1 Uhr in Steglitz an, sah keinen Omnibus mehr und marschierte zu Fuß 20

Minuten mit dem doch ziemlich schweren Koffer zur Wohnung. Zum Glück gab es keinen Alarm und keine bösen Menschen auf dem Weg. Ich war der einzige Mensch in der dunklen Ruinenstraße!

4. Mai 44: Unsere Heizung im Büro ist kaputt, wir frieren erbärmlich. Der Wind ist eisig und pustet alles durch und durch. Jetzt sind schon wieder Verbände im Anflug gemeldet und der Kuckuck ruft. Wenn die Angriffe doch endlich aufhörten! Aber es wird immer schlimmer damit. In der Nacht wachte ich verschiedentlich auf, weil von den Ruinen etwas krachend herunterstürzte. Wie gut, daß ich noch keine Fensterscheiben machen ließ, dann hätte ich schon wieder Scherben. So war nur die Pappe herausgedrückt. Die Amerikaner haben Bomben von enormer Durchschlagskraft, dafür geht die Sprengwirkung nicht so in die Breite, aber die Kellersicherheit ist dahin!

Scheidt ist augenblicklich beim Chef. Der hat sein Quartier jetzt im Hotel Haus Geiger aufgeschlagen. Nirgends ist es ihm ruhig genug. Der sollte mal eine Weile hier sein, dann fände er dort vielleicht Ruhe – oder erst recht nicht?

8. Mai 44, früh, Weimar: Durch mein Hiersein bin ich dem gestrigen Vormittagsangriff auf unser armes Berlin entgangen. Es gab hier Luftwarnung und wurde angesagt, daß feindliche Verbände nach beendetem Angriff auf Berlin nördlich des Harzes zurückfliegen. Wie werde ich nun alles vorfinden?

Weimar ist ein reizendes Städtchen. Und so friedlich! Ja, hier wird sogar eine Wanderschau „Der Luftterror" gezeigt! Doch unerhört! Ich kam Sonnabend sogar mit Sitzplatz gegen 17 Uhr hier an. Traf im Hotel den Hauptmann Löser, der trotz seiner kaputten Hand morgen an die Front zurückgeht. Sah mir dann etwas von der Stadt an, ging in den Schloßpark und stand beglückt vor dem Gartenhaus. Heute richtige Besichtigung gemacht – Gartenhaus von innen –, auch Liszts Wohnung. Goethe- und Schillerhaus sind leider zu sehr „verluftschutzt", so daß sie nicht mehr die Atmosphäre haben. Weimar ist kleiner als Potsdam. Hof und Bürgertum gehen mehr ineinander über. Die Herrscher sind sozusagen mitten drin. Potsdam ist viel nüchterner – eben preußisch-militärisch. Mein Hotel „Der Erbprinz" ist auch voller Erinnerungen. Hier wohnte Joh. Seb. Bach, wurden Friedemann und Philipp Emanuel

Bach geboren, wohnten Paganini, Liszt, Richard Wagner, C. M. von Weber und viele mehr. Die Hotelhalle ist mit hübschen Biedermeiermöbeln ausgestattet. Die historischen Zimmer sind erhalten und werden sogar vermietet. Ich fahre heute nacht zurück.

11. Mai 44, Berlin: Wie froh bin ich, daß ich die zwei schweren Tagesangriffe (Sonntag/Montag) nicht miterleben mußte. Am Montag haben sie im Büro nicht mehr geglaubt, heil davonzukommen. Ein Bombenteppich! Die Räume wieder alle beschädigt. Mein Zimmer ohne jegliches Tageslicht. Ich sitze bei Scheidt mit drin, der wieder da ist. Vorerst wird er „draußen" nicht gebraucht, wir machen unsere „Ergänzungen". Auf meiner Rückfahrt mußte ich stehen, aber was macht das, wenn man soviel Schönes erleben durfte.

14. Mai 44, Berlin: Nach 2 Stunden im Bunker – eng gedrängt stehend, so daß wir kaum Luft bekamen und Mama schwor, daß sie lieber in unserem Keller umkommen wolle, bringe ich vor Müdigkeit keinen Satz mehr zustande. Der von Janiaks zur Belebung spendierte Eier-Cognac wirkt wie ein Schlaftrunk. Gerhard Janiak kam gestern abend auf Urlaub. Er hat Eier und selbst gebrauten Eierlikör mitgebracht. Sonnabend muß er wieder fort. Seine Truppe kommt nach Italien. Er erklärte „nach Italien und dann nach Canada, so sagen wir alle".

18. Mai 44: Ich habe mich nun doch entschlossen, wieder einmal Fenster einsetzen zu lassen und gestern schon angefangen, die Pappen abzumachen. Mama ist nun hier und kann die Fenster zum Glaser bringen und abholen. Jetzt bei dem kalten Wetter ist es ja doch häßlich, wenn man schon tagüber im Finstern sitzt. Hoffentlich habe ich nicht bald wieder Scherben, aber lieber Scherben, als Totalschaden! Menzel ist jetzt in Berchtesgaden. Er hat leider schlechtes Wetter und die Stimmung scheint dort auch nicht bestens. [Nervosität wegen der erwarteten Invasion, Absetzbewegung in Italien, Kampfpause an der Ostfront.]

Nur eine Luftmine!

28. Mai 44, Dargelütz: Ohne Evchens Vorwarnung, die nur einem Zufall zu verdanken war (Abschiedsfeier für Bruder Gerhard), wäre ich noch nicht im Keller gewesen, als die Luftmine fiel (in der Nacht zum 24.) und hätte durch den Luftdruck mein Ende gefunden. Die Luftmine schlug gleich nach dem Vollalarm ein. Wir hörten kein Pfeifen, weil es zu nah war. Nur noch den Aufschlag, darauf hin Schmutz, Rauchwolke aus dem Kamin, die Tücher vors Gesicht – Erstaunen, daß nicht noch mehr kam, daß das Haus nicht einstürzte. Der Augenblick war furchtbar! Es gab dann bald Entwarnung, wir konnten es kaum glauben.

Wir sahen nun den Schaden: Im Keller eine Seitenwand zum Nebenhaus eingestürzt, sämtliche Türen herausgeflogen, die Haus- und Wohnungstüren auch. Seltsamerweise sind nur im Erdgeschoß die Wohnungstüren dringeblieben. Der Hauptdruck hat wohl beim ersten Stock gelegen. Wir sind nun restlos durchgeblasen! Die Wohnungstür bestand aus zwei Teilen, *alle* Zimmertüren lagen irgendwo, *alle* Fenster *mit Rahmen* lagen in den Zimmern, in dem Loggiazimmer ist nicht nur das ganze Fenster hereingeflogen, sondern das Mauerwerk auch gleich, da kann nun auch nichts vorgeschlagen werden, es müssen Maurer ans Werk! Die geplatzte Wand im kleinen Zimmer hat jetzt ein Riesenloch. Der schwere Block lag auf dem Bett. Von der Küche zum Bad ist auch eine Öffnung entstanden, ebenso ist die Wand zum Flur richtig gespalten. Möbel sind kaputt. Ich kann Dir gar nicht alles richtig beschreiben, Du müßtest es gesehen haben. Ich bin ja schon allerhand gewöhnt, aber das war noch eine Steigerung.

Scheidt, den ich herzitierte (die konnten ja nicht ahnen, daß die eine Mine der gemeldeten „Störflugzeuge" gerade unser Haus durchgepustet hat), war sehr beeindruckt. Er, sowie alle anderen, die die Wohnung sahen, konnten es gar nicht fassen, daß dies kein schwerer Schaden sein sollte. Ja, stell Dir vor, der *Architekt,* bei dem wir uns den *Schadensschein* holen mußten, *erklärte: „Solange die Umfassungsmauern eines Hauses stehen, ist es nur leichter Schaden!* Ob die Innenwände alle weg sind, spielt keine Rolle!" Da Evchen und ich das durchaus nicht kapierten und meinten, wenn die Umfassungsmauern nicht mehr stehen, sei es wohl Totalschaden, bekamen wir „mittleren Bombenschaden" bescheinigt! An und für sich ist es aber schwerer. Früher hätten wir Räumungsbefehl erhalten!

Das Schlimme ist nun, wir haben eine Wohnung und haben doch keine! Scheidt schickte mir zwei Soldaten und zwar ist der eine unser Tischler. Die haben, was ich nicht für möglich hielt, die Tür wirklich wieder zusammengeschlagen und sogar das Schloß eingesetzt, so daß ich also wieder eine Wohnungstür habe. Auch die Fensterrahmen sind wieder drin und verpappt – bis auf die Loggia, da ist man machtlos. Zwei Tage haben die Soldaten sehr fleißig gewirkt und noch sind nicht alle Türen drin. Es ist zuviel. Am besten in Ordnung ist die Küche, da habe ich dann auch Major Grohe empfangen. Er wollte sich den Schaden auch gerne mal besehen. Um 19.30 Uhr kam er mit seinem Wagen vorgefahren. Er staunte auch nicht schlecht, wie es aussah, dabei war ja nun schon der Schutt fort und etwas aufgeräumt.

Grohe fuhr dann schnell den Einschlag betrachten, kam zurück und erzählte. Die Luftmine ist nur etwa ½ m in die Erde gegangen und hat deshalb den ungeheuren Luftdruckschaden in weitester Umgebung angerichtet. Noch Straßen weiter sind die Dächer abgedeckt und Fenster herausgedrückt. Vor unserem Haus waren übrigens gerade vorher neue Ziegel abgeladen, die wir nun – statt erst in den Wohnungen Ordnung zu schaffen – aufs Dach tragen mußten, damit sie nicht geklaut wurden – Bedarf war ja genug vorhanden! Nach zwei Stunden Ziegelschleppen wußte man, was man getan hat!

Am Freitag traf ich mich mit Scheidt und habe die Urlaubsfrage geklärt. Für „mittleren Schaden" gibt es acht Tage frei. Ich habe also zur Zeit „Bombenschadenurlaub", den ich nun hier im verhältnismäßig ruhigen Mecklenburg (Tagjäger haben die Gegend schon abgestrichen) verbringe. Scheidt fand nämlich, daß ich schlecht weiterhin in unserer Wohnung hausen könne. In der Zwischenzeit wolle er mit Menzel Unterbringungslösungen überlegen. Adressiere Post für mich wieder an die Büro-Adresse, irgendwie erreicht mich die dann schon, selbst wenn wir dort wieder ausgebombt werden.

1. Juni 44, Dargelütz [Karte]: Ich habe mich hier in der Stille schon wieder erholt. Ja, ich will sogar morgen früh von Parchim über Carow und Güstrow nach *Danzig* fahren! Abends geht kein Zug. Hoffentlich werden wir nicht beschossen. Ich möchte Danzig kennenlernen, wir sind doch immer nur vorbeigefahren, wenn es in den Schulferien zu den Großeltern ging. Noch steht Danzig!! Mama hält mich für leicht verrückt.

3. Juni 44, Danzig [Karte]: Die Fahrt hierher verlief glatt und auf die Minute pünktlich. Nur mußte ich von Güstrow bis Köslin stehen oder auf dem Koffer sitzen (6 Stunden!). Leider regnet es hier ohne Pause. Trotzdem habe ich gestern abend gleich einen Rundgang durch die Altstadt gemacht. Die schönsten und wichtigsten Bauten habe ich schon gesehen. In der Marienkirche war Orgelfeierstunde. Jeder Platz war besetzt! Die Kirche ist der Öffentlichkeit sonst nicht zugänglich. Ein herrliches Gotteshaus! Es sind sogar noch alte Glasfenster drin.

[4. Juni: Räumung von Rom. 5. Juni: Die Invasion in der Normandie beginnt!]

9. Juni 44, Berlin: Berlin drückt nieder! Pünktlich bin ich auf dem Bahnhof Zoo angekommen. Trotz des Liegewagenplatzes müde und überhungert. Ich ging sofort zum Dienst, wo ich schon sehnsüchtig erwartet wurde. Die Ereignisse an der Westfront bringen selbst die „Kriegsgeschichte" in Schwung.

Bevor ich vor Müdigkeit umfalle oder in den Bunker laufen muß, nur kurz, daß es auch mit meinem Verwandtenbesuch geklappt hat. Da unsere *Königsberger* das Wochenende in ihren Häusern an der Küste verbrachten, fuhr ich von Königsberg aus am Sonntag gleich nach Georgenswalde. Es war dort unverändert, so richtig sommerlich friedlich. Die Samländische Küste ist wirklich schön. Schade, daß am nächsten Tag das Wetter unfreundlich wurde. Da war ich auch noch in Rauschen, mußte doch das Haus von Tante Hildes Mann besichtigen. Am Mittwoch/Donnerstag dann in *Königsberg*. Ich bin recht froh, daß ich alles *noch einmal* als Erwachsener, also bewußt, gesehen habe: Als ich das aussprach, große Empörung!! Ich habe dann lieber geschwiegen. Mama hatte mich ja schon gewarnt. Wenn sie nicht wollen, so sollen sie sich weiter ihren Hoffnungen hingeben. Selbst die Nachricht von der Landung in Frankreich konnte sie nicht erschüttern und die immer näher rückende Front sehen sie nicht! Es wird alles wieder werden, sagt der Mann von Tante Hilde und dann muß es ja stimmen! Inzwischen waren wir hier im Keller. Es ging alles so schnell, war 1 Uhr – die übliche Zeit also.

16. Juni 44: Eben höre ich, daß wir London und England mit neuartigen Sprengbomben angegriffen haben. Da wage ich nicht mehr, Dich herzubitten. Ich kann dazu nur sagen: Gnade uns Gott! Wir hier bekommen ja doch immer die Hauptwucht der Gegenmaßnahmen.

17. Juni 44: Durch die neuen Ereignisse [V 1 – Einsatz, Invasionsfront] haben wir hier alle eine furchtbare Angst. Und als heute nacht die Sirenen ertönten, dachte jeder, jetzt komme ein furchtbarer Gegenschlag. Ich selbst nehme zwar an, daß es wieder einige (wenn auch nur kurze) Zeit dauern wird, bis sie sehr, sehr schlimm zurückschlagen. Wir mußten nachts zum Bunker laufen und mein Herz wollte sich nachher noch lange nicht beruhigen. Ich hatte ganz entsetzliche Herzmuskelschmerzen, das Hinauflaufen bekommt mir nicht, die Straße steigt doch leider an. Und Evchen muß aufpassen, daß ihr Knie nicht auskugelt. Wir sind nicht mehr die besten!

19. Juni 44: Ihr macht mir den Kopf wirklich heiß! Aber ganz so einfach geht das alles doch nicht. Ich kann nicht einfach der Arbeit fernbleiben. Das Arbeitsamt kann und würde mich zwingen. *Kein Arbeitender darf Berlin verlassen!* Wenn Du schreibst, da und dort haben Leute es so gemacht, dann hatten sie einen Arzt an der Hand. Und wenn mein Chef mich sogar freigeben würde, so würde mich das OKW nicht loslassen. Das haben wir ja jetzt mit Frau Schlemminger erlebt. Von uns wurde sie freigegeben. Das Gemeindeamt Hohenneuendorf wollte sie einstellen, es bekam vom Arbeitsamt nicht die Genehmigung und das OKW gab sie auch nicht frei. Es kam zu bösen Auseinandersetzungen, ihr wurde mit Gefängnis gedroht und da mußte sie nachgeben und arbeitet nun wieder beim OKW in Berlin bei einer anderen Dienststelle. Die wollten sie erst gar nicht haben, da sie ja keine perfekte Schreibkraft ist. Ihr Mann hat sich kopfgestellt, um sie nicht mehr nach Berlin hineinfahren lassen zu müssen, es hat alles nichts genützt. Viel Ärger und Scherereien, weiter nichts!

Mein Arbeitsverhältnis hier in Berlin ist nett und angenehm. Einzig und allein eben die Angriffe, diese dauernde Angst, der wenige Schlaf, wirken doch so zermürbend, daß man dann gerne fortmöchte. Das Zusammenleben mit Evchen geht sehr gut. Sieh einmal, das arme Mädel muß auch in Berlin bleiben. Ihr Vater hat alles versucht, sie herauszubekommen, sie sollte in Sorau arbeiten. Und da sie noch nicht mündig ist, dacht er, könnte er als Vater durchsetzen, daß sie fortkommt. Weit gefehlt, sie muß bleiben! Dabei arbeitet sie doch nur im Lette-Haus. Bei mir bestünde die Möglichkeit nur dadurch, weil wir eben Dienststellen in Berchtesgaden und Liegnitz haben. Sonst auch nicht. Ich kann im Moment nichts entscheiden. Nur eines weiß ich: In unserem Keller hier möchte ich nicht mehr bleiben, da habe ich eine entsetzliche Angst. Im Bunker ist man doch ruhiger. Angenehm ist es natürlich auch nicht. Aber Evchen hat ein Klappstühlchen gekauft, das nehmen wir mit und konnten bisher sogar Platz dafür finden und abwechselnd sitzen. Wenn bloß der Weg nicht so weit und anstrengend wäre (bergan), mir geht so leicht die Puste aus.

21. Juni 44: Ich sitze jetzt – mittags – bei Lampenlicht, weil Rauch- und Brandwolken ganz Berlin verdunkeln. Und heute schien die Sonne! Es war einer der *schwersten* Angriffe! Über eine Stunde erfolgten die Bombenabwürfe. Über den Zoo flogen sie gottlob herüber. Es soll sehr schlimm sein und diesmal auch um den Anhalter Bahnhof herum jedes zweite Haus brennen. Bei uns in Steglitz sind Sprengbomben gefallen. Die Wohnungen haben wieder leichten Schaden – den üblichen. Kleinigkeiten also, die nur immer wieder in Ordnung gebracht werden müssen. Unnütze Arbeit machen.

24. Juni 44: Sonntags fahren keine D-Züge mehr! Damit wird auch eine Wochenendfahrt zu Mama fast unmöglich. Na, letzten Endes werden wir sowieso nicht mehr reisen können. Das Leben wird immer schwieriger, hoffnungsloser. Professor Emge meinte auch, daß es sich kaum noch lohne, weiterzuarbeiten und zu leben. Aber man hofft noch immer und zum Krüppel geschlagen werden möchte man doch nicht. Und deshalb laufe ich nachts zum Bunker. Sonst wäre es ja wirklich ganz gleich.

3. Juli 44, TB: Befehl, nach Berchtesgaden zum Chef zu kommen. Soll aber noch Menzels Rückkehr hier abwarten.

5. Juli 44, TB: Menzel mittags aus Berchtesgaden zurück. Keine guten Nachrichten! Oberbefehlshaber werden ausgewechselt, jeder Neue soll Wunder wirken. 20.57 Uhr Abfahrt mit Schlafwagen nach Salzburg.

6. Juli 44, Berchtesgaden: Mit großer Verspätung bin ich in Salzburg eingetroffen. Fuhr mit dem Dienst-Bus zur „Strub" und von dort mit Scherffs neuem Wagen hinauf in das neue Quartier auf dem Boschberg. Mein Chef hat sich wesentlich verbessert. Er wohnt nicht mehr in der Reichskanzlei, wo es ihm zu „lebhaft" war, sondern hat etliche Räume in dem bildhübschen großen Sommersitz des Zeitungsinhabers (Münchner Zeitung usw.) *Dr. Wolfgang Huck* auf dem Boschberg, oberhalb Strub, erhalten. Dieses Haus hat eine ideale Lage. Der Blick auf Hohen Göll, Watzmann und Hochkalter ist einzigartig. Und still und friedlich ist es da oben! Das Haus, im Stil eines Gutshofes, ist mit allem erdenklichen Luxus eingerichtet und mit wertvollen alten Gegenständen (Bildern, Stichen) angefüllt. Ich fühle mich inmitten all der Schönheit wohl, wenn ich auch nur, wie Starck, ein winziges Stübchen im Verwaltungsgebäude habe. Ich blicke von dort auf den Hohen Göll. Unser Arbeitsraum ist in einem Holzhaus, dem sogenannten Kaser. Bei schönem Wetter können wir vor diesem Haus arbeiten. Dem Chef und seinem Adjutanten haben Hucks den fabelhaft ausgestatteten Gästeflügel überlassen. Große Zimmer mit je eigenem Bad. Sie wohnen selbst hier. Ein Schwimmbassin im Freien ist auch vorhanden.

7. Juli 44, TB: Scheidt weiß auch nicht mehr, wie es weitergehen und wielange es dauern wird. Bis Ende dieses Jahres? Ich habe Zweifel. Ein Sonderfrieden ist ausgeschlossen. Er erzählt von dem Besuch Hitlers an der Invasionsfront Mitte Juni (bei Soissons, Normandie). Das Erlebnis mit der verirrten, im hohen Bogen zurückgekommenen V 1-Rakete habe zwar zur sofortigen Umkehr geführt, aber das Vertrauen in diese Wunderwaffe nicht gedämpft. Hektik und Ratlosigkeit nehmen zu. An allen Fronten ist die Decke zu kurz (Nachschub, Reserven). Das Auswechseln der Befehlshaber: Die Entlassung des Panzergenerals Freiherr Geyr von Schweppenburg (Panzergruppe West) jetzt, die Ablösung Gfm von

Rundstedt als Oberbefehlshaber West durch Feldmarschall von Kluge. Wielange wird sich Rommel, der andere OB West halten können? Vor 10 Tagen war er mit Rundstedt hier zur „Führer-Lage" befohlen. Rommel wieder in einer Lage wie damals (Afrika). Erfolgreicher Feldherr, der die Niederlage vor Augen hat. Stoff für eine Tragödie! Die nächtelangen Diskussionen mit unserem Chef, dessen wechselnde Stimmungen hätten ihm die Tage hier auch noch verleidet. Ja, das sind so die Sorgen in einem Führungsstab – fernab vom wirklichen Kriegsgeschehen, sagt Scheidt und seufzt tief.

8. Juli 44, TB: Scherffs Ordonnanz [Bursche] erzählt mir plötzlich auf unserem Boschberg als sein schrecklichstes Erlebnis, weil damals vollkommen ahnungslos, die Durchsuchung der Wohnungen von Juden in Berlin, so hätte der Befehl gelautet. Dabei ging es aber um deren Abholung. Es wäre fürchterlich gewesen. Sie wären forsch in die Wohnungen eingedrungen, dort die Toten. Vergiftet oder erhängt, am Kronleuchter oder Fensterkreuz. Sein schlimmstes Erlebnis! Was jetzt so alles, wo es bergab geht, aus den Menschen hervorbricht!

Zwischen Jodl und seinem Stellvertreter scheint es riesige Spannungen zu geben. Ich muß Abschriften machen, die offensichtlich beweisen sollen, daß Warlimont nicht den richtigen Führer-Glauben hat, ihm und seinen Weisungen zu distanziert gegenübersteht. Ich kann nichts Besonderes in diesen ganzen Papieren entdecken. Nur einen Punkt finde ich wirklich bemerkenswert. Da wird angeführt, daß Warlimont Briefe nur „Mit deutschem Gruß" unterschrieben hat, als „Heil Hitler" schon längst *die* Schlußformel war. Wirklich unerhört!! Mit solchen Dingen beschäftigen sich die hohen Herren in dieser Zeit!!!

8. Juli 44: Ich komme kaum zum Schreiben, weil immer irgend etwas ist: Arbeit oder Unterhaltung. Es ist sehr angenehm hier auf dem Boschberg. In die Kaserne gehe oder fahre ich nur zum Mittagessen. Frühstück und Abendbrot nehme ich auf meinem Zimmer ein. Scherffs Ordonnanz betreut uns gut. Nach dem Mittagessen paßt es gerade so, daß ich mit dem neuen Mercedes (für Export nach England mit Rechtssteuerung und viel eleganter) zu uns hinauffahren kann. Dem Chef macht es viel Spaß, wenn er vorfährt und Ordonnanzen den Wagenschlag wie gewohnt aufreißen, also am Fahrersitz, während er auf der anderen Seite aussteigt – wie die dann erschrecken! – Starck ist heute dienstlich für 4 Tage fortgefahren. Ich muß allein die Stellung halten. Na, morgen mittag kommt Menzel als Unterstützung. Es gefällt mir diesmal, weil auch mit der Unterbringung alles praktischer ist. Hoffentlich geht weiter alles gut. Starck hat veranlaßt, daß meine Post von der Reichskanzlei angenommen wird. Du brauchst nun also nicht erst alles nach Berlin zu senden, sondern an Frl. M. F., Berchtesgaden, Reichskanzlei. Aber *nichts* vom OKW oder Gen. Scherff dazu schreiben, nur *Reichskanzlei!*

Nett war ja, daß ich Scheidt noch antraf und daß wir uns sogar in Ruhe unterhalten konnten. Der Chef schickte uns trotz meiner verspäteten Ankunft wegen des herrlichen Wetters hinaus, wir sollten spazierengehen. Das taten wir dann auch, setzten uns auf einen Baumstumpf, betrachteten die friedlich-schöne Landschaft und die so wenig schöne allgemeine Lage. Scheidt, den ich ziemlich niedergedrückt fand, redete sich einige Sorgen, auch ganz persönliche, vom Herzen. Er wollte mir allerdings, wie er sagte, nicht die gute Laune verderben. Ja, ich kam mir wie auf einem anderen, schöneren Stern vor und war *noch* zufrieden. Scheidt ist erst gestern abend abgereist.

Übrigens Frau Huck war eine berühmte Schauspielerin. Sie hieß *Camilla Eibenschütz*, wurde von Max Reinhardt für die Rolle der 14jährigen Wendla in Wedekinds „Frühlingserwachen" entdeckt, spielte bei der Uraufführung und hatte sensationellen Erfolg. 1906 war das!

9. Juli 44, Sonntag, TB: Dr. Menzel trifft ein. Er soll auch für längere Zeit bleiben. Da der Chef gerade mit dem Führer fortgeflogen ist, haben wir einen ruhigen Tag.

10. Juli 44, TB: Chef kommt nachmittags wieder. In München hat sogar die „Mittagslage" stattgefunden – im Führerbau am Königsplatz. Menzel und ich sind von unseren Hauswirten Dr. Huck und Frau zum Abendessen eingeladen. Sehr gutes Essen, gepflegte Umgebung, höfliche bis interessante Unterhaltung. Vor allem er, Huck, kann gut erzählen von seinen verschiedenen Zeitungen und den Schwierigkeiten, die es dann so gegeben hat durch die Vereinheitlichung des Pressewesens. Dr. Huck ist ein lebhafter, gut aussehender Mann. Sie, die „schöne Frau" freundlich reserviert. Auffallend die eng beieinander liegenden Augen in dem schmalen Gesicht, blonde Haare. Sie kennt sich in der Theaterwelt weiter aus, obwohl sie nicht mehr aufgetreten ist seit ihrer Heirat. Für uns ist das schon eine Ewigkeit her. Demnächst wird Raoul Aslan, der Burgschauspieler, zu Besuch kommen.

11. Juli 44, TB: Mittags schwerer Angriff auf München. Tausend Flugzeuge! Es ist keine Verbindung zu bekommen. Der erste schwere Tagesangriff auf diese Stadt. Warum nicht gestern? Das wäre wenigstens Anschauungsunterricht für die „Herrschaften" gewesen, aber sie hatten wieder mal Glück. – Nachmittags ist der Chef recht zugänglich. Aber abends macht er Menzel dermaßen fertig, daß dieser noch um 23 Uhr an meine Tür klopft. Wollte sich aussprechen. Ich erhebe mich und gehe mit meiner Flasche Wein hinüber und warte mit ihm auf die Rückkehr unseres übernervösen Generals, der wirklich getan hat, als liege es an Menzel, daß jetzt alles so schlecht geht. (Sowjetische Offensive!)

12. Juli 44, TB: Regen, Regen, Regen!! Nachdem der Chef nachts zur Lage auf den Berghof gefahren ist, wieder bis nach Mitternacht mit Menzel unterhalten – unsere Lagebesprechung! Chef kommt 2 Uhr zurück. Solange dauert es jetzt in der Regel „oben".

13./14. Juli 44 (Donnerstagnacht/Freitagmorgen), TB: Es wird aufregend. Die Züge fahren ab! Der Chef packt! Er fliegt heute (14.) früh mit der nächsten Führerumgebung los. Es ist alles wild und durcheinander. Der Führer will nach Ostpreußen, schon wegen der moralischen Wirkung. Der Russe ist dort eingebrochen. Fast keiner rechnet mit einer langen Dauer des Aufenthaltes dort. In vorgerückter Nachtstunde – Menzel und ich müssen dem Chef solange beim Packen helfen – sagt dieser sogar: „Wir werden nicht lange fort sein. Glauben Sie, daß der Russe länger als 14 Tage braucht, um Ostpreußen zu überrennen?" Eine Äußerung des unerschütterlichen Optimisten Scherff! Und weiter noch: „Ich bin neugierig, wann auf mich scharf geschossen wird." Wir hatten es uns zwar schon immer gedacht, daß die Zuversicht nicht echt war, denn er ist ja nicht dumm und da er überall dabei war, mußte er auf jeden Fall sehen und merken, wie es wirklich um uns stand. Uns fehlte doch alles Material, Treibstoff vor allem, da war nichts mehr zu machen. Aber wer sieht die Wirklichkeit gerne, wenn sie so unerbittlich ist und einen aus allem Glanz herausreißt, das

Ende der eigenen Existenz bedeutet? Das ist wohl auch der Grund, warum trotz so vieler Gegensätze Partei, SS und Wehrmacht zusammenhalten. Es ist 3 Uhr nachts geworden bis Menzel und ich gehen durften.

Freitagmittag (14.), TB: Unser Feldwebel ist heute gerade mit seinem Aktentransport von der „Wolfsschanze" angekommen, um auf der Stelle umzudrehen und wieder dorthin zurückzufahren – mit dem ganzen Zeug! Und wir sind auch noch ganz erschöpft und müde. Ein paar Tage werden wir ja nun Ruhe haben. Menzel hat sogar seine Frau herbestellt.

17. Juli 44, Montag, TB: Menzel und ich müssen noch in Berchtesgaden bleiben. Fräulein von Rautenberg sagt mir Nachricht von Eva durch. Ihre Wohnung in der Georgenstraße ist bei dem Angriff gestern ausgebrannt! Scheidt sagt mir Telegramm von Hüsch durch, daß seine Familie wohlauf, das Haus aber schwerbeschädigt sei, da die andere Hälfte des Doppelhauses Volltreffer bekam!

18. Juli 44, TB: Rommel gestern in der Normandie verletzt. Autounfall bei Fliegerangriff.

20. Juli 44, TB: Menzel fährt früh nach München. Bin allein und muß bei schönem Wetter drin sitzen und die Telefone bewachen.

Das Attentat! Telefoniere mit der „Fürstin". Sie weiß auch noch nichts weiter als was im Radio gesagt wurde. Ich halte ein Attentat in dem gesicherten Gelände der „Wolfsschanze" für unmöglich. Denke, daß es womöglich inszeniert wurde, damit sich alle wieder enger um den „geretteten Führer" scharen. Die Fürstin glaubt das nicht. Die weiteren Nachrichten, vor allem die Bekanntgabe von Namen, zeigen, daß es ein echtes Attentat war. Unter den Verwundeten auch Scherff!

Nach dem Attentat

21. Juli 44, TB: Menzel ist nachts zurückgekommen. Wir warten auf Nachrichten von „draußen". Fräulein von Rautenberg ist als erste informiert. Jodl hat sie angerufen und erzählt. Die Besprechung (Mittagslage) wurde zum Glück im Blockhaus abgehalten, wo alle Fenster offen waren, so konnte der Luftdruck hinaus. Im Bunker hätte es sie wohl alle zerfetzt. Stauffenberg hatte die Bombe in seiner Aktentasche und diese unter den Besprechungstisch gestellt. Keiner hatte etwas bemerkt, da die Bombe mit Säurezeitzünder versehen war. Dann hätte die Explosion alles durcheinandergewirbelt, manchem die Kleider vom Leibe gerissen. Der Führer unverletzt, nur kleine Hautabschürfungen und den rechten Arm etwas geprellt. Keitel unverletzt. Er, Jodl, leichte Abschürfungen und Verbrennungen am Kopf, aber arbeitsfähig. Mein Chef sehr schwere Verbrennungen am ganzen Kopf und an den Händen (Scherff – der so gerne Geige spielt!).

Später erzählte uns Scherff außer den schon allseits bekannten Tatsachen, daß sein erster Gedanke nach erfolgter Explosion war: Hinaus, denn jetzt gehen noch mehr Dinger hoch. Im Glast sah er ein Fenster, kroch hinaus – wie, war ihm später unbegreiflich, mit seinen verbrannten Händen –, hinter ihm Admiral Aßmann. Dieser (er erzählte es hinterher Scherff) fragte dabei: „Was war das?" Scherff: „Ein Attentat, Sie Dussel!"

Scherff galt erst nicht als schwer verletzt, weil er immer noch hin und herlief und die anderen abtransportieren ließ. Als er den Führer, der nach 10 Minuten wieder am Tatort erschien, sah, war sein erster Gedanke „Der arme Rattenhuber". Jeder dachte, daß eine Höllenmaschine in den Fußboden eingebaut gewesen sei und da Rattenhuber ja für die Sicherheit des FHQu verantwortlich war, hätte er schwer büßen müssen.

Letzte Juli-Woche 44, TB: Verhaftungen, Verdächtigungen und Aburteilungen. Die Nachrichten jagen sich und sind erschütternd. Menzel sagt zu mir, als herauskam, daß komplette Namenslisten in Panzerschränken gefunden wurden, „so ist es, wenn deutsche Offiziere ein Attentat machen. Alles wird genau registriert. So etwas hätten Russen besser gemacht."

Scheidt erhielt sofort den Befehl, seinen Chef zu vertreten. Der Rittmeister d. R. (das war er inzwischen geworden) den Herrn Generalmajor!

Unser Oberleutnant Heinrici berichtete beim Telefonat mit Menzel ganz aufgeregt, daß er am 20. Juli wie üblich zur Abholung unserer Kurierpost in die Bendlerstraße 11/13 gefahren ist, dort gleich verhaftet und so gründlich untersucht wurde auf Verdächtiges, wie er es nicht für möglich gehalten hat. Die Untersuchungsaktion leitete der „Duce-Befreier" SS-Führer Skorzeny. Auf dem Hof wurden die Spuren der Füsilierung der dort an Ort und Stelle angetroffenen Verschwörer Stauffenberg, Beck und anderer beseitigt.

Fräulein von Rautenberg erzählt uns, daß zunächst keiner an Stauffenberg, den auch die Wachen des Sperrkreises noch passieren ließen, gedacht habe. Der Chef des Wehrmacht-Nachrichtenwesens, General Fellgiebel, sei eifrig am Tatort gewesen, hätte Befehle gegeben: Leitungssperre und so weiter – dann entdeckte man, daß er zu den Verschwörern gehörte. Als der Feldwebel Rosenkranz (?) aus der Fernsprech-Nachrichtenzentrale als erster Stauffenberg verdächtigte, hätte man ihn angefahren und gesagt, er solle doch bedenken, was er damit sage. Die Spur wurde aber verfolgt und sie stimmte ja. Der Feldwebel wurde befördert und erhielt ein Geldgeschenk. Der Führer telefonierte in der ersten Zeit des öfteren mit ihm.

Jeden Tag neue Namen, Verdächtigungen, Verhaftungen. Graf Pfeil auch verhaftet! Dabei war er gar nicht mehr in der Bendlerstraße bei Generaloberst Fromm (im März 1945 hingerichtet). Wie gut, daß mich Scherff damals nicht für Fromm freigab, sonst hätte ich diese Schreckensstunden dort womöglich miterlebt, während ich jetzt gerade völlig außerhalb in dem verlassenen Hauptquartier Berchtesgaden sitze – wo es still und friedlich ist.

[Graf Pfeil erzählte mir später: Er war in der Panzertruppenschule Krampnitz. Am 21. Juli morgens erschienen drei SS-Leute, einer sagte: „Sie haben gestern zweimal mit Stauffenberg beim Chef Heeresrüstung telefoniert." Die Telefonleitungen müssen also bereits abgehört worden sein oder, und das konnte er nicht klären, jemand aus dem Büro dort hat das weitergegeben. Stauffenberg, vom FHQu zurück, redete von „in Bereitschaft bleiben", beim zweiten Mal von „müssen weitermachen". Pfeil kam in das Gestapo-Gefängnis Berlin Prinz-Albrecht-Straße in Einzelhaft. Abends hörte er draußen Gebrüll. Die Tür wurde aufgerissen, mit Fleischerdogge und Reitpeitsche stand Gestapochef SS-Oberführer Müller vor ihm. Merklich betrunken, brüllte er etwas von „... unerhört ...". Pfeil brüllte zurück, daß seine Verhaftung unerhört, eine Verwechslung sei. Es war der Mut der Verzweiflung, der Ge-

danke, die Lage ist hoffnungslos, kann nicht schlimmer werden. Müller ging – Angst und Ungewißheit blieben. Er wurde noch in den Zuchthausbau Lehrter-Straße verlegt. Daß sein Name auf der ersten Verhaftungsliste stand, die Hitler übergeben wurde, erfuhr Pfeil viel später; daß er durch Versetzung an die Front wie *Momm* überleben würde, konnte er nicht ahnen.]

Nachfolger von Fromm als Befehlshaber des Ersatzheeres und Chef Heeresrüstung ist Himmler geworden! Auch Militärs müssen nun mit ausgestrecktem Arm grüßen, dürfen also nicht mehr die Hand an die Mütze legen.

Langes Gespräch mit *Menzel über Scheidt.* Seine sofortige Berufung als Stellvertreter von Scherff ins FHQu zeige doch, daß er auch dort bereits eine besondere Vertrauensstellung hat. Schließlich sitzt im Sperrkreis II ein angesehener Historiker, Universitätsprofessor als Kriegstagebuch-Führer. Dessen Arbeit könnte Dr. Hartlaub gut weiterführen (hat sowieso die Hauptlast) und Schramm ist doch durch das KTB mit der „Lage" vertraut. Sicher hat Scherff „seinen" Scheidt vorgeschlagen, darüber sind wir uns einig, aber auch darüber, daß Scheidt, wenn er bei seinen vielen Aufenthalten dort nicht auch Jodls und Schmundts Vertrauen gewonnen hätte, dafür bestimmt nicht in Frage gekommen wäre. Eher hätte man diesen Teil der Geschichtsschreibung ausfallen lassen. Schließlich gibt es doch die stenographischen Protokolle. Wie kommt es nur, daß Scheidt, der sich doch nie „anbiedert", der eigentlich immer reserviert wirkt, so rasch akzeptiert wird, daß er sogar in diese militärische und jetzt nach dem Attentat noch stärker nationalsozialistisch geprägte engste Führer-Umgebung paßt? Allerdings kommt er ja selbst mit den „Kumpanen" der Leibgarde (SS) zurecht, setzt sich mit denen im Kasino zusammen. Nun, vielleicht hat ihm das sogar genützt. Es heißt, Hitler mag keine neuen Gesichter in seiner Umgebung. Den Militärs steht er mißtrauischer denn je gegenüber. Der junge Historiker, Reserveoffizier Dr. Scheidt aber darf Generalmajor Scherffs Sonderaufgabe übernehmen. Wir rätseln herum.

Ich finde interessant, daß Scheidt auch bei allen seinen so verschiedenartigen Vorgesetzten nicht nur beliebt war oder ist, sondern deren Freund wurde: Elze (der Professor und Doktorvater), Höffner (sein Kommandeur), Scherff der „Beauftragte". Wie erklärt Menzel sich das? Er teilt Scheidts Freundeskreis ein in die „Förderer" und die „Bewunderer"! Ich frage Menzel, ob er bei der Vertretung Scheidts im FHQu, also bei Scherff, Hitler zu Gesicht bekommen habe? Nein, nur mal von Ferne in „Wolfsschanze", draußen beim Vorbeigehen. Jodl ist er vorgestellt worden. Ein Gespräch hat es aber mit ihm nie gegeben. Diese „Auszeichnung" wäre nur Scheidt zuteil geworden. Ich sage, daß der sogar seine „Kritischen Studien" gelesen hat – wenigstens die über Stalingrad. Scheidt hat mir das erzählt. Menzel ist überrascht, denn ihm hat Scheidt nie eine dieser Studien gezeigt. Ich räume ein, daß es vielleicht die im höchsten Auftrag gefertigte gewesen ist, die davon ausging, daß Hitler in der Schlacht von Stalingrad genau entgegengesetzte Entscheidungen traf wie vor Moskau. Die Idee Hitlers war, daß wir die Russen nicht schlagen könnten, weil sie zu zahlreich seien. Wir müßten in den Kaukasus, um ihnen die Waffen und das Öl zu nehmen. Nachdem er diese Darstellung gelesen hat, habe Jodl zu ihm gesagt: „Das stimmt schon. Daran hat es gelegen, aber das dürfen wir natürlich niemals veröffentlichen." Und das wiederum habe ich nicht vergessen.

2. August 44: Meine große Schreibmaschine ist völlig überholt und frisch aufgebügelt aus Salzburg zurückgekommen. Sie macht nicht mehr solchen Krach, ist eben frisch geölt. In Berlin hätte man mir nie die Maschine überarbeitet. Also ist das auch ein Gewinn des Aufenthalts hier. Menzel ist heute nach Salzburg gefahren. Die Karten für die *Salzburger Festspiele* sind eingetroffen. Nun ist es aber fraglich, ob die Festspiele stattfinden werden. Es wurde erzählt, daß irgend ein Kreisleiter oder so ähnlich beantragt hätte, sie ausfallen zu lassen. Alles im Zeichen der Verschärfung der Maßnahmen für den totalen Krieg.

PS: Die Salzburger Festspiele fallen aus. Am 5. sollten sie beginnen. Die Karten waren schon verteilt.

TB: Düster, düster: Im Westen ist der Durchbruch gelungen! [bei Avranches]. Die Türkei schert aus!

August 44, TB:

Am *6. August* darf ich nach München fahren. Besichtige Evas neue Behausung in Harlaching. Ein Giebelstübchen in einem Zwei-Familienhaus. Es gefällt mir dort draußen sehr gut.

Dann ferienhafte Tage in Berchtesgaden auf dem Boschberg.

Der Chef noch krank, Scheidt in der „Wolfsschanze", Menzel begleitet seine Frau nach Berlin, hat Akten hinzubringen. Mein einziger Kontakt ist nun die „Fürstin". Sie versorgt mich auch mit all den schlimmen Nachrichten über den doch recht großen Verschwörerkreis.

15.: Menzel aus Berlin zurück. Wir haben eine ruhige Woche. Aber an den Fronten tut sich viel und Schlimmes: Alliierte Landung an der französischen Mittelmeerküste, 19. 8. Normandie – Heeresgruppe umzingelt. 20. 8. Beginn des sowjetischen Durchbruchs bei der Heeresgruppe Süd–Ukraine.

25.: Menzel muß nach München. Der Chef will sich dort mit ihm treffen. Er ist aus dem Lazarett entlassen und auf dem Weg nach Füssen zu seiner Frau. Zu mir kommt für ein paar Stunden Professor Emge, der Ferientage in Inzell verbringt. Ihm gefällt der „Boschberg" ausnehmend gut, wie „Klingsors Zaubergarten" kommt ihm dieser Feriensitz vor.

26.: Eva kommt. Menzel vom Chef-Treffen zurück, sagt, daß ich jetzt nach Berlin müsse. Er soll vorerst noch in Berchtesgaden bleiben. Dieses Mal fahre ich nicht gerade leichten Herzens nach Berlin. Es spitzt sich zu. Selbst Rumänien hat uns nun den Krieg erklärt!

29. in München. *30.:* mit Schlafwagen nach Berlin.

Wieder in der Trümmerstadt

1. September 44: Ich muß mich erst in die so ganz anderen Verhältnisse finden. Ich wohne bei Evchen. Ihre Freude über mein Wiederdasein ist groß und machts leichter. Heute begann ich mit dem Dienst. Da Scheidt noch den Chef im FHQu vertritt, bin ich mit unserem Kurieroffizier, dem Oberleutnant Heinrici alleine. Wir kommen gut miteinander aus. Zu tun ist so wenig, daß ich mich frage, warum ich so schnell herbeieilen mußte. Nur wegen des „Sonntagsdienstes", der neu eingeführt, übermorgen beginnt?

3. Sept. 44, Sonntag, TB: Habe Dienst. Finnland stellt die Kampfhandlungen ein!

7. September 44: Vorläufig habe ich noch nicht richtig mit meiner Wirtschaft begonnen. Ich habe bei Evchen die vollste Bewegungsfreiheit, aber wahrnehmen mag ich die doch nicht, fühle mich eben als „Gast" und gehemmt. Es ist ja auch dumm, wenn man immer auf ein Zimmer angewiesen ist. Falls unsere Wohnung nicht winterfest gemacht wird, muß ich doch noch eine andere Behausung suchen. Aber große Pläne kann man jetzt überhaupt nicht mehr machen, zu schnell kann eine Änderung eintreten.

Meinem Chef geht es wieder schlechter. Er ist in Füssen. Eigentlich dürfte es bei einer Bronchitis doch nur eine Krise geben und nicht solch auf und ab. Aber die Verbrennungen werden dabei wohl auch eine Rolle spielen. Ihn hatte es doch sehr schwer erwischt. Auch hat er jetzt soviel Zeit zum Nachdenken. Bei der allgemeinen Lage stelle ich mir das nicht gerade gesundheitsfördernd vor.

11. September 44, TB: Die Amerikaner stehen bei Trier!!

16. September 44: Gestern war ich zur ersten Gesangstunde nach der zweimonatigen Pause bei Professor Emge. Es war auch seine erste Stunde! Stell Dir vor, vom Deutschen Opernhaus sind von den Männern nur Walter Ludwig, Karl Schmitt-Walter, Hans Reinmar und Wilhelm Schirp auf die *„Götterliste"* gekommen. Hans Wocke (auch ein Emge-Schüler) muß jetzt 10 Stunden täglich bei Siemens arbeiten. Der halbe Chor des Deutschen Opernhauses ist zum Rundfunk gekommen und dadurch frei.

Die Staatsoper gibt jetzt täglich Opernkonzerte oder Kammermusikabende. Die Staatskapelle bleibt bestehen. Viele Staatsopernmitglieder müssen auch bei Siemens arbeiten. Das wird ein musikalischer Betrieb!

Es geht an die letzten Reserven!

25. September 44, TB: Führer-Erlaß zur Aufstellung des „Volkssturmes". Nun geht es an die letzten Reserven!

27. September 44: Bei uns verlief die letzte Woche ruhig. Es ist uns schon direkt unheimlich. Der Westen, Nord- und Südwesten interessieren zur Zeit eben mehr. Nun, wir sind dankbar für jeden ruhigen Tag. Meine größte Freude ist der Unterricht bei Emge. Ich bin jeden zweiten Tag bei ihm. Mama und ich hausen wieder oben in unserer Wohnung und frieren erbärmlich. Fenster haben wir gestern eingesetzt, trotzdem zieht es wahnsinnig, da ja das Loggiazimmer offen ist, vier Zimmertüren fehlen und die Fensterrahmen nur eingedrückt sind, so daß überall Luft durchpustet.

3. Oktober 44, TB: Befehl zur Räumung Griechenlands.

5. Oktober 44, TB: Die Rote Armee erreicht die Ostsee südlich Riga, unsere Heeresgruppe dort eingeschlossen. [H. Gr. Nord, später „Kurland"].

6. Oktober 44, TB: Mittags anderthalb Stunden langer schwerer Angriff auf Spandau, Siemensstadt usw. bis Tegel. In Steglitz nichts, so daß Mama die Schwere dieses Angriffs gar nicht mitbekommen hat. Als ich auf der Fahrt nach Schlachtensee zu Professor Emge bin, treffe ich zufällig in Nikolassee *Graf Pfeil,* der aus der Haft entlassen, demnächst als Kommandeur einer Aufklärungs-Abteilung an die Front geht. Er sagte etwas von der Burgundischen Pforte. Wir fahren eine Station zusammen, können da nicht viel reden. Er hat die schwarze Panzeruniform an, hatte ihn bisher immer nur in der grauen gesehen. Steht ihm gut. Er ist noch immer Oberleutnant. Hatte Anfang 1940 wegen einer Auseinandersetzung mit einem Parteifunktionär Beförderungsverbot für die Dauer des Krieges erhalten! [Vom Heerespersonalamt ohne jede Anhörung verfügt! Pfeil wurde noch Rittmeister, überlebte.]

15. Oktober 44: Heute habe ich *Sonntagsdienst* zum Ärger unserer ganzen Hausgemeinschaft, denn für heute vormittag ist wieder einmal Dachziegeltragen angesetzt. Hoffentlich macht sich Evchen dabei nicht kaputt. Sie ist auch schon richtig elend. Eine ihrer Freundinnen hat die Aufforderung erhalten, zur Scheinwerferbedienung zu gehen! Evchen ist ganz entsetzt darüber. Nun ja, wo die *16jährigen* – die vordem eigentlich als Flakhelfer eingesetzt wurden – nun *Volksgrenadiere* werden und an die Front kommen, muß Ersatz für die Flak herbeigeschafft werden. Der Krieg greift immer weiter und tiefer. Man macht sich Gedanken, Sorgen, hofft dann wieder, wenn man auch nicht weiß worauf und wohin?

15. 10., TB: Rommel gestorben! [Am 14. der erzwungene Freitod.]

18. Oktober 44: Die Berliner Hochschule für Musik besteht nicht mehr! Unsere Opernkonzerte haben auch wieder aufgehört, schade! Nur einmal in der Woche gibt es ein Philharmonisches oder Staatsopern-Orchesterkonzert. Der Krieg löscht allmählich alles aus.

20. Oktober 44: Heute fing der Tag gut für uns an. Der Töpfer erschien schon früh um 7.30 Uhr mit seinem Lehrling und hat uns *alle* Öfen in Ordnung gebracht. Er *soll* ja nur einen Ofen in jeder Wohnung herrichten. Aber es ist doch besser, wenn alles gemacht wird, denn wer weiß, in welches Zimmer wir das nächste Mal ziehen müssen oder ob nicht Verwandte aus Ostpreußen bei uns unterschlüpfen müssen. Wir haben es ihnen angeboten. Man muß sich ja gegenseitig helfen, solange man kann. Der Tischler will auch bestimmt zu uns kommen. Er arbeitet sehr langsam, leider! Zigaretten gehen natürlich drauf dabei. Aber der Töpfer war recht zugänglich und von Evchen und mir sehr angetan! Wir sind ordentlich glücklich, daß mit den Handwerkern jetzt die Sache in Gang kommt – endlich! Hoffentlich wird uns dann nicht gleich wieder alles zerschmissen. Nun, die Hauptsache ist, daß wir alle gesund bleiben.

Heute ist Evchens Radio kaputtgegangen! Nun ist es aus mit der Luftlage. Ab 22 Uhr werden wir wenigstens von Major Grohe angerufen, wenn etwas los ist. Er hat wahnsinnig zu tun, denkt aber weiter an uns.

24. Oktober 44: Das arme Ostpreußen! Es ist alles so traurig. Ich erwarte Scheidt nun auch bald zurück. Aber noch wird dort eisern ausgeharrt!! [Am 23. stießen die sowjetischen Truppen über die Grenze in Richtung Gumbinnen vor. Am 21. hatten die amerikanischen Truppen Aachen eingenommen.]

30. Oktober 44: Gestern kam von *Hüsch* eine Karte. Vom 15.–30. November hat er seinen ersten *künstlerischen Einsatz* von der Reichsleitung KdF [Kraft durch Freude] aus. Er weiß nur noch nicht, wohin er muß. Sicherlich wird er in Rüstungsbetriebs-Konzerten singen. Am Sonntag, (29.) soll, wie Gerhard mit drei Ausrufungszeichen schreibt, der erste Appell als Volkssturmmann stattfinden.

Am 4. November hat der Lehrkörper der Musikhochschule Berlin Appell und wird erfahren, was mit ihm nach der erfolgten Schließung geschieht. Wenn Emge bloß hierbleiben kann!! Ich hoffe, daß er als Jahrgang 1878 doch nicht mehr zum Kriegseinsatz kommt.

Von Freitag bis Montag bin ich in Dargelütz, die Wintersachen holen. Mama muß mit nach Berlin kommen, weil die Handwerker kommen sollen und ich im Büro sein muß.

7. November 44: Im Büro besuchte uns der Chef. Er ist auf der Durchreise nach „Wolfsschanze". Er wird dort seinen Dienst aufnehmen. Scheidt soll noch dort bleiben, ihm helfen. *Scherff* macht wieder einen verhältnismäßig frischen Eindruck, ist aber doch irgendwie elegischer, nicht so wie sonst. Seine Hände sehen schlimm aus, durch die neue Haut so scheckig, sie müssen auch noch schmerzen, denn er hält sie ein wenig hoch und geht sehr vorsichtig mit ihnen um. Er hatte die Hände auf den Tisch gestützt als die Bombe bei der „Lage" am 20. Juli explodierte. Er erzählte uns ganz humorvoll, wie er das Attentat erlebt hat. [Die bereits zitierte Version.]

16. November 44: Hüsch ist wieder fort. Er ist der erste Musiker, der diese NSFO-Schulen [Nat. Soz. Führungs-Organisation] bereist. Als nächster startet Walter Gieseking. Im Dezember soll um Berlin herum bei der Luftwaffe der nächste Einsatz von Gerhard zusammen mit Ludwig Hoelscher sein. Für diese zweite Tournee soll Hubert Giesen als Begleiter engagiert werden. Jetzt mußte ja Professor Dorfmüller einspringen. Es wird also immer weiter geplant, dabei weiß man doch gar nicht, wie die Lebensumstände sein werden, welche Frist noch bleibt?

20. November 44, TB: Wolfsschanze wird verlassen. Alle in Berlin!

26. November 44: Jetzt habt Ihr es in München viel schlechter als wir. Ihr kommt gar nicht mehr zur Ruhe. Alles wird vernichtet, es bleiben uns nur noch die Trümmerhaufen, falls wir es überstehen. Es kostet unheimlich viel Nerven. Ich glaube nicht, daß es zu Weihnachten schon zu Ende ist. Alle Deine Päckchen, Briefe und Karten sind angekommen. Die Post ist zur Zeit gut.

Künstler-Einsatz

9. Dezember 44: Gerhard Hüsch macht seine Wehrmachts-Tournee (7.–19. Dezember) nun mit Günther Plagge als Begleiter. Hubert Giesen hat abgesagt, weil seine Frau (die reizende Koleratursopranistin Ellinor Juncker) gerade in diesen Tagen ein Kind erwartet und ohne Hilfe ist. Sie wohnen in Stuttgart. Plagge, 31 Jahre alt, ist Meisterschüler von Wilhelm Kempff. Das Begleiten ist für ihn Neuland und die Erfahrung eines Giesen oder Dorfmüller kann er nicht haben. Er ist auch erst im Juni 1944, also nach viereinhalb Jahren, vom Militär freigekommen. Durch die ganze Umänderung des künstlerischen Sektors winkt ihm jetzt wieder die Uniform. Hüsch will versuchen, ihn als Begleiter auf die berühmte „Liste" zu bekommen. Er sagte mir, als wir uns gestern zum Mittagessen im Adlon trafen, wo er dieses Mal wohnt, daß Plagge so prima vista seine Sache bei dem Konzert in Jüterbog recht ordentlich gemacht hat. Natürlich müssen sie sich noch aufeinander einspielen. Gerhard muß jeden Abend singen und jeden Abend woanders! Nur am Sonntag hat er frei.

In München auf dem Bahnhof ist Gerhard übrigens mit *Hans Reinmar und Franz Völker* zusammen getroffen. Beide schwerbeladen, je einen Koffer vorne und einen auf dem Rücken an einem Riemen über der Schulter! Die müssen um Hannover herum singen. Sind aber zu mehreren, eine ganze Gruppe. *Paul Hartmann,* auch mit einer Gruppe, war bei Stuttgart eingesetzt und ist heilfroh gewesen, daß er noch lebendig hier wieder angelangt ist. *Nur* 13 km hat er einmal laufen müssen, da es keine andere Verbindung mehr gab. Die Künstler müssen nun wirklich recht ran.

16. Dezember 44, Sonnabend, TB: Der Chef überraschend bei uns, um sich zu verabschieden. Geht ins auswärtige FHQu. [„Adlerhorst" bei Bad Nauheim] Ardennen-Offensive – der letzte Versuch!

26. Dezember 44: Evchen ist nach Sorau gefahren und hat uns ihr Weihnachtsbaumkind (im Blumentopf) gegeben. Lichter kann es nicht tragen, aber ein paar kleine Kugeln und Lametta. In unserem Zimmer ist es nicht mehr auszuhalten. Wir haben deshalb heute den Wohn- und Schlafbetrieb dort eingestellt. Im Loggiazimmer sind jetzt – 3 Grad Frost! Mama wird nun ihr Lager in der Küche aufschlagen, ich werde im kleinen Zimmer schlafen. Dann müssen wir auch mit den Kohlen auskommen. Schnee haben wir keinen, aber seit Tagen immer so 12 Grad Kälte. Trotz dieser Kälte haben unsere Leute am Heiligen Abend die gerade angelieferten Mauersteine geschleppt! Mama und ich haben gestreikt (meine

Hände sind doch sowieso schon erfroren) und es hat uns auch keiner geholt.

27. Dezember 44: Ich habe im Büro noch viel zu tun. Scheidt ist seit einigen Tagen wieder von „draußen" zurück und ganz anders als bei den Telefonaten. Er ist wieder der alte – in jeder Beziehung, arbeitsmäßig und im persönlichen Umgang.

27. Dezember 44: Heute sprach ich mit Scheidt über Verschiedenes. Er sagt, daß der Führer unbedingt die interessanteste und bedeutendste Persönlichkeit des FHQu's sei. Er hat ihn nun täglich bei der „Lage" beobachten können. Diese Möglichkeit ist es, die ihn vor allem dort so fesselt – natürlich auch die Gespräche und Begegnungen mit den anderen. Es wäre erstaunlich, wie diese Herren, sobald sie vor dem Führer stehen, farblos würden. Alles Untergebene! Eine herausragende Persönlichkeit gäbe es da nicht. Die Szene werde eindeutig von Hitler beherrscht. Er hätte das auch zunächst nicht für möglich gehalten. Er sagte dann noch, bedenken Sie doch mal, wer da so ist ...!

28. Dezember 44, TB: Ich habe über Scheidts gestrige Bemerkung zu Hause in Ruhe nachgedacht und brachte heute das Gespräch in Anwesenheit Menzels darauf. Scheidt erzählte uns nun recht interessante Einzelheiten. [Ich habe sie hinterher gleich notiert und bei der Zusammenstellung dieses Buches mit Nachkriegs-Äußerungen von Scheidt verglichen. Er hat seine Meinung nicht geändert, sondern sie in seinen Artikeln und Vorträgen öffentlich vertreten.]

Berichte von der täglichen „Führer-Lage"

31. Dezember 44, TB: Es ist doch anders, ob man die tägliche „Führer-Lage" von einem Beteiligten geschildert bekommt oder nur die umfangreichen Protokolle liest; ich kann sie ja nur überfliegen bevor sie in den Panzerschrank kommen oder in die Kuriermappe. Es sind dicke Bände, ordentlich getippt. Scheidt erzählte Menzel und mir, daß ihm besonders die erste „Lage", die wieder vor dem Führer stattfand, haften geblieben ist – übrigens auch deshalb, weil er dabei einen seiner gefürchteten Wutausbrüche bekam.

Die Generäle hielten Vortrag über die Situation jeder einzelnen Division. Auf den Lagekarten war bereits alles eingezeichnet. An diesem Tag ging es um die Gefährdung der Narwa-Front im Falle eines russischen Durchbruchs südlich des Peipus-Sees. Der Führer erkannte, daß hier die ganze Heeresgruppe eingekesselt werden könnte. Seine Frage: „Können wir diese Front räumen, ohne daß Finnland einen Sonderfrieden schließt?" (Es ging um die Aufgabe der Südküste des finnischen Meerbusens bei Reval.) Er sah dabei Ribbentrop an, fragte dann Jodl: „Wieviel Soldaten haben wir in Finnland?" Der antwortete knapp: „Etwa vierhunderttausend!" Darauf Ribbentrop: „400 000 Bajonette, mein Führer! Das genügt, da werden die Finnen niemals einen Sonderfrieden schließen können!"

Niemand erhob Einspruch – keiner der Generäle. Dabei mußte ihnen allen klar sein, daß diese Auskunft falsch war. Die Masse der deutschen Kräfte stand in Lappland an der Salla- und Murmanfront, von wo sie keinerlei Einwirkung auf die Lage in Helsinki hatten. An der Front vor Leningrad befanden sich nur wenige deutsche Spezialeinheiten.

Dann wurde die Lage in Frankreich und an der Invasions-Front studiert. Der Führer beklagte sich über den mangelnden Einsatz der Luftwaffe. General Koller (in Vertretung des schwer verletzten Generalstabschef Korten) wehrte diese Vorwürfe in ungewöhnlich schroffem Ton ab. Er kannte die dortige Situation aus direkter Anschauung, weil er Stabschef dieser Luftflotte gewesen war. Er machte auf unsere technische und taktische Unterlegenheit aufmerksam. Der Führer nahm diesen Widerspruch nach kurzem Hin und Her hin.

Dann brachte der SS-Gruppenführer Fegelein die neuesten Meldungen der Gestapo über die Teilnehmer und Hintergründe der Verschwörung vor. Sie waren von Kaltenbrunner unterzeichnet. Er sah sie durch und reagierte auch nicht auf böse Bemerkungen Fegeleins. Erst als er die Namensliste durchging, fragte er laut: „Ewald von Kleist? Ist das der Feldmarschall? Das ist doch unmöglich. Der ist doch ein Kavalier! Man soll nachforschen."

Die „Lage" ging dem Ende entgegen. Der Führer griff noch eine Meldung auf, in der eine der in der Normandie kämpfenden Armeen über Munitionsmangel klagte. Er stellte fest, daß die Armeen unterschiedlich versorgt waren und fragte, wer für die Munitionsverteilung verantwortlich ist. Keitel antwortete nach einer Pause: „Der Generalquartiermeister". Daraufhin fuhr Hitler wie von der Tarantel gestochen auf: „Aha, Wagner! Das Schwein, der Landesverräter! Er hat gut daran getan sich zu erschießen. Ich hätte ihn sonst aufgehängt!" Nun tobte er über den offensichtlichen Landesverrat. Bezeichnete das alles als Absicht, gemeinsten Verrat. Dabei schrie er mit hoher Stimme, seine Worte überstürzten sich. Er gestikulierte heftig, blickte die Umstehenden an – die hörten zu. Es herrschte bedrückte Stimmung, als er mehrmals wiederholte: „Ich werde kurzen Prozeß machen. Diese Verbrecher sollen nicht vor ein Kriegsgericht, wo ihre Helfershelfer sitzen und wo man die Prozesse verschleppt. Die werden aus der Wehrmacht ausgestoßen und kommen vor den Volksgerichtshof. Die sollen hängen wie gemeine Verräter." Und so ging es fort. Er steigerte sich bis zum „Die müssen sofort hängen, ohne Erbarmen. Und sie dürfen keine

Zeit zu langen Reden erhalten. Der Freisler wird das schon machen. Das ist unser Wyschinski!" Mit diesen Worten ging er.

Keiner der Anwesenden wagte irgend eine Bemerkung. Keiner rückte Keitels Antwort zurecht. Der Generalquartiermeister konnte das gar nicht alles veranlassen. Die Armeen riefen den Munitionsbedarf bei ihm ab. Der Nachschub hing nicht nur von der Dringlichkeit ab, sondern auch von den Transportmöglichkeiten und mit denen sah es in bestimmten Frontbereichen (in Frankreich sogar sehr) schlecht aus.

Scheidt glaubt, daß auch bei diesem Wutanfall Hitler nicht die Kontrolle über sich verloren hatte, sondern nur die Gelegenheit nutzte, um an diesem angeblichen Verrat des Generals Wagner seinen Racheplan durchzusetzen und jeden Widerspruch der Kameraden auszuschalten. Sein Rachedurst war echt, seine Wut auch. Scheidt hielt es aber auch nach späteren Gesprächen mit Scherff und eigener Beobachtung für charakteristisch, daß er seine Wut vollkommen zu beherrschen wußte und erst dann mit seinen Racheplänen hervorkam, als er die Situation für günstig hielt, als er sicher war, daß keiner der Anwesenden wagte, auf den Anspruch eines ordentlichen Kriegsgerichtsverfahrens auch nur hinzuweisen.

Schon im Winter 1942/43 hatte er den General Heim zum Tode verurteilt, ohne ihn anzuhören. Er stellte lediglich in einem Befehl fest, daß Heim an entscheidender Stelle versagt habe, als er den großen Offensivstoß der Russen am 18. November 1942, der zur *Einkesselung Stalingrads führte,* nicht aufzufangen vermochte. Deshalb habe Heim sein Leben verwirkt, entschied der Führer ohne Rücksicht auf jede Rechtslage. Zu der Vollstreckung dieses „Urteils" kam es nicht, weil sein Chefadjutant General Schmundt sie zunächst aufhalten und schließlich sogar verhindern konnte. Ihm gelang es schließlich, den Führer zu überzeugen, daß Heims Kräfte, eine schwache deutsche Panzerdivision und eine ungenügend ausgebildete und ausgerüstete rumänische Panzerdivision niemals imstande gewesen wären, die Großoffensive der Russen allein zurückzuschlagen. Jetzt nach dem 20. Juli war Schmundt selbst schwerverletzt im Lazarett. [Er starb an diesen Verletzungen am 1. 10. 44].

Der Führer witterte nun überall Verrat. Er bezeichnete den ganzen Stab der Heeresgruppe beim Oberbefehlshaber West in Frankreich als „Verräterclique". Mit Rommel habe es angefangen. Feldmarschall Kluge gehöre auch dazu. [Rommel mußte sich töten, v. Kluge verübte ebenfalls Selbstmord.]

Selbst an eine Umrüstung der Streitkräfte, vor allem Umbewaffnung der Artillerie dachte Hitler und trug diese Gedanken in Einzelheiten vor. Die Militärs wußten, daß das unmöglich war, aber keiner widersprach.

Der Führer gab zu, daß wir in einer „furchtbaren Lage sind". Fügte aber hinzu: „Aber natürlich haue ich jedem eine ‚runter', der mir davon spricht, daß wir den Krieg nicht mehr gewinnen können." Er läßt keine Gelegenheit vorbeigehen, um seiner Umgebung klarzumachen, daß man jetzt um jeden Preis weiterkämpfen müsse.

Unmittelbar nach dem 20. Juli 44 herrschte in der Umgebung Hitlers, nach Scheidts Beobachtung, eine Art Hochstimmung. Verrat und Sabotage sollten die Fehlschläge der letzten Jahre verursacht haben.

Als die amerikanischen Streitkräfte den Durchbruch von *Avranches* (31. 7. 44) erzwungen hatten und aus der Enge der normannischen Halbinsel heraus nach Frankreich einströmten, um den linken Flügel unserer Front zu umfassen, sah Hitler die Chance für einen großen deutschen Sieg gekommen. Er glaubte, daß von dem umfaßten linken Flügel aus eine Gegenoffensive unternommen werden könnte, die wieder bis zum Meere bei Avranches durchstoßen sollte. Er betonte immer wieder, daß hier „blitzschnell ein Panzervorstoß" erfolgen müsse. So könnte er den amerikanischen Stoßkeil abschneiden. „Da wir schwächer sind, müssen wir schnell sein" war seine Parole. Er war überzeugt, daß die Amerikaner gerade hier eine entscheidende Operation versuchen, weil sie ihren „besten General", nämlich Patton, eingesetzt hatten. Hitler glaubte, daß bei einem derartigen deutschen Überraschungsstoß, die gesamte Front des Gegners aufgerollt werden könnte und ihm nicht einmal mehr Zeit für einen geordneten Rückzug bliebe.

Scheidt berichtete Scherff diese Operationsabsicht. Der (noch schwerverletzt im Lazarett) meinte spontan: „Das gelingt natürlich niemals! Dazu fehlen uns doch die Kräfte! Außerdem wird der Gegner gerade durch seine Luftüberlegenheit jede Bereitstellung aus dem umklammerten Flügel heraus durch konzentrierten Einsatz zerschlagen können." Diese pessimistische Ansicht erwies sich als richtig.

Durch die Teilnahme an den Lage-Besprechungen beim Führer habe er erst richtig Einblick bekommen. Tatsächlich an der Quelle gewesen, was sonst einem Historiker ja versagt bleibt. Insofern Schramms [Professor Percy Ernst Schramm als KTB-Führer] „Bettelei", ihn doch einmal mitzunehmen, dabeisein zu lassen, verständlich, aber dieses „eine Mal" reiche nicht aus, wie er jetzt erst selbst richtig gemerkt habe in Vertretung Scherffs. Erst dadurch habe er die handelnden Personen bei ihrer Handlungsweise „studieren" können. Hitler wahrhaftig dominierend! Sogar jetzt noch – nach dem Attentat und in der allgemein schwierigen Situation. Er habe den Eindruck gewonnen, daß er auch in militärischer Hinsicht großenteils seinen Generälen gewachsen und manchmal überlegen war!

Wir sollen nicht vergessen, daß doch „eine Epoche unter dem Zeichen dieses Mannes steht oder gestanden hat". Weiter: „Alle zentralen Anordnungen sind von ihm ausgegangen, man könne nicht nur einen Sektor herausgreifen, um so etwas klarzumachen". Hitler hätte doch „die ganze Reichsverwaltung dekonstruiert", Wasserkopf im Hauptquartier, dort die wirkliche Führungszentrale.

Höchst interessant auch, wie der Führer die einzelnen Teilnehmer behandelte. Manchmal wie Luft, dann wieder aufmerksam. Am 28. August ist der Führer nach dem Betreten des Raumes direkt auf ihn, Scheidt, zugegangen, ihn groß anblickend. Ihm sei etwas unbehaglich geworden, weil er sich das nicht erklären konnte. Dann habe er ihm die Hand entgegengestreckt und gesagt: „Ich gratuliere zum Geburtstag". Daß er ihm, dem jüngsten Offizier in diesem Kreise gratuliert, fand Scheidt doch bemerkens- und eben mitteilenswert. Menzels Blick zu mir war köstlich!

31. Dezember 44: Ich habe die Zeit meiner Telefonwache hier genutzt, mir aufzuschreiben, was Scheidt uns gestern erzählt hat. Da es positiv war, konnte ich's wirklich in Seelenruhe tun. Als Menzel erschien, um mich abzulösen, unterhielten wir uns noch kurz über all das. Wir haben den Eindruck, daß dieses tägliche Dabeisein nicht ohne Wirkung geblieben ist. Der Führer hat ihn beeindruckt – während Scheidt den Militärs dort weiterhin kritisch gegenübersteht.

1945

Untergangsstimmung

2. Januar 45, Dienstag: Das neue Jahr hat bei uns daheim mittags mit Alarm, sonst aber ruhig und still angefangen. Als ich heute ins Büro kam, fand ich Fensterglasscherben und eine kaputte Heizung, also Eiseskälte vor. Zum Glück mußte Menzels „Heereskriegsrat" gefeiert werden und die eine Flasche Schnaps erwärmte uns etwas. Dabei kamen wir wieder auf Scheidts Berichte von den Lagebesprechungen. Wir sagten ihm, daß doch nicht alle hochrangigen Offiziere dort Dummköpfe seien. Ebenso wenig wie die an den Fronten. Warlimont sei doch bestimmt intelligent [allerdings ab 6. September 44 wegen Gleichgewichtsstörungen als Folge des Luftdrucks der Attentatsbombe in Krankheitsurlaub], was Scheidt bestätigte. Jodl auch, doch hätte der, wie unser Chef, voll auf den Führer gesetzt, glaube an dessen Genie. Diese Gespräche bringen nichts Neues. Wir geben's auf. Über unsere persönliche Zukunft will Scheidt ja nicht reden. Menzel hätte gerne gewußt, wann er gehen muß. Und ich hätte auch gerne gewußt, wie sich das hier weiter entwickeln soll. Ich sage „Sie fahren doch eines Tages mit dem Chef fort und lassen uns hier sitzen." Da bemerkte Scheidt nur, daß es doch sehr kalt sei und schickte mich gnädigst nach Hause. Wenn Scheidt über ein Thema nicht sprechen will, kann man nichts machen.

Inzwischen war es auch 14 Uhr geworden. Morgen soll die Heizung wieder funktionieren. Ja, der kleine Angriff Silvesterabend hat allerhand Schaden durch Minen angerichtet. Unsere Ruhepause scheint abgelaufen zu sein. Mein Silvesterdienst lohnte sich übrigens doch, der General rief wahrhaftig an!

TB: Scheidt bleibt dabei, daß Hitler die „beherrschende Persönlichkeit" ist. Bei vielen Generalstäblern habe doch die Auffassung vorgeherrscht, daß er nicht mehr Verständnis habe wie ein Unteroffizier. Gefügt hätten sie sich jedoch fast ausnahmslos – eigentlich alle! Sie ließen sich von ihm in die Wüste schicken und wenn er sie wieder rief, kamen sie zurück. Scheidt findet, daß in der Bitterkeit Hitlers gegenüber den Generälen, die sich dann gegen ihn gewandt haben (20. Juli 44), irgendwo auch ein wahrer Kern stecke, wenn er reagierte: „Diese feigen Generäle, die mir alles verdanken, wenden sich jetzt gegen mich. Die Geschöpfe gegen ihren Schöpfer". Ist das nicht eine sehr starke Behauptung? Durchaus nicht. Hitler habe doch ihnen gegenüber von Anfang an sehr deutlich gesprochen, die hätten im Gegensatz zum Volk wirklich Bescheid gewußt. Hitler hätte doch fast wörtlich gesagt: „Meine Herren, bilden sie sich nicht ein, daß ich 60 Milliarden für eine Wehrmacht ausgebe, um hinterher keinen Gebrauch davon zu machen!" Diese Folgerichtigkeit sei aber von fast allen verkannt worden. Hitler hätte auch immer betont, daß er das deutsche Volk hinter sich habe, mit dem man alles machen kann. Dieses Volk sei das größte in Europa, eigentlich das größte in der Welt überhaupt. Die Russen scheiden aus! Deshalb muß es uns möglich sein, mit diesen 80 Millionen die Herrschaft in Europa zu erringen und dann spielen wir die erste Rolle in der Welt. Und dabei spielte immer die Vorstellung bei ihm eine Rolle, daß man Rußland erobern müsse, um diese Herrschaft wirtschaftlich zu sichern!

12. Januar 45, TB: Die russische Offensive beginnt!

14. Januar 45, Sonntag: Gestern kam Dein Brief vom 8. mit Poststempel 11., 17^{00} an. Wir sind froh und glücklich, die gute Nachricht zu haben. Warum bleibt der Rechnungshof noch in München? Mein Chef kam gestern her, fährt aber wahrscheinlich heute schon wieder ab, wohin ist mal ganz unklar. [Das FHQu war vorübergehend, bis 15. 1., bei Bad Nauheim „Adlerhorst"].

Ich habe mich jetzt festgelesen in den „Memoiren des Satans" von Wilhelm Hauff. Einfach köstlich!! Es ist doch gut, daß ich versehentlich statt des Kleist den Hauff in die Hand bekam. Ich habe großen Spaß daran. Sonst von uns nichts Neues.

20. Januar 45, Sonnabend: Mit Besorgnis sehe ich die Russen schon bei Beginn ihrer Offensive an der alten Reichsgrenze. Es kostet wirklich Mühe, den Verstand zu verhüllen und mit allem

Optimismus, den man noch aufbringen kann, gläubig auf ein Wunder zu hoffen, wie es manche oder auch viele, weiter tun. Nun ja, der Mensch hofft wohl bis zuletzt.

Ach, Mama und ich kämen am liebsten nach München, damit wir wenigstens alle zusammen sind. Dort haben wir ja auch die besten Freunde. Wir würden uns alle unter Herrn Wiedmanns Schutz begeben. Ob er über diesen Zuwachs sehr erbaut wäre? [Joseph Wiedmann, Schäfflermeister der Löwenbrauerei. Nach dem Attentat auf Hitler im Bürgerbräukeller am 9. Nov. 1939 auf Grund von Denunziationen 2 Wochen in Untersuchungshaft, weil er auf dem Gelände wohnte und zu seinen jüdischen Verwandten hielt!.] Nun, Scherz beiseite. Es gehen einem jetzt leicht die wirrsten Gedanken durch den Kopf. Die Reiseeinschränkungen sind nun in dem Ausmaß da, wie ich sie schon immer kommen sah. Postalisch wird es auch noch schlechter werden. Der Berliner Volkssturm rückt teilweise schon ab, nach Oberschlesien. Da sollen einen nicht vielerlei Gedanken bewegen! Professor Emge fährt heute abend nach Ulm, denn in Untermarchtal bei Ulm ist das Musische Gymnasium, wo er unterrichten soll. Er nimmt es als Schicksal, daß er Berlin verlassen muß. Vielleicht ist es gut für ihn.

Hüschs Tournee soll heute beginnen. Bis zum 31. geht der Einsatz. Wie einem das jetzt vorkommt „Kulturelle Betreuung der Fähnrichsschulen"! Ich halte diese Planung inzwischen für überholt. Das Tempo ist jetzt unglaublich. Was heut' noch gilt, gilt morgen nicht mehr!

Ich habe in den beiden letzten Tagen, die ich jetzt kopfschmerzenfrei war, direkt noch etwas für meine Bildung getan. Also selbst „kulturelle Betreuung" ausgeübt. Der Zeit entsprechend, erbaute ich mich an Tragödien! So wurde nach Beendigung der „Memoiren des Satans" gelesen: Kleists „Penthesilea" (herrliche Sprache!), Schiller „Demetrius", „Die Braut von Messina", von Goethe „Tasso" und „Clavigo". Und sieh', es war unter den Menschen immer dieselbe Freude, dasselbe Leid. Bloß daß es einem gar nicht gefällt, wenn man selber leiden muß. Auch wird die Menschheit nie klüger, es dreht sich wirklich alles nur im Kreise, es gibt keinen Fortschritt, nur Varianten. Oder ist es Fortschritt, wenn man heute mit den künstlichsten, vollkommensten Maschinen Vernichtung übt oder früher nur mit Feuer und Schwert? Das Endresultat ist das gleiche: Tod und Verderben, eben Vernichtung! Und auch früher wurden mit geringeren Mitteln Kulturen vernichtet und Völker gingen unter. Und jetzt? Fortschritt? Wo? Auch die Mittel der Diplomatie sind immer noch die alten. Und so bleibt es solange Menschen sind, denn Haß und Neid bleiben unter ihnen und regieren sie. Es muß schon ein Naturgesetz sein. Da habe ich Dir nun einen schönen Geburtstagsbrief geschrieben! Eva, wir wollen trotz allem auf ein gesundes, glückliches Wiedersehen hoffen.

22. Januar 45,TB: Wieder im Dienst. Die Akten rollen! Scheidt und Chef sind fort. [Im Hauptquartier des Oberkommandos des Heeres bei Zossen, südlich von Berlin. Dort ist der Wehrmachtführungsstab untergebracht solange Hitler in der Reichskanzlei ist.] Mama muß doch abfahren!

23. Januar 45, TB: Der Vormarsch der Russen geht weiter. Mama wird schweren Herzens nach Dargelütz fahren. Mein Chef kommt ins Büro. Ist elend! Menzel wird zur Truppe abgegeben!! Es wird immer schlimmer! Was mache ich nur?

abends: Nachher noch langes Gespräch mit Menzel. Er warnt mich, bis zum Schluß vorsichtig zu sein. Wir stehen am Fenster und sehen auf unseren Hof. „Der da geht", sagt Menzel zu mir, „ist auch so einer, vor dem Sie sich bis zuletzt vorsehen müssen. Bevor nicht die ‚anderen' da sind, müssen Sie sich vor allen Menschen hüten." Er will Schluß machen, sich erschießen! Da Berlin doch den Russen ausgeliefert wird, was soll da seine Frau allein und was soll er an der russischen Front? Sogar der Chef gibt zu, daß nichts mehr nützt! Aber er betreibt noch eine „Weisung", wie das Kriegstagebuch des Wehrmachtführungsstabes [das Professor Dr. Schramm führte] geschrieben werden soll und praktisch die Unterstellung unter ihn, den „Beauftragten"!! Es ist jetzt alles so unsinnig. Menzel findet, daß sich für ihn die „Strapaze" (an die Front) nicht mehr lohnt. Ich kann ihm nicht widersprechen, frage nur, warum er seine Frau nicht wieder nach Heidelberg schickt? Sie will nicht, will bei ihm bleiben, mit ihm sterben. Ich sage, daß er sich doch habilitiert, also doch irgendwie an Zukunft gedacht habe. Nein, er fürchtet sich vor den „Mißverständnissen" der Sieger, er sei doch in Odessa geboren. „Stellen Sie sich vor, was das für

Komplikationen geben kann? Mein Vater war Orientalist, hat jahrelang in Odessa gelebt – nein, nein." Außerdem will seine Frau nicht allein bleiben. Er hält alles für sinnlos. Er schwankt nur noch immer – seit Tagen haben wir schon darüber gesprochen – auf welche Art der Selbstmord am besten gelingen kann. Wie schwer es mit dem Erschießen ist, haben wir ja an den Offizieren gemerkt, die nach dem 20. Juli ihren Henkern dadurch entgehen wollten. Bloß nicht blindschießen, das fürchtet er besonders. Aber die sicherste Methode, den mit Wasser gefüllten Pistolenlauf in den Mund und dann abdrücken – es müsse scheußlich sein, wenn die Schädeldecke zerreißt, das kann er seiner Frau nicht zumuten. Er muß sie doch erst töten. Es ist furchtbar – Gespräche haben wir jetzt! Was mache ich nur?

23. Januar 45, Karte [Poststempel 23. 1. 45 – 23⁰⁰]: Du kannst Dir sicher denken, wie uns ist. Mama wird nun doch, nach nochmaliger genauester Überlegung nach Dargelütz zurückkehren. Sie bleibt dann dort. Ob, wie und wann wir uns wiedersehen werden? Aber wir wollen nicht das Schlimmste erwarten, wenn man auch darauf gefaßt sein muß. – Du bist auch so schrecklich weit weg. Und nun noch außerhalb. [Büro nach Freising verlegt.] Ja, behalte das Zimmer in Harlaching. Herr Wiedmann bleibt hoffentlich auch in der Altersheimer Straße. Schreibe mir bitte auch seine Anschrift in Grünwald. Man muß jetzt alles beieinander haben, denn jetzt kommt die Zeit, wo jeder nur noch auf sich gestellt ist und vom anderen schwerlich etwas hören wird. – Ab heute gibt es überhaupt kein Gas in Berlin. Nur noch Herdfeuerung! Abends muß ich nun damit anfangen und kann froh sein, daß ich einen besitze und nicht zu anderen Leuten laufen muß. Es ist alles sehr traurig. Besonders aber der Anblick des Flüchtlingsstromes. Wie gut haben wir es, solange wir noch im Eigenen sind. Wird es bleiben? Mit Wiedmanns wirst Du doch immer versuchen in Verbindung zu bleiben? Gerhard soll am 30. nach Dresden zu einer Tagung! Am 10. 2. dann Beginn neuen Einsatzes mit Gruppe um Prag herum!! Bisher ist die Ordre noch unverändert und muß er's machen. – Der Abschied von Mama fällt mir unsagbar schwer. Möge das Schicksal uns gnädig sein. Du wirst doch aber immer im Umkreis Münchens bleiben? Ich solange es geht in Berlin. Hoffentlich müssen wir nicht auch nach außerhalb. Mein Chef war eben hier.

Er sieht sehr schlecht aus. Dir alles Gute. Sei herzlichst gegrüßt von Deiner einsamen Marianne.

24. Januar 45, Mittwoch, TB: Der letzte Tag, den Mama hier hat. Ich telefoniere mit dem Generalkommando München und sage für Hüsch Termine durch. Inzwischen sind sie zum Teil schon wieder überholt. Einsatz am 10. 2. in Prag soll aber noch erfolgen!!

25. Januar 45, Donnerstag, TB: 7.26 Uhr Abfahrt von Mama. Mit D-Zug sogar. Es ist eine unheimliche Fülle. Viele, viele Flüchtlinge! Ein unsagbares Elend!! Habe abends Fieber.

26. Januar 45, Freitag, TB: Unsere Liegnitzer müssen flüchten und den *Rest der Akten verbrennen!* Da man trotz des Verbotes lieber Privatsachen (Möbel usw.) mit forttransportierte, konnten nicht alle Akten mit. Was ist wichtiger? Der Chef tobt! Die Akten sollen nicht dem Feind in die Hände fallen und sie brennen schwer. v. Kaufmann telefoniert dauernd (die Leitung von Liegnitz ist anscheinend schön frei) und recht kläglich. Er sieht sich schon sterben. Er tut uns direkt leid. Die Damen müssen sehen, wie sie mit den allgemeinen Flüchtlingstransporten mitkommen! Und es ist allerhöchste Zeit. Drunter und drüber, drüber und drunter! Viel Aufregung und viel Durcheinander. Der Chef zuckt die Achseln, was kann man schon machen?!

noch 26. Januar 45, TB [aufgeschrieben am 1. Februar 45]: Ich fühle mich so elend. Ich würde gerne fort – wohin? München wäre richtig. Von Bayern wissen wir, daß die US-Army sich das vorbehalten hat. „Wenn es Ihnen gelingt, dorthin zu kommen", sagt Menzel „könnten Sie vielleicht, ja sogar wahrscheinlich noch ein paar relativ gute Jahre haben." Aber wie soll ich nach München kommen? Am sichersten natürlich mit dem Chef, denn die werden doch bestimmt noch im letzten Augenblick abfahren Richtung Berchtesgaden?! Davon sind wir überzeugt. „Ich stelle mir vor, daß Scheidt kurz vorher noch einmal herkommt, um mir zu sagen, daß ich die letzten Akten hier verbrennen soll, bevor die Russen da sind. Platz im Zug, um mich mitzunehmen, hätten sie leider nicht. Er bedauere das sehr, aber ...". „Ja, so könnte es sein" meint Menzel. Die berühmten Zyankali-Kapseln müßte man haben, die die Flieger mitbekommen und die sicher auch unseren „wichtigen" Herren für den Fall X zugeteilt werden. Die könnte man wirklich für den letzten Moment aufsparen. Ich sehe keinen Ausweg und fühle mich elend wie noch nie. Komme mir dazu noch krank und fiebrig vor. Abends gehe ich zur Ärztin. Sie schreibt mich krank: Grippe!

Nun habe ich ein Attest, bin immerhin für acht bis zehn Tage krankgeschrieben. Ob ich diese Gelegenheit nutzen soll, um zu Eva zu fahren? Der Russe wird seine Offensive bestimmt unterbrechen, eine Pause einlegen, bevor er zum Sturm auf Berlin ansetzt. Es wird noch eine Weile dauern und es ist fraglich, wie ich diese Zeit überbrücken kann. Aber ich weiß ja nicht, ob ich später nochmal solch eine Möglichkeit erhalte und ob man dann überhaupt noch fortkommt, ob Züge gehen. Ich werde mein Attest im Büro selbst abliefern und alles mit Menzel besprechen.

27. Januar 45, Sonnabend, TB: Gehe noch ins Büro. Dr. Menzel läßt mich ziehen, weil er auch glaubt, daß es das einzige ist, was ich tun kann. [TB-Nachtrag 1./2. Februar 45]: Menzel will meine Interessen wahren und sofort für meine Vertretung sorgen, damit man nicht gleich nach mir schreit. Ich soll möglichst lange unten bleiben und nicht zurückkehren! Ich zweifle, ob ich's schaffen werde solange. Aber versuchen will ich's. Falls ich fahre, hätte er gerne meinen Radioapparat, um noch etwas gute Musik hören zu können.

Meine letzte Dienstreise

Menzel fragt nicht, auf welche Weise ich Berlin verlassen werde. Vielleicht will er es lieber nicht wissen und ich schweige deshalb. Er betont nur immer wieder „Wenn Sie den Mut haben" und weiter „Kommen Sie nicht mehr zurück, bleiben Sie dort. Solange ich noch da bin, werde ich hier Ihre Interessen wahren." Ob er mit Scheidt sprechen kann, weiß er nicht. Das hängt von den Umständen ab. Auch von dessen Einstellung. Telefonisch ist es sowieso nicht zu machen und persönlich läßt er sich bei uns nicht mehr blicken, obwohl er ja bei Berlin sein Quartier hat.

Auf dem Heimweg überlege ich mir, daß es doch besser ist, gleich zu fahren – noch heute abend. Meine Gedanken, daß ich eigentlich auch in der Stadt bleiben müßte, weil andere auch nicht fortkönnen, hat Menzel mir ausgeredet. Ich könne nichts am Schicksal der anderen ändern. Da ich die Chance habe, noch herauszukommen, müsse ich sie ergreifen. Ich spreche mit Evchen darüber. Sie ist auch dieser Meinung, wenn sie mich auch sehr, sehr vermissen wird. Mir fällt es sehr schwer, sie nun hier allein zu lassen. Aber Evchen wartet hier auf ihre Eltern und Geschwister. Ich sage, daß ich doch gleich noch heute abend fahren will. Sie hat auf dem Anhalter Bahnhof Rot-Kreuz-Dienst. Das paßt gut, so wird sie mich begleiten. Also rasch gepackt: Zwei Kleider übereinander angezogen, den großen Koffer und den Rucksack. Dann noch mit Dr. Menzel telefoniert und diesen Entschluß mitgeteilt. Er findet ihn richtig. Er hätte sich alles noch einmal überlegt und könne nur wiederholen, wenn ich den Mut habe, es zu wagen, soll ich's tun. Den Radioapparat wird er über Evchen abholen. Wir verabschieden uns für immer!

Mit Evchen zum Bahnhof. Noch vor der Abfahrt des Zuges müssen wir uns ganz rasch trennen, weil es Luftwarnung gibt. In dieser Nacht beginnen die pausenlosen nächtlichen Angriffe auf Berlin.

Der eilige Entschluß war mein Glück. Der Zugführer beanstandet bereits meinen Fahrausweis. Der hätte keine Gültigkeit mehr, ab heute gibt es neue Formulare. Heute ist Sonnabend – da haben unsere Dienststellen die neuen noch nicht erreicht, unmöglich erreichen können, sage ich. Er aber beharrt darauf, will mich schon in Halle raussetzen. Dabei läßt er andere mit gleichen Scheinen zufrieden, beanstandet nur bei Einzelnen! Ich rege mich sehr auf. Gehe zur Wehrmacht-Zugkontrolle, die ich im Nebenwaggon entdeckt habe (der Zug ist vollbesetzt, ich habe nur meinen „Kofferplatz"). Sie geben mir recht, daß die neuen Formulare erst Montag bei den Dienststellen sein können. Sehen sich meinen Schein genau an. Es stimmt alles. Aber sie haben kein Weisungsrecht gegenüber dem Zugführer, erklären sie mir. Sie wollen aber mit ihm reden! Es sind drei freundliche Soldaten. Ich behaupte, daß mein Chef sich schrecklich aufregen würde, wenn ich nicht pünktlich in Berchtesgaden eintreffe. Sie müßten dann bitte den General anrufen – ich zittere innerlich, daß sie es tun könnten. Der Zug hält in Halle, ich darf bleiben. Der Zugführer mustert mich nur. Und nachher, als es ab Weißenfels sogar in einem Abteil Platz gibt, ich zum Schluß da allein bin, kommt er und setzt sich gegenüber hin, will ein Gespräch anfangen. Ich bleibe stumm! Ab Nürnberg gibt es Verspätung. In München nur Einfahrt zum Ostbahnhof. 11 Uhr Ankunft!

28. Januar 45 [eingetragen 1. 2. 45], TB: In München liegt Schnee. Vom Ostbahnhof gehe ich mühsam mit dem schweren Gepäck, den Koffer mehr schiebend als tragend, zum Soldatenheim am Hauptbahnhof. Gebe dort das Gepäck ab, esse und fahre dann mit dem Zug 13.25 Uhr nach Großhesselohe. Von dort laufe ich nach Harlaching. Eva, das Geburtstagskind, ist bei Wiedmanns im Haus schräg gegenüber. Ich gehe dorthin und löse die größte Überraschung aus. Vater Wiedmanns erstes Wort: „Sind die Russen schon in Berlin?".

Ein Fall für den Reichssicherheitsdienst

Februar 1945, TB: In Evas Giebelstübchen in Harlaching wird ein zweites Bett aufgestellt, eine Liege, die tagüber fortkommt, so geht es gerade mit dem Platz. Ich darf bei ihr logieren. Eva muß jetzt täglich nach Freising fahren, weil ihre „Zahlstelle" dort im Ausweichquartier untergebracht ist. Die erste Woche benutze ich zur Erholung. Erkundige mich aber schon nach Ärzten. Denn ich brauche ja bald ein neues Attest. Am 6. Februar läuft die Krankschreibung ab. Das beunruhigt mich.

Am 1. Februar marschieren die Russen auf Frankfurt/Oder zu. Bisher ein unheimliches Tempo. Ich lasse Eva einen Brief an die Dienststelle schreiben, z. Hd. von Rittmeister Dr. Scheidt mit kurzer Erklärung meines Hierseins und Ankündigung eines neuen Attestes. Vor allem aber schon mit der Bitte um den für eine Rückreise nötigen Fahrschein, den ich nach meiner Gesundschreibung brauche. Dieser Brief wird am 5. abgeschickt. Dann mache ich mich auf die Arztsuche. Viele Praxen sind geschlossen. Gar nicht so einfach!

Ich bin nicht anwesend, als ein Herr bei unseren Wirtsleuten nach mir fragt. Im Auftrag meiner *Dienststelle,* die sich Sorgen um mich mache. Er will nur wissen, so wird mir erzählt, ob ich da sei und wie es mir gehe. Sie sollten Grüße bestellen. Das beunruhigt mich doch sehr. Da die mir besonders empfohlene Privatklinik in Thalkirchen noch nicht geöffnet ist, gehe ich zu einer praktischen Ärztin. Sie schreibt mich sofort krank. Ich schicke das Attest an die Dienststelle.

Am 16. gehe ich nach Solln zu Hüschs. Er ist auf der Tournee in und um Prag. Frau Hüsch übergibt mir ein Telegramm aus Berlin.

> „Deutsche Reichspost TELEGRAMM v. 16. 2. 45 Bln 16.00
> KAMMERSÄNGER GERHARD HUESCH MUENCHEN/SOLLN
> Wo ist M. Feuersenger. Erbitte dringendst telegrafische Nachricht evtl. Attest von ihr = HEINRICI."

Einige Tage später bringt Eva ein Telegramm:

> „DEUTSCHE REICHSPOST 2319 BERLIN/30 20 16 1200
> EVA FEUERSENGER, RECHNUNGSHOF SCHALTERFACH, MUENCHEN 13
> Amt braucht dringend ein weiteres Attest wegen Krankheit von Marianne. Menzel tot = Liselotte und Eva-Maria [Evchen]."

Daher, Menzel schon jetzt – endgültig! Bin erschüttert. Ich sehe ihn vor mir, wie er in den letzten Tagen von allem Abschied nahm, wie er in seinen schönen Büchern blätterte, die er sich wieder angeschafft und im Büro verwahrt hatte, mir einiges zeigte, erklärte – – und dann immer wieder die Gespräche über die Selbstmordmöglichkeiten ! Ob er noch mit Scheidt sprechen konnte? Wohl kaum, sonst gäbe es nicht diese Telegramme, diese komischen Anfragen bei unseren Hauswirten. Eva muß sofort nach Berlin telegraphieren. Außerdem schicke ich ein Attest der Ärztin über die Kurierstelle im Führerbau am Königsplatz.

Endlich beginnen die Untersuchungen in der Klinik des Dr. Heinrich Müller. Er wird von einer jüngeren Ärztin vertreten. Als ich am 23. von der Klinik zurückkomme (8 Uhr war Durchleuchtung) hat wieder ein Herr aus der *„Führerwohnung"* nach mir gefragt. Unsere Hauswirtin hat ihm gesagt, daß ich beim Arzt bin. Er hat seine Telefonnummer hinterlassen und um meinen Anruf vom Polizeirevier aus gebeten. Ich gehe hin und rufe Herrn Bergmüller, dies sein Name, an. Er wollte nur wissen, wie es mir geht. Mein Chef mache sich Sorgen um mich. Man hätte in Berlin noch keine Nachricht von mir. Ich finde das alles sehr beunruhigend.

Schreibe noch einmal an Heinrici – am 19. habe ich schon ausführlich an Scheidt geschrieben, ärztliche Bescheinung geschickt, die aber nicht anerkannt wird. Doch das erfahre ich erst später.

Inzwischen erhalten wir über meine Mutter den *Brief von Liselotte,* der etwas zur Aufklärung beiträgt. Sie schreibt am *5. Februar 45* aus Berlin:

„... Ich bin aus Liegnitz geflohen, mit mir die anderen Damen meiner Dienststelle. Ich kann Dir die Fahrt kaum beschreiben. Nun hat man mich in der Berliner Dienststelle festgehalten. Ich bin eigentlich recht zufrieden damit. Doch Marianne vermissen wir hier sehr. In der Wohnung haben wir sie nicht erreichen können und nun sind die Herren auf der Suche nach ihr. Ich halte es für sehr *ratsam, daß M. ein* neues *Attest einschickt, möglichst schnell, denn die Herren werden hellhörig. Ich bat darum, die Sache in die Hand nehmen zu dürfen. Ich nehme ja an, daß M. schwer erkrankt ist und keine weitere Möglichkeit hatte, das Attest zu besorgen ...“*

Das Ultimatum: Rückkehr oder Kriegsgericht

Der *8. März* ist ein schneekalter Wintertag. Ich stehe frierend auf die Straßenbahn wartend auf der Insel am Theodolindenplatz als ein Motorradfahrer auf der leeren breiten Straße angebraust kommt, neben mir hält und fragt: „Fräulein Feuersenger?“ Ich bejahe. Er steigt ab und sagt, daß er mir einen Brief zu übergeben hätte. Zeigt seinen Ausweis: Reichssicherheitsdienst! Ich folge ihm in das windschutzbietende Wartehäuschen. Er gibt mir den Brief, bleibt genau mir gegenüber stehen und schaut mich dabei aufmerksam an. Briefkopf „Der Beauftragte des Führers ... Generalmajor Scherff“, anderthalb Seiten! Ich lese, daß ich mich unerlaubt von der Dienststelle entfernt habe und sofort zurückkehren müsse. Nur angesichts meiner „bisherigen Leistungen und Verdienste“, die durch eine Auszeichnung anerkannt wurden (aha, die Medaille!), sehe er davon ab, sofort die erforderlichen Maßnahmen zu treffen und gebe mir noch die Möglichkeit „freiwillig“ nach Berlin zurückzukehren. Wenn ich das nicht „umgehend“

täte, sähe er sich gezwungen, mich vor ein „Kriegsgericht“ zu stellen. Unterschrift: „Im Auftrag Scheidt“.

Ich verstehe vor Aufregung nur noch, daß Scheidt diesen Brief geschrieben hat. Der SD-Mann steht da und beobachtet mich. Er ist kaum größer als ich, hat ein junges Gesicht, blond, blaue Augen. Ich möchte unterzeichnen, daß ich von dem Brief Kenntnis genommen habe, sagt er. Ja, aber den Brief kann ich doch behalten? Nein, den müsse er wieder mitnehmen. Der Brief sei nur „zur Kenntnisnahme“. Dann muß ich ihn noch einmal lesen. Ja, bitte. Ich lese wieder: Rückkehr sofort, Kriegsgericht! Die Drohung ist deutlich. Ich bemühe mich, mir alles genau einzuprägen. Sage dann: „Ich verstehe das alles nicht. Ich soll nach Berlin, aber ich bin doch krankgeschrieben, habe ein Attest geschickt, bin gerade auf dem Weg in die Klinik in Thalkirchen.“ Der junge SD-Mann sieht mich sehr aufmerksam an und sagt, als ich unterzeichnet habe und ihm den Brief zurückgebe:

„Sagen Sie das doch Ihrer Dienststelle, rufen Sie doch Ihren General an, vielleicht klärt sich dann alles.“ „Ja, aber wie denn, ich bekomme doch keine Telefonverbindung mit Berlin?“ „Doch“, antwortet er, „von der Führerwohnung haben wir eine direkte Leitung. Am besten, Sie kommen zu Herrn Bergmüller (wieder dieser Name) und rufen dann von der Führerwohnung aus an.“ „Ja, gerne. Wann ist das möglich?“ „Kommen Sie am Samstag um 9 Uhr in das Büro von Herrn Bergmüller, es ist gleich neben der Führerwohnung in der Grillparzerstraße.“ Ich bedanke mich und sage das fest zu. Er fährt ab. Der ist nicht nur ein Bote, denke ich. Dann gehe ich sofort zur Klinik zu Frau Dr. Göpfert. Sie sagt mir das Untersuchungsergebnis, rät wieder zur Mandeloperation, für die ich nun bin – möglichst spät allerdings. Ich entschließe mich, da sie meine Aufgeregtheit doch merkt, dieser sympathischen Ärztin zu sagen, daß ich soeben erfahren habe, daß ich von meiner Dienststelle sofort in Berlin zurückerwartet werde. Sie findet das gar nicht gut, ja gesundheitsgefährdend. Ich wage es, ihr weiter zu sagen, daß ich nicht mehr nach Berlin zurückkehren möchte, daß ich mich eher von der Groß-Hesseloher-Brücke stürzen würde. „Aber, aber“, sagt sie. „Sie müssen sowieso hierbleiben“. Sie erkundigt sich nur ein wenig nach meinen persönlichen Verhältnissen: Dort allein, hier meine Schwester. Für sie ist der Fall klar. Ich muß hierbleiben, das soll ich meiner Dienststelle sagen. Erst müsse ich gesund werden, dazu müßten die Mandeln heraus, dann das Herz weiterbehandelt werden. So rasch gehe das alles nicht. Man wird eben ein paar Wochen auf mich verzichten müssen. Ich atme auf. Sie stellt ein Attest aus und sagt, daß die Dienststelle bei der Klinik ein ausführliches Gutachten anfordern könne. Jetzt solle ich erst einmal zum Halsarzt gehen.

Zum Glück kommt Eva abends aus Freising zurück. Sie findet mich schon beim Entwerfen meiner Notizen für das Telefongespräch von der Führerwohung aus. Damit ich ja nichts vergesse und falls ich weder Scherff noch Scheidt antreffe, will ich Satz für Satz aufschreiben, dann alles abschreiben, damit ich weiß, was ich dort mitgeteilt habe, falls ich die Erstschrift hinschicken muß. Und das war gut so.

Am 9. März nachmittags dann beim HNO-Arzt, der sich über meine eitrigen Mandeln sehr freut. Daß ich die nicht längst habe operieren lassen? Wie gut, daß ich die jetzt noch habe, denke ich und bin für einen möglichst späten OP-Termin.

Am *Samstag, 10. März,* gehe ich 9 Uhr zum *Reichssicherheitsdienst,* Herrn Bergmüller. Eva begleitet mich bis vor die Tür. Er sitzt in der Grillparzerstraße in dem schlichten Haus, das an das große Eckgebäude mit der Führerwohnung am Prinzregentenplatz angrenzt. Von außen merkt man gar nicht, daß dieses Wohnhaus vom SD belegt ist. Im I. Stock hat Herr Bergmüller ein großes Zimmer. Einfach möbliert, viele Papiere liegen herum, ganze Stöße von Schreiben. Er hat mich erwartet, steht zur Begrüßung auf. Er ist ein großer, kräftiger Mann mit vollem schwarzen Haar. Trägt die feldgraue Uniform mit den schwarzen Kragenspiegeln, hat wohl schon einen höheren Rang, aber ich kenne mich da nicht aus und ein Namensschild habe ich nicht gesehen draußen. Ein sehr bestimmter Mann, so kommt es mir vor, aber er ist freundlich. Mein Chef, der General Scherff, hätte immer wieder nach mir gefragt. Ich soll von der Führerwohnung aus, unten im Obergeschoß, mit meiner Dienststelle telefonieren. Er sage dort Bescheid, anschließend soll ich wieder zu ihm kommen. Ich gehe mit Eva hinüber. Sie bleibt in der Eingangshalle. Ich gehe in die Wachstube im Hochparterre. Ein großer leerer Raum, zwei SD-Leute sitzen da hinter ihren Schreibtischen. Einer meldet das Gespräch an, es ist

9.15 Uhr. Ich muß bis 10 Uhr warten. Höre gar nicht zu, was sie sich erzählen. Als die Verbindung da ist, stellen sie mir das Telefon auf die Fensterbank. Ich lege meine Papiere darauf.

Unteroffizier Bauer meldet sich. Rittmeister Scheidt ist nicht anwesend, kein anderer Offizier, auch Frau Dettmar nicht. Er weiß nichts. Ich bitte ihn, unbedingt Dr. Scheidt zu sagen, daß ich mich aus der Führerwohnung in München gemeldet habe, um auf seinen und des Generals Brief zu antworten. Was ich sagen wollte, hätte ich aufgeschrieben und werde nunmehr Herrn Bergmüller vom Reichssicherheitsdienst bitten, dieses Schreiben auf dem Kurierweg nach Berlin an Herrn Scheidt weiterzuleiten. Ich hätte mich also gemeldet und man solle meine Antwort erst einmal abwarten. Ihm wünsche ich alles Gute.

Dann gehe ich wieder zu Herrn Bergmüller und gebe ihm das Schreiben. Er liest es durch. Sein Kommentar: „Gut, hoffentlich wird Ihr Chef sich nun beruhigen. Wenn einer krank ist, ist er eben krank!"

Ich habe den Eindruck, daß Herr Bergmüller froh wäre, meinen Fall loszuwerden, wenn er sich nicht auch noch mit der Sekretärin so eines komischen Generals befassen muß, wo es jetzt doch viel wichtigere Personen zu beobachten gilt. Jedenfalls hat er mich direkt freundlich verabschiedet.

Zu Hause schreibe ich dann noch einen Extrabrief an Scheidt. Den bringe ich persönlich zur Beförderung mit einem neuen Attest der Müllerschen Klinik zum „Führerbau" am Königsplatz, wo die Kurierstelle nach Berlin noch immer funktioniert. Es ist der 13. März 1945. Von meinem Brief habe ich wieder handschriftlich eine Abschrift gemacht. Ich schrieb:

München, den 12. 3. 1945.

Sehr geehrter Herr Dr. Scheidt!

Leider traf ich nur Unteroffizier Bauer an, als ich am 10. von der Führerwohnung aus telefonieren konnte. Ich übergab Herrn Bergmüller (Reichssicherheitsdienst) dann die Notizen, die ich mir für das Ferngespräch gemacht hatte. Er wollte sie Ihnen durch Kurierpost zuleiten. – Am 19. 2. stellte ich auf Anraten von Frau Dr. med. Mayer einen Urlaubsantrag auf 4 Wochen und übersandte ihn mit Kurierpost. Eine Antwort erhielt ich erst durch

Ihre Mitteilung über den Reichssicherheitsdienst am 8. 3. zur Kenntnis, ausgehändigt wurde sie mir nicht. Da ich solange nichts auf meinen Antrag hin hörte, mußte ich annehmen, daß er genehmigt wurde und der Urlaub erst mit dem 18. 3. ablaufen würde. So hatte ich Dr. med. Müller, als ich die Behandlung bei ihm begann auch gesagt, daß ich vorläufig noch beurlaubt sei. Da die Dienststelle den Urlaubsantrag nicht genehmigt und mein Dienstantritt damit nötig geworden wäre, bin ich nunmehr von Dr. Müller arbeitsunfähig geschrieben worden. Ich wiederhole meine Bitte, von Dr. Müller (Privatklinik Thalkirchen) ein genaues Gutachten über meinen Gesundheitszustand anzufordern und mich gegebenenfalls noch durch einen Vertrauensarzt untersuchen zu lassen. Ich gebe zu, daß von meiner Seite Fehler in der korrekten Handhabung der An- und Abmeldung bei der Dienststelle gemacht worden sind, was infolge meines Krankheitszustandes und der großzügigen Behandlung, die ich in dieser Beziehung bisher gewohnt war, geschehen ist. Das offensichtliche Mißtrauen der Dienststelle und die Übergabe der Angelegenheit zur Klärung an den Reichssicherheitsdienst hat mich sehr befremdet. Ich bitte um Bestätigung des Eingangs meiner Krankheitsbescheinigung.

Mit Heil Hitler!
Marianne Feuersenger"

Es gab keine Antwort, ich hörte auch nichts mehr von den „freundlichen" Herren des SD. Ein Brief von Liselotte an meine Mutter, den ich erst ein Jahr später, am 11. April 46, erhielt, verdeutlicht die Situation in der Berliner Dienststelle. Sie schrieb:

„Berlin, den 29. März 1945: *Liebe Tante Lotte! Ich habe seit langer Zeit nicht mehr an Marianne geschrieben, aber mir wurde dazu geraten. Denn wir mußten annehmen, daß Briefe an sie geöffnet wurden. Deshalb schreibe ich auch an Dich, Du kannst ja diesen Breif an Eva weiterschicken.*

Ich riet M. herzukommen, ebenso Scheidt, denn der General wollte sie dann nach Berchtesgaden versetzen. [Warum nicht von München aus?] Was nun wird, weiß ich nicht, ich nehme an, daß die Sache im Sande verlaufen wird. Man spricht nicht mehr über Mariannes Fall.

Außer Dr. Menzel und Frau haben von unserer Dienststelle auch noch Frhr. von Salmuth mit Frau und Oberst Belli von Pino mit Frau ihrem Leben ein Ende gemacht. Die beiden letzteren einige Tage vor Menzel! Du kannst Dir sicher vorstellen, daß diese Ereignisse den General auch erschüttert haben und daher die große Aufregung um Marianne. [Defaitismus in der Dienststelle des Beauftragten des Führers! erklärte Scheidt später als Grund.]

Ich selbst sitze noch auf Mariannes Platz in der Kurfürstenstraße, habe aber Herrn Scheidt gebeten, mich einer anderen Dienststelle außerhalb Berlins zur Verfügung zu stellen, denn ich möchte auch hier raus.

5 Liegnitzer Kolleginnen sind bereits von der Abteilung ausgeschieden und zu anderen gekommen ...“

Die letzten Kriegstage

[Ich notierte in meinem Taschenkalender u. a.]

27. März, Dienstag: Große Aufregung in München. Der Vormarsch im Westen geht sehr schnell. Die Panzer sollen schon über Würzburg hinaus sein!!

30. März: Danzig verloren.

1. April: Rheinübergang der Franzosen bei Karlsruhe!

2. April (Ostermontag): Zur Klinik. Morgen Operation.

4.–11. April: In der Klinik. Viele Alarme und Aufenthalte im Lutschutzraum. Unangenehm, aber besser als in Berlin, viel besser! Königsberg wurde erobert! Unklar ob Briten oder Russen Mecklenburg bzw. welche Teile besetzt werden. Hoffentlich konnte Mama etwas weiter westlich ziehen. Herbert wird doch „angespannt“ haben?!

12. April: Gestern auf „eigene Verantwortung“ die Klinik verlassen. Der Arzt wollte mich noch da behalten, wegen der Herzschwäche. Wunde aber gut verheilt, also! Ein wunderschöner Tag. Roosevelt gestorben!

13. April: Wien erobert!

16. April: Beginn der sowjetischen Offensive zur Eroberung Berlins!

21. April: Vormittags Luft-Angriff auf München. Hört sich böse an. In der Stadt ist der Verkehr wieder gestört. – Zusammenbruch der Front in Italien!

22. April: Interessante Nachrichten, aber die über die Kämpfe in Berlin schrecklich. [Wir hatten kein Radio, konnten nur bei Wiedmanns mithören: BBC!]

23. April: Um Berlin sind schwere Kämpfe! Die Amerikaner haben die Donau überschritten und marschieren auf Augsburg. – Eva bringt das Paket von Evchen, mit dem sie mir noch Sachen schickt. Die Kurierpost [Reichskanzlei] funktioniert also noch.

24. April: Früh gleich Alarm und Angriff. Die Front ist jetzt nah. In Berlin hat der Führer den Befehl übernommen!! Die arme Stadt wird restlos zerschlagen, so wie ich es mir gedacht habe.

25. April: Himmlers Waffenstillstandsangebot vom 22. 4. trifft in London ein!! – Berlin eingeschlossen!!

25. April: Hole früh meine Lebensmittelmarken. Fast ununterbrochen gibt es Alarm und schon immer gleich mit „akuter Gefahr". Auch die Tiefflieger sind sehr tätig. Doch bleibt der Luftangriff aus. Erst nachts – hört sich böse an. Bei uns nichts! Amerikanische und russische Truppen treffen sich in Torgau/Elbe!

28. April: US-Armee nimmt Augsburg ein!

29. April, Sonntag: Mittags werden die „Feinde" 30 km vor München gemeldet! Wir gehen mittags nach Solln zu Hüschs über die Groß-Hesseloher Brücke. Da werden Sprengladungen angebracht! Aber wenig Soldaten. Auf dem Rückweg schon der Kanonendonner wesentlich näher und die Menschen aufgeregt. Viele Gerüchte. Soldaten marschieren traurig und langsam los. Wir bringen alles in den Keller, haben ja nicht viel als „möblierte Mieter"! Können diese Nacht sogar oben bleiben. Das Feuer geht ohne Pause weiter. Trotzdem merken wir nicht, daß die Amis am Montag schon in die Stadt einrücken. Nur von Pullach Feuer. Sonst geht alles friedlich zu.

30. April, Montag: Man hört noch die Artillerie, aber es ist nur noch Pullach (dort ist SS stationiert). Abends sehen wir einige amerikanische Autos. Sie beziehen Posten in den Straßen. Es ist erstaunlich friedlich vor sich gegangen.

1. Mai (Dienstag): Die Panzer und Autos der Amerikaner rollen fast pausenlos durch die Seyboth-Straße. Es ist sehr kaltes, häßliches Wetter.

2. Mai: Ein ruhiger, aber kalter Tag. Es schneit! In der Stadt wird wüst geplündert, heißt es. Es wird bekanntgegeben, daß Hitler gestorben ist. Dönitz Nachfolger!! Kapitulation von Berlin!

3. Mai: US-Soldaten kontrollieren die Häuser, einer kommt auch in unser Giebelstübchen, geht aber sofort wieder. Wetter besser.

6. Mai: Ausgehzeit von 6–19 Uhr. Bisher alles friedlich. Nur mein Herz die ganze Woche über mies. Es wird endlich wärmer.

7. Mai 45: Unterzeichnung der bedingungslosen Kapitulation in Reims!

8. Mai 45: Ab Mitternacht Friede!!!

6. November 45: Nachricht von Mama! Sie ist wieder in Berlin in unserer Wohnung, die zwar belegt ist, aber im kleinen Zimmer darf sie als „Wohnungsinhaber" bleiben. Herbert war nicht zur Flucht zu bewegen. Er hatte dann sehr zu leiden als „Kapitalist", aber überlebt. Mama hat großes Glück gehabt. Die russischen Soldaten haben sie gut behandelt. Sonst war es schlimm.

Berlin-Eroberung aus der Kellerperspektive

Evchen [Eva-Maria Janiak] schreibt am *11. November 45:*

„Daß es wirklich noch einmal so kommt und ich Ihnen wieder schreiben kann, hätten wir beide nicht geahnt ... Es ist so schrecklich viel in der Zwischenzeit geschehen, daß ich gar nicht weiß, wo ich anfangen soll mit meiner Erzählung ... Es ist, wenn ich zurückdenke, doch ein großes Wunder, daß unser Haus noch steht. Sie haben mir damals sehr gefehlt. Wissen Sie, eine aufregende Zeit war es auch, wenn ich mich mit Frau Liselotte Dettmar am Wittenbergplatz traf und große Besprechungen mit ihr hatte. Wir überlegten immer, wie wir die Sache am besten drehen, damit Sie nicht doch noch zurückkehren müssen. Gott sei Dank ist darüber hinweg eine andere Zeit gewachsen. In den letzten Kriegswochen haben wir oft stundenlang nachts im Bunker gesessen ...

Die beiden Wochen während der Kämpfe um Berlin waren grausam. Im Keller hatten wir Betten aufgestellt, und da es keine Alarme mehr gab, sondern nur noch ab 21. 4. das immer näher kommende Grollen der Artillerie und dann unentwegte Bomberge-

schwader, ging ich nicht mehr zum Bunker. Gott sei Dank zog ich gleich nach zwei Tagen zu einer bekannten Familie nach Nr. 47, da gab es eine gute Hausgemeinschaft im Keller. Fräulein John war nämlich auch zu ihrer Mutter fortgezogen, und bei uns war es unerträglich, es konnte sich keiner vertragen. Herr L. hielt große Reden von Feigheit, bei denen allein ich Reißaus bekam.

Aber schlimmer wurde es, als man sich nicht mehr nach oben wagen konnte, weil sofort mit dem M.G. [Maschinengewehr] geschossen wurde, sowie ein Schatten sichtbar war. Und unsere Jungen, die draußen kämpfen mußten, wurden immer weniger und nahmen uns auch die letzte Hoffnung einer Rettung, bis die ersten Russen in die Keller kamen.

Marianne, wir sind ganz wunderbar hindurchgekommen, waren im Keller bereits eingeschlossen, nur Frau Weiße und ich, und alle anderen mit Kolbenschlägen auf die Straße gejagt, als uns von außen Kommandanten befreiten. Sie können sich vorstellen, wie wir unser Leben aufgegeben hatten, als sie im Keller zu schießen anfingen! Die Wohnungen wurden alle x-mal durchkramt und sahen aus wie Misthaufen. Aber, als endlich die Waffen schwiegen und es uns unheimlich still erschien, atmeten wir wohl auf. Doch was war uns genommen, Marianne, das was man Vaterland nennt. Ich war nur froh, daß schrecklich viel zu tun war, um nicht nachdenken zu müssen. Jetzt bauen wir wieder auf. Ich bin noch am Lette-Haus …“

18. Dezember 45: Höre von Dr. Petzet, daß Scheidt in Nürnberg ist als Zeuge.

Erklärungen – Rechtfertigungen und Entlastungsbitten

Brief Dr. Wilhelm H. Scheidt vom 6. April 1946: *„Ich freue mich, daß Sie mit Glück durchgekommen sind. Ihr Abgang hat ja noch zu einigem Trubel zwischen Scherff und mir geführt, der mir dann auch die Briefe an Sie in seiner bekannten Art schnell diktierte. Dies Theater der letzten Wochen war wahrhaftig ein Stück aus dem Tollhaus. Menzels und seiner Frau Tod haben mich tief bewegt. Daß auch Scherff sich am Schluß das Leben nahm, werden Sie* *wohl inzwischen auch schon erfahren haben. Friede seiner Asche! Was aber Starck und ich in den letzten Tagen zu erleben hatten, war schlechthin unbeschreiblich … Haben Sie übrigens Nachricht von Frau Dettmar? Ihr Schicksal fiel mir schwer auf die Seele, da die Unglückliche ja für Sie einspringen mußte." [Sie hat die Eroberung Berlins im Keller ihres Hauses überstanden. Dann noch Bitte von Scheidt um „Entlastungszeugnis".]*

Aus meinem *Begleitbrief* an Scheidt zur gewünschten Erklärung für ein Entlastungsverfahren, datiert vom 15. April 1946: „Die Auswirkungen meiner seinerzeitigen Überwachung durch den SD sind noch heute zu spüren. Wie lebhaft wurde ich an die geheimnisvollen Leute erinnert, die im vergangenen Frühjahr auftauchten und sich so eingehend nach mir erkundigten, als jetzt ein Herr vom *Fahndungsdienst* bei mir erschien und fragte, ob ich einen Herrn Bergmüller kenne. Einen Mann dieses Namens habe ich damals allerdings kennengelernt, denn er bearbeitete meinen Fall! Es wurde mir, wie üblich bei solchen Aktionen nicht gesagt, was los ist. Nur, daß besagter B. jetzt verhaftet und unter seinen Papieren mein Name gefunden worden sei."

Brief Dr. Scheidt vom 2. Mai 1946: *„Über Ihren Entschluß, Journalistin zu werden, habe ich mich gefreut, obwohl er mich anfangs überraschte. Aber ich glaube, Sie werden Talent dazu haben und auch Befriedigung darin finden …*

Den groben Brief, den Sie damals von mir erhielten, hat Scherff geschrieben, wie Sie wohl von Starck schon wissen werden. Es hat Mühe gekostet, ihn von der kriminalpolizeilichen Verfolgung abzubringen, da er sich in diesen Gedanken geradezu verliebt hatte. Er fürchtete sich vor der Verantwortung, falls er nichts unternähme. Mit den herzlichsten Grüßen Ihr ergebener

Scheidt."

Von *Helmut Starck* hatte ich nichts gehört. Ich erfuhr zu spät, daß er noch bis Mitte Oktober 45 in Berchtesgaden bei Dr. Huck auf dem Boschberg wohnte, dann erst nach Hamburg zurückkehrte. Er schrieb mir am 13. Dezember 45 zu diesen „Vorfällen" nur: „Es ist sehr schade, daß wir uns während meines Aufenthaltes in Berchtesgaden nicht einmal gesprochen haben. Ich hätte Sie sicher über manches Sie Interessierende unterrichten können, was ich einem Brief nicht anvertrauen möchte."

Scheidt erklärte mir später mündlich *Scherffs Verhalten* mit dem Hinweis auf *Hitlers* Äußerungen während der Lage-Besprechungen im Februar/März 45: „Je mehr sich die Lage um Berlin zuspitzte, herrschte Hitler seine Umgebung des öfteren an: ‚Jeder Defaitismus ist in einer solchen Lage glatter Verrat. Ich darf es ganz einfach nicht mehr dulden, daß *meine Umgebung* selbst zu einer Quelle des Defaitismus wird'." Diese sich häufenden Äußerungen sollen laut Scheidt der Hauptgrund für die Anordnungen Scherffs mir gegenüber gewesen sein, also die Drohung mit „Verhaftung" falls ich nicht nach Berlin zurückkehre. Daß „seine Sekretärin" sich nach München begeben hatte, war nach den „gehäuften Selbstmorden" Angehöriger seiner Kriegsgeschichtlichen Abteilung deutlicher „Defaitismus". Ich mußte also zurück oder bestraft werden! Aber daß Scheidt ihn nicht davon abbringen konnte? Der berief sich auf die zunehmenden „Nervenzusammenbrüche" von Scherff. Sie haben sich erst in Berchtesgaden getrennt, denn Scherff fuhr noch mit zur „Alpenfestung" in Saalfelden bei Zell am See. Dort wurde er gefangengenommen. Nach dem ersten Verhör durch Amerikaner hat er Selbstmord begangen (Zyankali-Kapsel), weil er fürchtete nicht standhalten zu können und Aussagen zu machen, die er nicht machen wollte. Scherff hatte auch, sich streng an die höchsten „Weisungen" haltend, befohlen, sämtliche Protokolle und Kriegstagebücher zu vernichten, alles was archiviert und zunächst sogar noch ausgelagert worden war. So gingen viele Unterlagen verloren, große Teile aber blieben erhalten, weil nicht überall gehorcht wurde oder die Zeit dafür nicht mehr ausreichte.

Dr. Scheidt, Brief vom 24. September 1946: „... *Vielmals muß ich mich noch bedanken wegen Ihres raschen Schreibens in Sachen ‚Staatsangehörigkeit' [seiner Frau Ilona]. Dabei muß ich gleich eine zweite Belastung Ihrer Gefälligkeit gestehen. Ich wurde vor 8 Tagen in Nürnberg vom ICD „ideologisch" geprüft, ob ich die Erlaubnis erhalten kann zu selbständiger schriftstellerischer Arbeit. Dabei wurde ich nach Referenzen oder Zeugen gefragt über die im ‚Frage-*

bogen' angegebenen Personalien. Für die Zeit von 1940–45 habe ich Sie angegeben und hoffe, daß Sie noch einen Durchschlag Ihrer Erklärung zu meiner ,Denazifizierung' besitzen, den Sie dann verwenden können.

Da Sie mich kennen, werden Sie ermessen, wie unglücklich ich bin, Ihnen und dem Rest meiner Freunde so viel Arbeit und Beschwerlichkeit zu verursachen. Wollen Sie es mir bitte gütigst nachsehen, weil es sich nicht nur um meine Existenz handelt sondern ich es auch als eine höhere Verpflichtung empfinde, meinen Gedanken, Erlebnissen und Beobachtungen während des Krieges noch einmal Ausdruck zu geben. Hätten wir doch noch die ,Kritischen Betrachtungen', die wir im letzten Kriegsjahr verbrannt haben!"

Scheidt kam nicht mehr dazu, die „Kriegsgeschichte" zu schreiben. Nach anfänglicher Tätigkeit als Journalist (1948/49 in München als Redakteur für Innenpolitik, zuletzt Chefredakteur des „Echo der Woche", 1950 des „Bayernkurier") suchte er wieder die Nähe der politischen Macht. Scheidt ging deshalb nach Bonn. Ende 1951 wurde er im Bundespresseamt Leiter der Abteilung Film, Rundfunk, Zeitschriften und Wehrfragen. Seine plötzliche Suspendierung Ende Juli 1952 erregte Aufsehen. Die drei Monate später folgende Auflösung des Dienstverhältnisses rückte ihn in das Zwielicht eines CIC-Agenten (amerikanischer Geheimdienst). Er starb im Januar 1954 völlig überraschend.

Tagebuch 11. April 1947:

Das erste Treffen mit *Scheidt* am Karfreitag. Wir erzählen zunächst was uns inzwischen alles begegnet ist. Dann, wer vom alten Kreis überlebte, wer Opfer wurde: Felix Hartlaub in Berlin auf dem Weg zur Kaserne nach einem Luftangriff vermißt; der lustige Dr. Hölk gefallen. *Menzel …!* Sein Tod hat Scheidt doch sehr bewegt. Scherff hat ihn damals in Menzels Wohnung geschickt, um nachzusehen. Das Ehepaar muß Abschied gefeiert haben. Der gedeckte Tisch zeigte das. Sie war sorgfältig, liebevoll hingelegt. Menzel hätte 2 Meisterschüsse getan – durch die Schläfe, auch bei sich selbst. Er müßte immer wieder daran denken, vermisse diesen geistig so hochstehenden Menschen sehr. Er hätte keine Ahnung von Menzels Selbstmordabsicht gehabt, ihn nicht mehr getroffen nach meinem Verschwinden. Deshalb auch nichts von mir gewußt.

Eines möchte er zu gerne noch wissen: Wie ich damals aus Berlin herausgekommen bin? Ich frage, ob er sich das nicht denken konnte? Er meint zögernd: durch Professor Hüsch wahrscheinlich? Nein, ganz einfach: Ich hatte doch die Formulare und das Dienstsiegel in Verwahrung. Da habe ich mir den Fahrschein für die Dienstreise nach Berchtesgaden selbst ausgestellt. Als ich das tat, hätte ich mir mit einem seiner häufigsten Aussprüche Mut gemacht: „Betrüge den Betrüger"!